# 暗数据

*Why What You Don't Know Matters*

Dark Data

David Hand

如何发现
被我们忽视的
重要信息

[英]戴维·汉德 —— 著
陈璞 —— 译

中信出版集团 | 北京

图书在版编目（CIP）数据

暗数据 /（英）戴维·汉德著；陈璞译. -- 北京：中信出版社，2022.1
书名原文：Dark Data：Why What You Don't Know Matters
ISBN 978-7-5217-3808-7

Ⅰ.①暗… Ⅱ.①戴… ②陈… Ⅲ.①统计学－通俗读物 Ⅳ.① C8-49

中国版本图书馆 CIP 数据核字（2021）第 249944 号

DARK DATA by DAVID HAND
Copyright: © 2020 by David J. Hand
This edition arranged with The Science Factory and Louisa Pritchard Associates through BIG APPLE AGENCY, INC., LABUAN, MALAYSIA.
Simplified Chinese edition copyright © 2022 CITIC Press Corporation
All rights reserved.
本书仅限中国大陆地区销售发行

暗数据
著者：　　［英］戴维·汉德
译者：　　陈璞
出版发行：中信出版集团股份有限公司
（北京市朝阳区惠新东街甲 4 号富盛大厦 2 座　邮编　100029）
承印者：　天津丰富彩艺印刷有限公司

开本：787mm×1092mm　1/16　　　印张：20.75　　字数：243 千字
版次：2022 年 1 月第 1 版　　　　印次：2022 年 1 月第 1 次印刷
京权图字：01-2020-3320　　　　　书号：ISBN 978-7-5217-3808-7
定价：69.00 元

版权所有·侵权必究
如有印刷、装订问题，本公司负责调换。
服务热线：400-600-8099
投稿邮箱：author@citicpub.com

献给谢莉。

# 目录

前 言 /V

## 第一部分 暗数据：原因与结果

**第 1 章 暗数据：塑造世界的无形力量** /003

幽灵数据 /005

你真的拥有全部数据吗？ /014

被忽略的"无事发生" /018

暗数据的力量 /022

就在我们身边 /024

**第 2 章 探索暗数据：收集到的与没收集到的** /029

来自各方的暗数据 /031

数据废气、选择和自我选择 /033

以小见大 /044

　　　　实验数据　/ 056

　　　　注意人性的弱点　/ 065

第 3 章　定义与暗数据：你想知道什么？　/ 069

　　　　定义差异与错误测量　/ 071

　　　　你不能测量所有事物　/ 078

　　　　筛查　/ 087

　　　　基于过往表现的选择　/ 090

第 4 章　非故意的暗数据：说一套，做一套　/ 095

　　　　大视界　/ 097

　　　　汇总　/ 101

　　　　人为差错　/ 102

　　　　仪器限制　/ 107

　　　　连接数据集　/ 109

第 5 章　方略性暗数据：博弈、反馈和信息不对称　/ 113

　　　　博弈　/ 115

　　　　反馈　/ 122

　　　　信息不对称　/ 128

　　　　逆向选择和算法　/ 129

第 6 章　故意的暗数据：欺诈与欺骗　/ 139

　　　　欺诈　/ 141

　　　　身份盗用与网络诈骗　/ 145

　　　　个人财务诈骗　/ 149

　　　　金融市场欺诈与内幕交易　/ 152

　　　　保险诈骗　/ 157

　　　　其他欺诈形式　/ 161

　　第 7 章　**科学与暗数据：科学发现的本质**　/ 165

　　　　科学的本质　/ 167

　　　　早知道就好了　/ 172

　　　　暗数据碰出新世界　/ 180

　　　　暗数据打开大视野　/ 182

　　　　隐瞒事实　/ 195

　　　　撤回　/ 210

　　　　出处和可信度：谁告诉你的？　/ 212

**第二部分**
**阐明和使用**
**暗数据**

　　第 8 章　**处理暗数据：让光照进来**　/ 217

　　　　希望　/ 219

　　　　在已观测数据与缺失的数据之间建立关联　/ 220

　　　　识别数据缺失机制　/ 229

　　　　利用已有数据开展工作　/ 230

　　　　超越数据：如果你先死怎么办？　/ 236

　　　　超越数据：插补　/ 239

　　　　迭代　/ 245

　　　　错误数据　/ 248

## 第 9 章 从暗数据中获益：重构问题 / 255

隐藏数据 / 257

对自己隐藏数据：随机对照试验 / 258

可能发生的事 / 260

复制的数据 / 264

想象的数据：贝叶斯先验性 / 270

隐私与机密保护 / 272

从暗处收集数据 / 280

## 第 10 章 暗数据分类：走出迷宫之路 / 285

暗数据分类法 / 287

启示 / 294

参考文献 / 303

译者后记　发自暗处的光 / 315

# 前言

这是一本不同寻常的书。关于数据的书，其内容大多数是针对你拥有的数据的，例如，有关于大数据、开放数据的流行读物，也有关于数据科学或者数据分析的统计技术书籍。那些书讨论的是你计算机文件夹里的数据、你桌上文件里的数据，或者是你笔记本里记录的数据。与此相反，本书关注的是那些你并未拥有的数据——也许是你想要拥有、希望拥有，或者认为自己已经拥有但实际上并未拥有的数据。我认为那些缺失的数据至少与你实际拥有的数据同样重要，而且我用很多例子证明了这一点。我们将看到，你看不见的数据有可能会误导你，有时甚至会造成灾难性的后果。我阐释了这些情况如何发生，以及为什么会发生。同时，我也说明了如何避免这些灾难，即你应该注意哪些事项。接下来的内容也许会让你感到惊讶。一旦你明白暗数据是如何产生、如何导致这些问题的，我就会向你展示如何使用暗数据视角，改变传统的数据分析方式：假如你足够聪明，那些隐藏的数据就能帮你更深入地理解一些现象，更好地优化决策，更合理地选择行动方案。

数据（data）这个词是单数还是复数，一直是一个令人烦恼的问题。过去，它通常被视为复数，但随着语言的发展，许多人认为它是单数。在本书中，我试着将"数据"视为复数，所以，我的看法可能和你的看法完全不一样。

我对暗数据的认识是在整个事业进程中逐步发展起来的。我要感谢很多人。他们给我带来挑战，让我慢慢意识到暗数据问题；他们与我并肩战斗，逐步研究出应对这些暗数据的方法。此类问题涉及医学研究、医药行业、政府和社会政策、金融领域、制造业和其他领域。没有什么领域能免于暗数据的风险。

我要特别感谢那些花大量时间帮我审稿的人。他们是克里斯托福罗斯·阿纳格诺斯托普洛斯、尼尔·钱农、尼尔·亚当斯以及出版商安排的三位匿名读者。他们帮我避免了很多令人尴尬的错误。我的经纪人彼得·泰勒克帮我给书稿寻找理想的出版商，提出建议并把握本书的重点和方向，给了我巨大的支持。本书的编辑，普林斯顿大学出版社的英格丽德·格涅利希，给了我很多有价值的指导，帮助我打磨草稿。最后，我特别感谢我的妻子，谢莉·钱农教授，她对多份草稿进行了深度评析，使本书内容得到了极大的提升。

戴维·汉德
伦敦帝国理工学院

# 第一部分
# 暗数据：原因与结果

# Dark Data

## 第 1 章
## 暗数据：塑造世界的无形力量

## 幽灵数据

先给大家讲个笑话。

几天前,我在路上碰到一个老头儿。他正在往路中央撒粉末,每隔50英尺①撒一小堆。我问他在干什么。"这是驱象粉。"他回答,"大象最怕这个,所以我用它来防大象。"

"但是,这里没有大象啊。"我说。

"这就对啦!"他答道,"驱象粉真灵啊。"

现在,言归正传。

每年有近10万人死于麻疹,每500名麻疹患者中会有一个死于并发症,剩下的人会遭受永久性的听力丧失或大脑损伤。所幸,这种病在美国很少见。举个例子,1999年只报告了99例。但是,2019年1月,一场麻疹的暴发导致华盛顿全州进入紧急状态,同时,其

---

① 1英尺=0.304 8米。——编者注

他州也发现了大量增加的病例。[1] 类似情况其他地方也有报道。在乌克兰，2019 年 2 月中旬的一次麻疹暴发导致超过 21 000 人被传染。[2] 欧洲 2017 年发现 25 863 例，但是到了 2018 年，感染病例已经超过 8.2 万例。[3] 从 2016 年 1 月 1 日到 2017 年 3 月底，罗马尼亚报告了 4 000 多例麻疹感染者，还有 18 个死亡病例。

麻疹是一种危害极大的疾病，它扩散时不易被察觉，因为直到感染数星期，你都不会出现明显症状。它从你眼皮底下悄悄溜过，你还没反应过来，就已经中招了。

然而，这种疾病也是可以防控的。简单的疫苗接种就能让你获得麻疹病毒免疫力。确实，以这种方式实施的全民防疫，在美国取得了极大的成功。事实上，在实施了这类防疫项目的国家，绝大部分家长从未见过或者经历过这种可预防疾病导致的可怕后果。

但正因如此，当疾病控制和预防中心（简称"疾控中心"）建议家长给孩子接种疫苗以预防某种疾病时，家长们自然会将信将疑。因为疾控中心提到的这种疾病，他们从未在身边的朋友和邻居身上看到或听到过，而且，根据疾控中心的说法，这种疾病在美国已经不再是地方性流行病了。

接种疫苗以预防某种疾病，但这种疾病在当地又不存在。这跟使用驱象粉有什么区别？

然而与大象不同的是，得病的风险和以前一样真实存在。仅仅因为那些家长赖以做出决定的信息和数据缺失了，所以风险才变得不可见。

我把各种缺失的数据称为"暗数据"（dark data）。暗数据隐藏在我们的认知之外，这意味着我们可能出现误解，得出错误的结论，做出糟糕的决定。简言之，我们的无知意味着犯错。

"暗数据"这个术语与物理学中的暗物质相似。宇宙中大约27%的部分由暗物质这种神秘物质组成。暗物质与光或其他电磁辐射不发生作用，因此不可见。因为暗物质无法被看到，所以天文学家长久以来并未意识到它们的存在。直到后来，对银河系旋转运动的观测揭示出这样的现象：较远处的恒星，并不比靠近中心的恒星转动得更慢。这与我们根据重力原理得出的预期不一致。这种异常转动可以用一种假设来解释：通过我们用天文望远镜能看到的恒星和其他天体来判断，银河系的质量比看起来的大得多。我们看不见那些多出来的物体，所以称其为暗物质。然而，暗物质不是无意义的（我甚至认为它是很重要的）：在我们所在的银河系中，暗物质的数量可能比普通物质的10倍还多。

暗数据和暗物质有很多类似之处：我们看不到那些数据，它们没有被记录下来，但是它们仍然会对我们的判断、决定和行为产生重大影响。正如后来一些例子显示的那样，除非我们意识到这种可能性，即我们周遭一直潜伏着未被认知的事物，否则，后果可能是灾难性的，甚至是致命的。

本书的目的就是探索暗数据是如何形成的以及它为什么会形成。我们将考察不同类型的暗数据，并研究它们的起因。首先，我们会探讨采取什么措施可以避免暗数据的产生。其次，我们还将研究如果意识到暗数据被屏蔽，我们能做些什么。最后，我们还将看到，如果我们足够聪明，那么我们也有可能从暗数据中获益。尽管这些看起来既奇怪又矛盾，但是，恰当利用未知事物和暗数据的确可以帮助我们做出更好的决定，更好地实施相关行动。务实地说，这意味着我们可以通过巧妙地利用未知事物，过上更加健康的生活，赚更多钱，降低风险。这并不意味着我们应该向其他人隐瞒信息（尽管我们也将看到，被故意隐瞒的数据是一种常见的暗数据类型）。暗数据比那种被刻意隐瞒的数据微妙得多，所有人都能因其获益。

暗数据有许多形态，其成因也各种各样。基于成因，我把暗数据分为 15 种类型。我的分类并不是穷尽式的，因为暗数据的成因非常多，列出所有类型几乎是不可能的。而且，任何特定的暗数据案例都会清晰地显示出不止一种类型——不同类型的暗数据能够共同起作用，甚至可以组合在一起产生不利的协同效应。尽管如此，对这些暗数据类型的认识，以及对显示暗数据的案例的检查，能帮助你判断问题何时出现，从而保护你免遭其害。我在本章最后列出了暗数据分类清单，按照相似性进行了大致排序，并在第 10 章对各种类型进行了详细阐述。在本书中每种特定类型出现的地方，我都进行了说明。但是，我刻意避免采用详尽列举的方式，因为那样会造成干扰。

我们再来看一个新案例。

在医学上，创伤属于严重损伤，可能会造成长期的严重后果。它是导致早逝和残疾等影响寿命的最主要原因之一，也是 40 岁以下人群最常见的死亡原因。创伤审查与研究网络（TARN）的创伤病患数据库是欧洲最大的医学创伤数据库。该数据库收集了来自 200 多家医院（其中包括英格兰和威尔士 93% 以上的医院，以及爱尔兰、荷兰和瑞士等国家的医院）的创伤病例。很明显，对于研究创伤干预治疗措施的预后和疗效来讲，这是个非常丰富的案例数据库。

叶夫根尼·米克斯医生和他英国莱斯特大学的同事查阅了这个数据库里的一些数据。[4] 从被考察的 165 559 个创伤案例中，他们发现

19 289个病例的结果是未知的。在创伤研究中,"结果"指的是伤害发生至少30天后病人是否依然存活。也就是说,超过11%的病人的30天后存活数据不得而知。这个案例展示了暗数据的一种常见形式,即第1种暗数据:已知的缺失数据。我们知道这些病人都有各自的结果,但我们不知道他们的结果是什么。

没关系,你可能会这样想:让我们来分析一下已知其结果的146 270个病人,以此为基础建立认知和进行预后。毕竟,146 270已经是个不小的数字了,在医学领域,这属于"大数据"。因此,我们当然会对此有信心:基于这些数据产生任何结论,都将确切无疑。

但是,这样行吗?或许,缺失的19 289个病例比其他病人更特殊。毕竟,这些病例的确具有某种特殊性,因为他们的结果都是未知的,因此,我们怀疑他们可能在其他方面也有所不同,是有一定理由的。因此,相对于整个创伤病人群体,针对这146 270个具有已知结果的患者进行的任何分析,都可能具有误导性。所以,基于这个分析而采取的治疗措施,也有可能是错误的,也许还会导致医生产生错误的判断,开出不正确的处方,采用不恰当的治疗方案,给病人造成不利甚至致命的后果。

举一个不切实际的、极端的例子:假设这146 270名已知结果的患者在未经治疗的情况下,全都存活并康复了,但19 289名未知结果的患者在入院后两天内全部死亡。如果忽略那些未知结果的患者,我们就会顺理成章地得出结论:没什么可担心的,所有创伤患者都康复了。在此基础上,我们将不会对任何新收治的创伤患者采取治疗措施,而是寄希望于自然康复。然后,我们会为超过11%的死亡病例而感到震惊和困惑。

在故事继续深入之前，我想请读者们放心。我的极端设想只是最糟糕的场景，我们有理由期待现实情况不会那么糟，米克斯医生和他的同事都是分析缺失数据的专家。他们非常清楚这种风险，因此一直致力于开发统计学方法来应对这种问题，我将在本书后面的章节详述类似的方法。然而，从这个故事中得到的启示是：事情可能并非像它们看上去的那样。确实，如果本书对你有什么启示，那么它大概会是：虽然大量采集数据很有帮助，但是量并不代表一切。就理解正在运行的事物而言，比起你已经掌握的数据，更重要的可能是那些你没掌握的数据和尚不知晓的东西。在我们将要看到的任何例子中，暗数据问题都不仅仅是大数据问题，小的数据集也会出现这些问题。它们无所不在。

这个创伤病患数据库的故事可能有点儿夸张，但它的意义在于向我们发出警示。也许，19 289 名患者的结果没有被记录下来，正是因为他们都在 30 天内死亡了。毕竟，如果结果来源于患者入院 30 天后接受的访问，那么，已经死亡的患者根本不会回答问题。除非意识到这种可能性，否则，我们永远不会有患者死亡的记录。

听起来可能有点儿傻，但是事实上，这种情况经常出现。举例来说，为某类接受特定治疗的患者确定预后而建立的模型，要基于先前接受此类治疗的患者的结果。但是，如果没有足够的时间让先前所有病人都得出结果，那么会怎么样呢？对那些病人来说，其最终结果将成为未知结果。所以，仅仅建立在已知结果的患者数据上的模型，可能会对我们产生误导。

类似现象也出现在问卷调查上，没被回答的问卷，才是难题的根源。研究人员通常会有一份完整的人员名单，列出了他们理想化的答题者。但通常情况下，并不是每个人都会回复问卷。如果那些答题的人和没有答题的人在某些方面有所不同，那么研究人员有理由怀疑这些统计数据不能完全代表民众意向。毕竟，如果某杂志向它的订阅者发起问卷调查，只问一个问题：你会回复杂志的调查问卷吗？即使在所有的回收问卷中，100%的人回答"是"，我们也不能把这种情形解释为所有订阅者都回复了此类调查。

前述案例阐明了第1种类型的暗数据。我们知道，所有创伤患者的数据都存在，尽管这些数据没有全部被记录下来。我们知道，问卷调查的所有对象都有其答案，尽管他们不一定回复。也就是说，我们知道那些数据存在确定值，我们只是不知道那些数值具体是什么。

下面要讨论另外一种不同类型的暗数据（第2种暗数据：未知的缺失数据）。

许多城市都有路面坑洞问题。水流进路面的小裂缝，并在冬季结冰，造成裂缝扩大，然后经过汽车轮胎的碾轧，裂缝进一步扩大。这会导致恶性循环，最终在路面上形成由于轮胎和车轴的碾轧形成的坑洞。波士顿市下决心用现代技术解决这个问题。他们发布了一款智能手机应用程序，利用手机的内部加速器来监测汽车轧过路面坑洞时产生的颠簸，然后利用GPS（全球定位系统）把路面坑洞的位置自动发送给城市管理部门。

现在，公路维护人员可以准确地知道要去哪里修补路面坑洞了。

这个出色的问题解决方案，建立在现代数据分析技术的基础上，不过，它忽略了一个事实：拥有汽车和昂贵的智能手机的人，多集中在富裕地区。因此，贫困地区的路面坑洞很可能不会被发现，它们的位置不会被发送出去，一些地区的路面坑洞可能永远无法得到修复。这种方法不但没有从整体上解决路面坑洞问题，甚至可能加剧社会不平等。这种情况不同于创伤患者案例。在创伤患者案例中，我们明确知道某些数据缺失了。而在这里，我们并没有意识到这一点。

下面是另外一个这种类型的暗数据例子。2012年10月下旬，飓风"桑迪"[5]袭击了美国东海岸。当时，它造成了美国历史上第二大损失，是有记录以来最大的大西洋飓风。"桑迪"造成了大约750亿美元的损失，导致8个国家共200多人死亡。"桑迪"波及美国24个州，从佛罗里达到缅因、密歇根、威斯康星等，并且导致金融市场因为电力中断而关闭。它还间接导致了约9个月之后的出生率激增。

同时，那也是一次现代媒体的胜利。伴随飓风"桑迪"的，是一场实时播报飓风情况的Twitter（推特）风暴。Twitter的独特意义在于即时告诉你正在发生什么事情、事情发生在哪里以及发生在谁身上。这种社交媒体平台是一种实时跟进事件进展的有效手段。这正是飓风"桑迪"肆虐期间的写照。从2012年10月27日到2012年11月1日，Twitter上发布了超过2 000万条播报飓风情况的帖子。很明显，我们可能会认为，这是一个理想的平台，让我们持续不断地了解风暴发展情况，以确定哪些地区受到了严重影响，哪些地区需要紧急救援。

但是，后来的分析表明，Twitter上关于飓风"桑迪"的内容，大多数来自曼哈顿，只有少量内容来自洛克威、科尼岛等区域。这是否意味着洛克威、科尼岛的受灾情况轻一些？虽然曼哈顿的地铁和街道都被水淹没了，但是，那里并非受灾最严重的区域，甚至在整个纽约范围内也算不上。真相是，之所以某些地区在Twitter上发布的内容较少，并不是因为那些地区受灾较轻，而仅仅是因为那里拥有智能手机、使用 Twitter 的人更少。

事实上，我们可以再次设想一种极端情况：如果一个社区被"桑迪"彻底摧毁了，就根本不会有任何关于该社区的内容被发布在 Twitter 上。这种情况反而会给人一种"那里的每个人都很好"的印象。可见，暗数据才是真相。

与第 1 种类型的暗数据一样，第 2 种暗数据，那些我们不知道哪些数据缺失了的例子，也是无处不在的。想想未被发现的欺诈行为，或者那些未能证明凶案发生的刑事犯罪调查。

对于前两种类型的暗数据，你可能会有点儿似曾相识的感觉。在一次著名的新闻发布会上，美国国防部前部长唐纳德·拉姆斯菲尔德将它们概括为一句话。他说："既有已知的未知，也就是说，我们知道有些事情我们不知道；也有未知的未知——那些我们不知道自己不知道的东西。"[6] 拉姆斯菲尔德的话略显佶屈聱牙，因此颇受媒体嘲讽。但他说得很有道理，而且肯定是真的。

先前说到的这两种类型，只是一个开头。在接下来的章节里，我们将陆续介绍其他类型的暗数据。这两种类型加上后面将提到的其他类型，就是本书的全部。正如我们所见，暗数据具有许多种形式。除非我们意识到，数据可能是不完整的，观察某一事物并不意味着观察一切事物，测量过程可能是不准确的，被测量的东西可能不是我们真正想要测量的对象，否则，我们对当下事物的认知，很有可能只是一种被严重误导的表象。没有人听见树在森林中倒下的声音，并不意味着没有发出声音。

## 你真的拥有全部数据吗？

顾客推着满满的购物车，来到超市付款台。激光扫码器扫过每件商品的条形码，电子仪器发出"哔哔"的声音，付款台计算总价格。一系列操作之后，顾客拿到购物清单并付款离开。但这并不是真正的结束。记录被购物品及其价格的数据，被发送到数据库并储存下来。之后，统计学家和数据科学家将仔细研究这些数据，从顾客所购物品的细节中发掘客户行为模式，包括购买了哪些商品，哪些商品形成购物组合，什么样的顾客买了这些东西，等等。这里肯定不存在数据丢失的可能性吧？超市要想知道应该收取顾客多少钱，就必须掌握交易数据，除非出现停电、登记失败或欺诈等情况。

现在看起来很明显，已收集的数据就是存在的全部数据了。这些数据不仅仅包含某些交易信息、某些被购物品的细节，它们是这家超市里所有顾客对所有物品的所有交易记录。这就是我有时会提到的"数据＝全部"。

但是，真的是这样吗？毕竟，这些数据显示的是上个星期或上个月发生的事。这些虽然有用，但是，如果我们负责超市运营，那么我们真正想知道的可能是明天、下个星期或下个月会发生什么。我们真正想知道的是，在未来，何人会在何时购买何物，以及购买多少。哪些东西可能会被抢购一空？什么品牌更受顾客欢迎？我们真正想得到的是那些没有被测量出来的数据。第 7 种暗数据：因时而变，揭示了时间对数据造成的复杂影响。

事实上，除了这个复杂的问题，我们可能还想知道，如果我们储存不同的商品，或者在货架上以不同的方式摆放商品，或者改变超市营业时间，人们会有什么样的反应。这些被称为反事实，因为它们与事实相反。它们关注的是，如果实际发生的事情没有发生，那么将会怎么样。反事实就是第6种暗数据：或可存在的数据。

毫无疑问，反事实不仅仅是超市经理关心的问题。你以前一定有过服药的经历。你信任给你开药的医生，你确信那些药经过测试已被证实在缓解某些病症方面是有效的。但是，如果你发现这些药并未经过测试，或者没有确切数据显示该药能否改善病情，或者事实上它们还有可能加重病情，那么，你会怎么想？如果它们经过测试被证实对治疗有帮助，但是服药的效果并未与不服药的情况进行对比，无法证明服用该药比自然康复好得更快，或者该药并未与其他药进行比较，证明这种药比其他药更有效，那么，你会怎么想？在驱象粉的案例中，将撒驱象粉与什么都不撒做比较，马上就能揭示问题：不撒驱象粉的效果和撒驱象粉的效果是一样的。（而这反过来又会让我们意识到，那里根本就没有大象需要驱赶。）

回到"数据＝全部"这个概念上来，在其他情况下，我们想获得"全部"数据的想法明显很荒谬。比如，你的体重是非常容易被测量的，用你浴室的体重秤就可以测量。但是，如果你反复测量，那么，即使在间隔非常短暂的测量结果之间，也会出现一定的细微差别，尤其是当你想把测量结果精确到最小单位盎司[①]或克的时候。所有物理测量都会出现某种潜在的不准确性，这源于测量误差或者微小的环境变化导致的随机波动（第10种暗数据：测量误差与不确定性）。为了解决这个问题，科学家在测量某些物理量（比如，光速或电子的电

---

[①] 1盎司=28.349 5克。——编者注

荷）的大小时，会多次测量，取其平均数。他们可能会测量 10 次或 100 次。但是显然，他们不可能做到所谓"全部"次数的测量。在这种情况下，"全部"是不存在的。

当你乘坐伦敦的红色巴士时，会发现另一种不同类型的暗数据：你知道它们常常挤满了乘客。然而，数据显示，巴士的平均载客量只有 17 人。怎么解释这个明显的矛盾？是不是有人在操控数据？

稍加思考就会明白，原因很简单，巴士越满，乘车的人越多——这就是"满"的含义。结果，更多人只看到了满载的巴士，而没有乘客的巴士没有被人看到（当然，没有把司机考虑在内）。这个例子展现的是第 3 种暗数据：局部选择案例。而且，这种模式甚至是数据采集的一种必然结果，这展现了第 4 种暗数据：自我选择。下面是两个我常爱说起的例子，它们代表两种含义相反的极端情况。

第一个例子来自动画片的情节。片中的一个人物，正在看火车站外面摆放的某个地图。地图中间有一个红色的小圆点，旁边标明"这里是你现在的位置"。"怎么会这样？"这个人想，"他们是怎么知道的？"他们之所以知道，是因为他们意识到，每一个正在注视这个红点的人都必须站在这个地图前面。这个人是一个被精准选择的样本，在选择的过程中必然会过滤掉站在其他地方的所有人。

这个例子的要点在于，只有当某个人或某个事物，比如某种测量工具，去收集数据的时候，数据才能呈现出来。这个例子的第二个极端表现可以用人择原理来描述：从本质上说，宇宙不得不呈现出现在这个样子，否则，我们就无法在这里观测到它。我们无法获得不同宇宙的数据，因为我们不可能在那些宇宙中存在，所以也无法从中获取数据。这意味着，我们获得的任何结论，都以我们的宇宙（类型）为限：正如路面坑洞一样，可能还有很多事物并不为我们所知。

这对科学来说是很重要的一课。你的理论相对于你的数据可能非常完美，但你的数据是有局限性的。它们可能不适合非常高的温度，不适合较长的时间或较远的距离。你的理论如果超越了你在数据获取方面的极限，就可能会崩塌。基于良性运转环境数据的经济理论，在经济衰退周期中就会失效。牛顿力学定律在涉及微观物体、超高速度或其他极端情况时也会失效。这就是第15种暗数据：推理僭越数据揭示的本质。

我有一件T恤衫，胸前的图案是两个卡通人物的对话。第一个卡通人物说："我以前认为，相关性意味着因果性。"在下一个对话框里，他继续说："自从上了统计学课程，我就不那么想了。"第二个卡通人物接着说道："看来课程起作用了啊。"第一个卡通人物回答："嗯，或许吧。"[7]

相关性仅仅意味着两个事物一起发生变化：例如，正相关意味着当一个事物变大的时候，另一个事物也变大；当第一个事物变小的时候，第二个事物也变小。这与因果性是有区别的。如果第一个事物的变化导致了第二个事物的变化，那么前者可称为后者的原因。然而，麻烦在于，两个事物可以同时变化，但并非一个事物的变化导致了另外一个事物的变化。比如，对早期学校教育的研究显示，平均来看，单词量越大的儿童，身高越高。但是，你不能据此认为，那些希望后代长得更高的父母，应该雇用家庭教师来扩大孩子的单词量。更大的可能性是存在某些未被测量的暗数据，正是第三种因素（比如孩子的年龄）导致了这种相关性。当漫画中的卡通人物说"嗯，或许吧"的时候，他承认统计课程使他的认知发生了变化，但是或许还存在其他原因。这种情况被归结为第 5 种暗数据：关键因素缺失。

现在，我已经提到了不少暗数据类型，还有更多类型我暂时没有提到。本书的目的就是揭示它们，展示它们如何得到确认，观察它们造成的影响，阐释如何应对它们导致的问题以及如何利用它们。本章结尾处列出了暗数据的清单，具体内容将在第 10 章中予以总结。

## 被忽略的"无事发生"

最后一个例子将说明，暗数据可能会导致灾难性后果，而且，它们并不是大数据集特有的问题。

1986 年 1 月 28 日，挑战者号航天飞机飞行 73 秒后，在 9 英里[①]高空，两个火箭助推器中的一个出现故障并导致着火，产生的巨大火球使航天飞机解体。机组人员舱继续飞行，到达 12 英里的高度后坠入大西洋。7 名机组人员全部罹难，包括 5 名宇航员和两位负责实验任务的专家。

后来，总统委员会调查发现，NASA（美国国家航空航天局）中层管理人员违反安全规定，没有按照要求将数据层层上报。这是由经济压力导致的。所以，按期发射非常重要：挑战者号的发射日期从 1 月 22 日推迟到 23 日，之后改为 25 日，然后再改为 26 日。由于气温预报显示 26 日温度过低，不适合发射，因此，发射日期改为 27 日。倒计时正常进行，这时，指示灯却显示舱门未正确关闭。等到这个故障被排除，又刮起了一阵强风，发射日期再次延后。

---

① 1 英里 ≈1.609 3 千米。——编者注

27日晚上,火箭助推器供应商莫顿聚硫橡胶公司员工、NASA马歇尔太空飞行中心员工和肯尼迪太空中心工作人员召开了一次长达3个小时的电话会议。马歇尔中心的拉里·韦尔要求莫顿聚硫橡胶公司检查低温对固体火箭发动机的潜在影响。莫顿聚硫橡胶公司的人在回复中指出,O形圈在低温下会硬化。

O形圈是橡胶密封圈,横截面直径约为1/4英寸[①],安装在4个火箭发动机部件相连接的部位。固体火箭助推器有149英尺高,周长38英尺。在发射状态下,被O形圈正常密封的0.004英寸的缝隙,通常最大能膨胀到0.06英寸。在发射过程中,这种缝隙过大的状态,仅仅持续0.6秒。

莫顿聚硫橡胶公司的罗伯特·埃贝林一直担心,在低温条件下,O形圈硬化会导致在缝隙扩大0.056英寸的0.6秒内,O形圈丧失在部件之间有效密封的功能。在电话会议上,莫顿聚硫橡胶公司副总裁罗伯特·伦德说:"O形圈的工作温度不能低于之前发射时的最低温度——53华氏度[②]。"随后,在会上和线下的私人场合,他们展开了广泛的、激烈的讨论。最终,莫顿聚硫橡胶公司经重新考虑,建议发射。

火箭发射58.79秒后,右侧固体火箭助推器最末端的连接处冒出火苗。火苗很快变成一股火焰喷射流,把连接发动机和外部燃料箱的支柱熔断。发动机失控旋转,先撞上航天飞机的机翼,然后撞到外部

---

① 1英寸=0.025 4米。——编者注
② 53华氏度≈11.667摄氏度,华氏度与摄氏度的换算公式为"华氏温度=32+摄氏温度×$\frac{9}{5}$"。——编者注

燃料箱上。火焰喷射到外部燃料箱上,燃料箱中装有液态氢和氧气。64.66 秒时,燃料箱表面遭到破坏,9 秒钟后,挑战者号被一团巨大的火球吞没,解体成几个部分。[8]

要记住:太空探索就是要承受风险。即使在最佳条件下,也没有无风险的任务,因为风险不可能被完全规避。而且,总会存在相互矛盾的要求。

比如,在这次事件中,"因果关系"的概念是复杂的。此次发射之所以失败,可能是因为违反了安全规定和预算紧缩;可能是因为前一架航天飞机哥伦比亚号的发射也被延期了数次,每次推迟都受到媒体嘲笑,这次也承受了媒体的压力(挑战者号第四次延期之后,在 1 月 27 日晚间新闻上,丹·拉瑟播报:"又一次代价高昂的延期,航天飞机发射现场,人们窘得满脸通红。这一次,他们拿舱门上的一颗坏螺栓和突如其来的坏天气做挡箭牌。")。也可能是因为承受了政治压力,毕竟,与之前的发射相比,这次发射具有更重要的意义,因为挑战者号搭载了一位"普通人",教师克里斯塔·麦考利夫,并且,总统的国情咨文也定于 1 月 28 日晚间发表。

在这种情况下,多种因素通常会同时起作用,导致出乎意料的后果。然而,在这个案例中,还有一个因素在起作用,那就是暗数据。

灾难发生后,美国前国务卿威廉·罗杰斯领导的一个委员会注意到这样一个事实:那些并非由 O 形圈损坏导致的飞行事故,没有被纳入电话会议讨论时使用的资料(第 3 种暗数据:局部选择案例。同时也属于第 2 种暗数据:未知的缺失数据)。报告称:"管理人员把受损的 O 形圈数量当作温度的函数进行比较。但是,考察范围仅限于出现 O 形圈受损情况的飞行记录,而没有将全部飞行数据纳入考察范围。"⁹ 真相从这里暴露出来：一些飞行数据没有被纳入这个分析。我曾在之前的例子中指出，漏掉一些数据可能会导致各种各样的问题。

报告还称："在这样的对比中（采用有限的数据集），当连接部位的温度在53~75华氏度范围内时，O形圈的受损情况并没有什么规律。"这意味着温度与受损的O形圈数量之间没有明显的关联。然而"当考虑所有飞行数据，包括没有受到气候侵蚀或风暴破坏的正常飞行时，情况就大不相同了"，也就是说，如果考虑所有数据，你就会得到完全不同的结论。事实上，在更高温度下的飞行有可能显示不出任何问题，这些是没有被纳入资料的暗数据。如果温度越高故障率越低，那么，温度越低，故障率就会越高。而当时的环境温度可能只有31华氏度。

报告总结："对全部发射温度历史记录的分析显示，如果连接部位的温度低于65华氏度，O形圈损坏的概率就会增加，甚至达到几乎可以确定它会损坏的程度。"

相关数据由图1展示。图1（a）展示了在电话会议上讨论的内容，这是根据发射温度绘制的每次发射中受损的O形圈的数量图。从图中可见，当温度为以往的最低发射温度（53华氏度）时，三个O形圈受损，当温度为以往的最高发射温度（75华氏度）时，两个O形圈受损。发射温度与受损O形圈数量之间没有明显关联。

然而，如果我们加上遗漏的数据，即O形圈没有受损的发射情况，我们就会得到图1（b）。现在，模式非常清楚了。事实上，在既有的全部发射记录中，只要温度低于65华氏度，就会出现O形圈受损情况，但是在21次高温环境下的发射中，只有4次O形圈受损记录。数据显示，温度越低，风险越大。更糟糕的是，挑战者号预测的发射温度远远低于以往任何一次发射（第15种暗数据：推理僭越数据）。

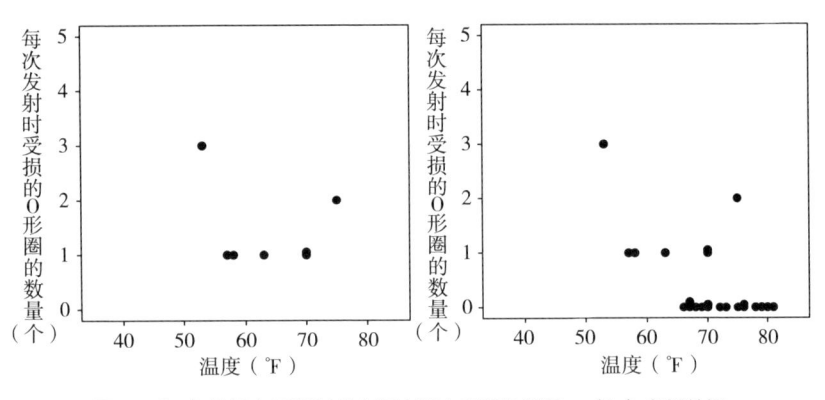

图1 （a）挑战者号发射前电话会议中考察的数据；（b）全部数据

被遗漏的数据是理解发生了什么的关键。

这个事件的后续很有趣。虽然官方调查报告花了好几个月才得出结论，但莫顿聚硫橡胶公司的股价在灾难发生当日就暴跌11.86%。而从莫顿聚硫橡胶公司股价在事故之前的表现看，4%的涨跌幅度都非常少见。其他参与火箭发射设施建设的公司，也或多或少遭遇了股价下跌。股市好像知道谁该为此次灾难负责，是暗数据在起作用吗？

## 暗数据的力量

最后一个例子展示了当我们没有顾及暗数据时，可能会出现多么严重的灾难性错误。看起来，暗数据代表一种真正的威胁。但实际上，情况并非总是灰暗的。事实证明，了解暗数据后，它们可以为我们所用，我们能以多种方式利用它们。关于这些方式，我会在本书的第二部分进行详述。在这里，我先介绍其中一种方式。

在第2章，我会介绍随机对照试验，而在第9章，我会返回来以一种不同的视角重新审视它们。在医学研究中，研究人员会采用以下方法对两种治疗方案进行对比。对一组患者采用某种治疗方式，对另外一组患者采取另外一种治疗方式。然而，这也存在风险。如果研究人员知道哪种治疗方式用于哪些患者，就会影响研究结果。研究人员可能不自觉地更加用心治疗其中一组患者，从而疏忽另外一组。举例来说，如果一项研究旨在将一项未经测试的新治疗方法与标准治疗方法进行比较，那么研究人员可能会更加密切地观测前者产生的副作用（可能是下意识的），或者在测量可能的结果时更加小心。为了避免这种潜在的偏向，在这种研究中，治疗方案的分配是向研究人员保密的（第13种暗数据：故意屏蔽的数据）。在这里我使用"盲"这个术语，以说明这个数据是暗数据。

另外一种常用的暗数据利用方式是抽样调查。我们可能想知道一个城镇的民众意见，或者买了某公司产品的人的意见。但是，获得所有人的意见的成本可能高得让人望而却步。同时，这也是一个非常耗时的过程，而且，测试期间，人们的意见可能会改变。有一种替代方案是只询问一部分人。你没有问到的那些人的意见，就是暗数据。这看起来是一种高风险策略（这与创伤患者的案例明显相似）。但是，事实证明，只要运用合理的方法遴选访问对象，你就能获得准确而可靠的答案。比起访问所有人，这种方式更加快捷、经济。

第三种利用暗数据的方法是数据平滑。正如我们将在第9章看到的那样，这种方式可以揭示那些未被观测到和不具备可观测性的暗数据（第14种暗数据：编造与合成的数据），有助于实现更准确的评估和更好的预测。

我们将在第9章探索暗数据的其他用途，你会发现它们经常拥有奇异的名字。其中一些暗数据被广泛运用于机器学习、人工智能等领域。

## 就在我们身边

我们已经看到，暗数据是广泛存在的。它们随时随地都会出现，这正是其最危险之处。根据定义，我们可能不知道它们是不存在的，这意味着我们不得不时刻保持警惕，不停地问自己："我们缺失了什么数据？"

我们没有发现大量的欺诈活动，是因为警察只抓住了笨贼，而真正狡猾的嫌疑人悄然逃走、未被发现吗？伯纳德·麦道夫于1960年建立了他的公司——伯纳德·麦道夫投资证券公司，但直到2008年他才被捕，2009年被判刑（有期徒刑150年），那时他已经71岁了，差一点儿就要逍遥法外了。

我们之所以没有发现众多潜在的可治愈病人，仅仅是因为比起没那么严重的患者，那些更严重的患者表现出的症状更多吗？

现代社交媒体建立的社交网络之所以危险，仅仅是因为它们只反映我们已经知道并相信的东西，不拿我们舒适区以外的事实和事件来挑战我们吗？

也许更糟的是，人们选择发布在社交媒体上的内容可能会给我们留下虚假印象：其他人的生活都那么美好，这会使我们陷入沮丧，因为，相比之下，我们自己的生活是那么不如意。

我们惯于把数据看成数字。但数据未必一定是数字。这意味着，暗数据也不一定是数字。在下面这个案例中，缺失的关键性信息只是一个字母。

1852年、1857年和1875年的北极探险队，配备了奥尔索普牌北极啤酒，这种啤酒由酿酒师塞缪尔·奥尔索普专门配制，它的冰点特别低。1889年，阿尔弗雷德·巴纳德品尝了这种啤酒，形容它"具有宜人的棕色，葡萄酒的气息，同时，还有坚果的味道，和刚酿好那天一样美味……由于保留了大量未发酵的提取物，因此必须将其视为极有价值的营养食品"。[10]它就是你在北极探险中需要的那种能支撑你的食物。

2007年，一瓶1852年的奥尔索普牌北极啤酒在eBay（易贝）上出售，底价为299美元。事实上，那位保存了这瓶酒50年的卖家，把啤酒的品牌写错了，他漏写了品牌英文名Allsopp中的一个p。因此，这件商品没能出现在大多数老式啤酒爱好者的搜索结果中，最终只得到两个报价。中标者是25岁的丹尼尔·P.伍杜尔，他出价304美元。出于评估价值的目的，伍杜尔立刻把它重新挂到eBay上，但是，他把品牌写对了。这次，出现了157个报价，最终的成交价是503 300美元。

显然，这个被漏掉的p很重要，价值高达约50万美元①。这说明，信息缺失有可能导致重大后果。事实上，正如我们所见，比起其他数据缺失导致的损失，50万美元并不算什么。确实，数据缺失可能会破坏生活、摧毁公司，甚至导致死亡（就像挑战者号航天飞机灾难那样）。总之，数据缺失不容小觑。

---

① 事实上，后来证明，那个中标的竞价只是一个恶作剧，竞买者并无购买意愿。尽管如此，伍杜尔仍然拥有可观的利润：一位来自苏格兰的私人收藏者最近拍卖了1875年探险队的一瓶酒，价格为3 300英镑（合4 300美元）。

在奥尔索普牌北极啤酒的例子中，只要稍加留意，就能避免这个错误。但是，粗心大意只是产生暗数据的常见原因中的一种，还有很多其他原因。残酷的事实是，正如我们在本书中会看到的，产生暗数据的原因非常广泛。

人们很容易把暗数据仅仅看作可以被观察到但由于某种原因没有被观察到的数据的同义词。无疑，这是最明显的一种暗数据类型。由于有些人拒绝透露工资水平，因此，一项调查中缺失的工资状况记录毫无疑问地构成了暗数据，但是那些不工作、没有工资的人的工资状况，也是暗数据的一部分。测量误差掩盖了真实值，数据汇总（比如平均数）隐藏了细节，错误的定义歪曲了你想知道的东西。更普遍地说，一个群体的任何未知特征，都可以被看成暗数据（统计学家通常把这些特征称为参数）。

由于可能导致暗数据产生的原因在本质上是无限多的，因此，了解哪些东西需要留意可以极大地帮助我们避免错误和失误。这就是本书中论述的不同暗数据类型的功能。这些原因并非基本原因（比如没有包括那些参与时间很短的患者的最终结果），但提供了更具普遍性的分类方法（比如，已知的缺失数据和未知的缺失数据的区分）。具备暗数据分类意识，有助于保护我们，让我们避免因为不了解自己不知道的事情而造成差错、失误和灾难。本书所介绍的、在第 10 章进行总结的暗数据类型，详列如下：

第 1 种暗数据：已知的缺失数据

第 2 种暗数据：未知的缺失数据

第 3 种暗数据：局部选择案例

第 4 种暗数据：自我选择

第 5 种暗数据：关键因素缺失

第 6 种暗数据：或可存在的数据

第 7 种暗数据：因时而变

第 8 种暗数据：数据定义

第 9 种暗数据：数据汇总

第 10 种暗数据：测量误差与不确定性

第 11 种暗数据：反馈与博弈

第 12 种暗数据：信息不对称

第 13 种暗数据：故意屏蔽的数据

第 14 种暗数据：编造与合成的数据

第 15 种暗数据：推理僭越数据

# 第 2 章

## 探索暗数据：收集到的与没收集到的

## 来自各方的暗数据

数据一开始并不存在。数据并非起初就有，等待人们去分析它们。相反，首先必须有人去收集数据。正如你所料，收集数据的不同方式可能导致各种暗数据。

本章介绍创建数据集的三种基本方法，以及每种方法可能带来的暗数据挑战。下一章将进一步探讨暗数据导致的难题，这在很多情形下都很有用。

创建数据集的三种基本方法如下：

（1）收集与你感兴趣的东西相关的每一个人或每一件事的数据。

调查人口总数是人口普查的任务。与此类似，货物盘点的目的是搞清楚仓库或者其他任何地方的货物细节。大约持续一个星期的伦敦动物园年度盘点显示：2018 年，伦敦动物园有 19 289 只动物，包括菲律宾鳄鱼、松鼠猴、洪堡企鹅、双峰驼等等（蚂蚁、蜜蜂和其他群居昆虫按照群体来统计）。在第 1 章中，我们提到，超市收集所有交易信息，这同样适用于报税、信用卡交易以及公司员工。体育运动记录、图书馆书架上的书、商店里的商品价格等，都会被记录下来。所有这些例子中，每一个物体、每一个人，或者其他东西的信息，都被汇总起来形成数据集。

（2）只收集总体里面部分项目的数据。

对样本人口数据的收集，可替代对总体人口数据的收集。在这种情况下，抽样调查非常重要，我们将详细考察这种调查方式及其暗数据问题。在不太正式的情况下，有时候，数据来自那些现成的东西。想要了解购物者的行为特点，你可以观察今天来购物的人；想看看你每天大概要花多少时间在通勤路上，你可以连续一个月记录每天的上班时间。而在其他情况下，测量全部事物是不切实际的：想观察食品价格如何随着时间而变化，你不可能收集每个人的每一次食品交易细节；想确定一粒沙子的平均重量，你不可能把每一粒沙子都称量一遍。在某些情况下，正如我们在第 1 章中看到的那样，测量"全部"的概念可能毫无意义。你不可能记录自己身高的所有潜在测量结果，你只能记录实际测量结果。

几年前，大数据还不像现在这样随手可得，我和同事汇编了 510 个真实的小数据集案例，统计学老师可以用来阐释统计思想和方法。该书已出版，书名为《小数据集手册》(*A Handbook of Small Data Sets*[1])。这些数据中描述总体的很少。数据集中包括这样一些主题：2 万次投骰子的结果、孕期时长、眼角膜厚度、神经冲动持续时间等等。

（3）改变条件。

前两种数据收集方法是"观察型"的。你只需观察物体或人呈现出来的数值。你不需要改变观察条件，只需测量它们当前的样子。你不需要给人一种药物，再看他们有怎样的反应；你不需要要求他们完成一个特定的任务，然后测量他们所用的时间；你不需要改变肥料，再看庄稼是否长得更茂盛；你不需要在沏茶的时候改变水温，看看是否会影响味道。当你确实改变你收集数据的环境（你进行了干预）时，这种数据是"实验型"的。实验数据尤其重要，因为它们可以给你提供反事实信息——这在第 1 章提到过。

尽管这三种数据收集模式有许多共同的暗数据问题，但它们也会导致各种不同的问题。让我们从考察综合性数据集开始。

## 数据废气、选择和自我选择

计算机已经在我们生活的方方面面实现了革命性变化。其中一些变化是显而易见的，比如我正在用来写这本书的文字处理软件，或者买机票时用的机票预订系统。还有一些变化是隐藏的，比如控制汽车刹车和发动机的数控系统，或者那些精密打印机或复印机内部的计算机控制系统等。

但是，不管计算机的作用是显性的还是隐性的，在所有情况下，计算机都要处理数据，如数量、信号、指令或其他类型的数据，运用它们去做决定或执行某种操作。一旦操作完成，处理程序就会停下来。但情况往往并非如此。通常，那些数据会被存储下来，并发送到数据库长久保存。它们是数据副产品、数据废气,被留存下来,以帮助人们在日后检查时增进理解,优化系统,或者解释出错时发生了什么。飞机上的黑匣子,就是此类数据的典型应用。

当此类数据指向人类时,它们通常被称为管理性数据。[2]这类数据的独特优势是它们实际上告诉你人们在做什么,而不是人们说他们在做什么(就像问卷调查那样)。它们告诉你人们买了什么、在哪里买的,他们吃了什么,他们在网上搜索什么,等等。据说,管理性数据比那些询问人们做了什么、怎么表现的测验更接近社会现实。这催生了一大批由政府、公司和其他组织对行为进行描述的巨大数据库。毫无疑问,这些数据库代表着巨大的资源,是一座具有不折不扣的潜在价值的金矿,能够对人类行为进行各种各样的深度洞察。通过那些深度洞察,我们可以改善决策,提高企业效率,以及制定更好的公共政策——当然,前提是那些见解是准确的,未受暗数据污染。此外,当我们希望保密的数据被其他人知道时,将会出现隐私泄露的风险。我们将在这一节的最后讨论隐私问题。但是现在,还是让我们先看看那些毫无疑问的暗数据吧。

一个明显的高层次差别在于,管理性数据确实会告诉你人们实际上做过什么事——这是有用的,除非你想知道的是他们的想法和感受。发现某个公司里的一群人对当前状况不满意,可能与搞清楚他们在公司日常活动的约束和规定下、老板的监督下如何表现一样重要。要了解他们的感受,我们应该积极主动地从他们那里获取数据,比如,搞一次问卷调查。不同种类的数据采集方法适合回答不同种类的问题,但也面临不同种类的暗数据挑战。

我自己第一次正式接触暗数据是在消费金融领域:信用卡、借记卡、个人贷款、汽车金融、抵押贷款等。信用卡交易数据构成了一个庞大的数据集,每年有数百万客户用这种塑料卡片实现数十亿笔交易。举例来说,2014年6月—2015年6月,Visa(一种信用卡品牌)卡大约实现了350亿笔交易。[3]信用卡每实现一笔交易,消费金额、币种、收款方、交易日期和时间以及许多其他项目信息都会被记录下来(事实上,大约有70~80个数据项)。这些信息必须被收集起来,以便进行交易并向相应的账户收取费用。这是操作过程的必要部分,所以,想省略这些细节是不太可能的。比如,如果不知道要收取多少费用或者向谁收取费用,交易就不能进行。但其他数据项在操作中可能不是不可或缺的,因此,它们有可能不会被记录。例如,省略发票号、详细产品代码和单价并不会影响操作。显然,这是第1种暗数据:已知的缺失数据。

更糟糕的是,至少从暗数据的角度看,有些客户用信用卡购物,有些客户用现金购物。这意味着,即使掌握购买和交易的全部记录,信用卡数据库中仍然存在大量看不见的暗数据,它们起因于第4种暗数据:自我选择。而且,信用卡有多家运营商。一家运营商的数据不能代表全体信用卡持有者的数据,当然,更代表不了所有人的数据。所以,我们在对管理性数据寄予厚望的同时,也要清醒地看到暗数据的缺陷,虽然,乍看起来缺陷没有那么明显。

我要解决的特定问题是设计"记分卡"。这里有一个统计模型,用来预测申请人逾期还款的可能性,以帮助银行决定是否给该申请人发放贷款。银行给了我以前的客户申请表的详细信息,我从中获得了大量数据,与此同时,银行也将那些客户实际上是否违约的信息给了我。

其实，这项任务很简单，我只需要找到能够区分违约客户与非违约客户的特征模式。然后，通过判断未来的申请人更类似于违约者还是非违约者，就可以把他们区分开来。

问题在于，银行想对所有的未来申请人进行预测。给我的数据当然与未来申请人的数据不同，因为我手头的数据已经经过了筛选。先前的客户之所以得到贷款，很可能是因为，根据先前的机制、以前的统计模型或银行经理的主观判断，他们具有良好的风险评级。而那些之前被认为风险评级不好的人，很有可能不会得到贷款，所以，对于那些没得到贷款的人，我不可能知道他们实际上是否会违约。确实，我不知道之前有多少申请人被拒绝了，因此也没有将他们纳入我的数据集。简言之，银行给我的数据集是个扭曲的样本，受限于某种未知的选择范围或选择性偏差。如果将建立在这个扭曲数据集上的统计模型运用于对潜在的未来申请人的判断，就会产生非常严重的误导。

事实上，问题甚至比这还要糟糕。实际上出现了多层暗数据。请考虑以下几点：

实际上，哪些人提出了申请？银行可能曾向潜在客户发送邮件，询问他们是否需要贷款。有些人会回复他们确实想要贷款，也有些人并不回复邮件。那么数据只包括那些对最初的询问邮件有所动心并予以回复的人，这可能取决于邮件如何措辞、银行提供多少贷款、利率是多少，以及很多我不知道的因素。那些没有回复邮件的人则成为暗数据。

谁收到了贷款许可？银行对那些回复邮件的人进行评估，之后，向其中一些人发放贷款许可，同时拒绝其他申请者。但是，由于我不知道银行发放贷款许可的依据是什么,因此我面临着更多的暗数据。

谁接受了贷款许可?经过前两轮选择,那些得到贷款许可的人,有些会贷款,还有一些人并不会贷款——这又引出了一层暗数据。

这些暗数据层的叠加,使银行给我的数据与待解决问题之间的关系错综复杂,而我只有搞清楚它们,才能建立起用于评估新申请人的模型。多层暗数据可能意味着我手中的样本,包括所有已知的好的或坏的实际结果,与银行希望套用模型的总体完全不同。忽视这些暗数据可能会导致灾难性后果。(这家银行依然存在,所以我想我的模型还没那么糟糕!)

管理性数据无处不在。想想所有存储你个人信息的数据库,它涵盖了教育、工作、健康、爱好、购物、金融交易、抵押贷款、保险、旅游、网络搜索、社交媒体等方面。直到最近,大部分情况下你的个人数据都是自动存储的,你根本不知道,对方也不需要征得你的同意。欧盟的《通用数据保护条例》(GDPR)改变了这种状况(无疑,你应该已经有所察觉了,因为现在你需要在复选框中打"√",表明你已经理解并允许网站记录你的个人资料)。但是,你偶尔也可以通过其他方式表达意见。(美国居民的数据保护受联邦法律和州法律监管,具体情况因行业而异。)

2013年,NHS(英国国家医疗服务体系)推出一项计划,提出每月从家庭医生记录中复制医疗数据,并与HSCIC(英国国家卫生和社会保健信息中心)的医院记录合并。合并后的数据集拥有巨大的潜在价值。通过汇总,我们可以对这些描述数百万人医疗状况和治疗情况的数据进行挖掘,不仅能了解他们的医疗状况本身,包括疾病预防、监测以及治疗的有效性，还能了解跨系统医疗保健服务的有效性以及哪里需要改进。保密性将通过使用"化名"系统来实现，通过这个系统，姓名、NHS 号码以及其他身份标识都被替换为代码，存储在不同于实际数据位置的另外一个文件中。

不幸的是，NHS 推出的这个计划及其潜在的医疗和健康福利并没有很好地呈现在公众面前。一些人担心他们的数据会被出售给具有商业性的第三方（如制药公司和保险公司），而这些公司会利用这些数据牟利。其他人则担心数据丢失和黑客攻击，担心数据被重新识别，和他们本人联系起来，并对机密医疗事务中的个人隐私造成影响。结果，计划遭到公众强烈抵制，部分媒体推波助澜，民众的反感情绪更加强烈。尽管该计划允许人们选择退出，也就是说，允许人们提出不想让自己的数据被传输出去，但民众依然不肯接受。

2014 年 2 月，该计划被搁置了。最终，经过若干次失败的尝试，2016 年 7 月，NHS 发布了一份全面的评审报告，该报告针对患者数据共享推荐了一个 "8 点同意模型"。其中一个特点是，它让患者有权禁止自己的数据被用于治疗以外的目的，比如研究。

如果你一直关注这个讨论，那么你可能已经发现了危险。允许人们退出意味着数据库是不全面的，它们只包含部分病人的信息。更糟的是，由于人们自行选择是否将他们的数据包括进去（第 4 种暗数据：自我选择），因此这个数据库完全有可能显示扭曲的人群情况。

2009 年，米歇尔·科和麦克马斯特大学的同事考察了这种类型的问题。[4] 他们探讨了以这种方式使用数据要求获得民众同意是否会影响谁同意参加，并针对研究开展了元分析。通过使用病历开展研究，他们比较了同意者和不同意者的年龄、性别、种族、教育、收入和健康状况，发现两组情况确实不同。但令人担忧的是，他们还发现"影响的方向和程度缺乏一致性"。这意味着同意者和不同意者的不同之处是难以预测的，因此很难针对他们的差异进行调整。

选择退出指的是允许人们有不被纳入某个数据库的权利，这意味着他们至少需要做出努力才能被排除在外。在这种情况下，很多人因为懒而没有修改默认设置，因此被包含在数据库中。更严格的潜在替换选项是要求人们选择加入：要想被包含在数据库中，需要做出选择加入的努力。现在，人天生的惰性会使情况变得更糟：要求人们做出积极的努力，必将减少他们的回应。

这个病历案例涉及的管理性数据是非常明确的。有时候，情况并不那么明显。让我们来看一个应急服务的放弃呼叫案例。

放弃呼叫是指有人拨打紧急救助电话但在电话接通之前挂断或者终止呼叫。2017年9月，BBC（英国广播公司）网站报告称，从2016年6月起的一年里，打给英国警察控制室的紧急电话放弃呼叫数量翻了一番，从8 000例增加到16 300例。[5] 关于为什么出现这一现象，有各种各样的解释，其中一种解释是超负荷运转的警察部队应答反应时间过长；另一种解释是，手机自动生成了这样的呼叫，可能是由口袋或手提包里的物品触碰手机按键所致。

如果后者是正确的，那么我们可以期待类似的问题不会在美国出现，或者至少不会那么严重，因为美国的紧急呼叫号码911使用了两个不同的数字（英国的紧急呼叫号码是999）。但这种呼叫的出现频率在美国也呈上升趋势。林肯紧急联系中心3个月的记录显示了这种变化：2013年4—6月，该中心的放弃呼叫数量的比例从0.92%上升至3.47%。

放弃呼叫是第 1 种暗数据：已知的缺失数据的典型例子。相比之下，迈克·约翰斯顿在他的专栏《摄影师在线》中给出了一个非常好的第 2 种暗数据：未知的缺失数据的例子。[6] 他写道："每当读到一篇描述美国边境那些制作精良、坚固而漂亮的原木小屋的文章时，我就忍不住想笑。事实更有可能是这样的：99.9% 的原木小屋都是粗制滥造的，只不过它们全都倒塌了。能完好无损地保存下来的极少数小屋的确是被精心建造的，但这并不意味着所有的小屋都是这样的。"大部分倒塌和腐烂的原木小屋都没有被记录在案，所以这些也是暗数据。

第 2 种暗数据：未知的缺失数据尤其具有欺骗性，因为一般情况下我们没有理由怀疑它。例如，假设我们读到某些内容，就像我在 2017 年 12 月 29 日的《泰晤士报》上读到的那样，"警方数据显示，出租车司机涉嫌对乘客实施性侵害的案件数量在 3 年里攀升了 1/5"。比较直白的解释是，更多的此类犯罪发生了。但是，从暗数据的角度，还有另外一种解释：犯罪率本身其实保持不变，但犯罪的报告率上升了。由于社会习俗和社会规范的改变，此前隐藏的暗数据逐渐显现出来了。道德演化有一条普遍规律：如果你发现，在价值的时间序列中，突然出现一个明显的变化，那么可能是因为背后的现实基础已经改变了，但也可能是因为数据的收集程序发生了变化。这体现了一种暗数据类型，即第 7 种暗数据：因时而变。

投资基金的运转机制提供了第 2 种暗数据：未知的缺失数据和第 7 种暗数据：因时而变协同作用的详尽示例。这类基金的数量是动态的：新基金成立，老基金消亡。而且，毫不奇怪，通常是表现不佳的基金消亡，而表现好的基金活下来。如果我们通过某些方式不把那些退出的基金算进去，那么，从表面上看，这些基金都表现得很好。

尽管个别基金因为表现差而退出，从而被排除在显示整体或平均水平的指数之外，但是我们仍然可以回顾这些基金并从中获取数据。这会使它们从第2种暗数据：未知的缺失数据变成第1种暗数据：已知的缺失数据，这样就能搞清楚从计算中排除它们所造成的影响。2006年，埃米·巴雷特和布伦特·布罗德斯基的一项研究显示，在过去10年（1995—2004年）中，通过排除最弱的基金数据，晨星基金数据库中的基金的投资收益率可显著提高，平均每年提升1.6%。[7] 在2013年发表的一项研究中，先锋领航基金的托德·施兰格和克里斯托弗·菲利普斯考察了以5年、10年和15年为周期，包括和不包括封闭基金的整体业绩表现。[8] 两者的差别引人注目。以15年为周期，不包括封闭基金的业绩几乎是包括封闭基金的业绩的两倍。本研究也揭示了暗数据在这种情况下的重要性：仅有54%的基金持续了15年的完整周期。

这一现象还影响了更为常见的金融指数，比如道琼斯工业平均指数和标准普尔500指数。表现差的公司从这些指数中被剔除，只有那些运营相对较好的公司才会被计入最终的指数。如果你正好投资了一直运营良好的公司，那么这种指数算法没问题，但是，如果你投资的公司表现不好，这种指数算法就有问题了。而且，因为很难（也有些人会说根本不可能）判断哪些公司会继续向好，哪些不会，所以这个指数的表现也靠不住。

介绍了金融指数的所谓幸存者偏差后，我们有必要指出，情况可能会更复杂。以对冲基金为例，当然，表现不佳的基金可能会被关闭，因而被排除在数据之外。但是，处于另外一个极端的基金也会遇到这种情况：表现极其强劲的基金有可能向新投资者关闭。同样，表现强劲的公司也可能被拆分，从而退出股票指数。暗数据起作用的方式神秘莫测。

此外，出于某些原因（我们将在第3章中探究这些原因），由于"均值回归"现象，过去表现异常出色的基金很有可能在未来急剧下跌。这意味着，基金购买者需要仔细研究基金过去的表现是如何被评估出来的。同参与其他行业一样，投资者需要叩问自己，真相是不是被隐形的暗数据遮蔽了。

对于那些随着时间而变化的事物来说，幸存者偏差一直是一个潜在的问题。在创业界，我们听到的往往是成功的故事，而不是失败的案例——尽管大多数创业公司都失败了。一些研究人员认为创业失败率低至50%，也有些人认为其高达99%。当然，这在一定程度上取决于你选取的时间周期（一年，还是50年？）以及你如何定义"失败"。以社交网站Bebo为例。Bebo于2005年推出，一度成为英国最受欢迎的社交网站，拥有近1 100万用户。2008年，它被美国在线公司以8.5亿美元的价格收购。所以，如果从这3年的时间范围来看，Bebo是非常成功的。但是后来，Bebo用户数量开始下降，部分原因是这些用户转向了Facebook（脸书）。2010年，美国在线将Bebo卖给标准资本合伙人公司。被一次计算机小故障毁掉声誉后，2013年，Bebo依据《美国破产法》第11章申请了破产保护。2013年下半年，最初的创始人，迈克尔·伯奇和西奥琪·伯奇夫妇，以100万美元的价格买回了公司。这是成功还是失败？再来看看雷曼兄弟的例子。这家公司成立于1850年，曾是美国第四大投资银行。和Bebo一样，雷曼兄弟最终黯然收场，尽管它持续了更长的时间跨度，但它还是在

2008 年申请破产。但是，这算成功还是失败？

在创业界，人们很自然地想听成功的故事而非失败的故事，这是因为他们想模仿成功案例而非失败案例。但这种情况揭示了另一种暗数据。企业家应该探究的是那些区分成功和失败的特征，而不仅仅是碰巧与成功相关的特征。（后面一种特征也有可能与失败联系在一起。）此外，即使这些特征更多地与成功相关，而非与失败相关，我们也不能保证它们之间存在因果关系。

漫画网站 xkcd.com 上面有一幅关于幸存者偏差的漫画。[9] 漫画中的角色建议我们永远不要停止买彩票。尽管他自己一次次遭遇失败，但是一直坚持买彩票，甚至做额外的工作，挣更多的钱，买更多的彩票。他最终取得了成功（如果"成功"是正确的词）。我们看不见的是，更多人把自己的命运押在彩票上，但直到生命结束也没有成功。

总的来说，管理性数据在造福社会方面具有巨大的潜力，但前提是我们要意识到暗数据的风险。但还有一个方面不那么乐观，并且日益引发人们的关注。

从我们个人的角度来看，管理性数据的数据库中包含的数据废气是数据影子，这包括我们在发送电子邮件或短信、发 Twitter、在 YouTube（视频网站）上发表评论、刷信用卡、使用交通卡、打电话、更新社交媒体应用程序、登录计算机或 iPad（苹果公司生产的平板电脑）、从自动取款机中取钱、开车经过有车牌识别功能的摄像头时留下的痕迹。类似的例子不胜枚举，而且通常不会引起大家的怀疑。虽然这些数据确实可被整合起来造福社会，但是它们也不可避免地透露了我们每个人的大量个体信息，包括我们的喜好、习惯和行为。与我们个人相关的数据，可以被用来回馈我们，如帮助我们寻找感兴趣的产品或事件，方便我们出行，这通常会让我们的生活更便捷。但它们也可以被用来操纵行为。集权政体如果知道我们生活的具体模式，就可以对我们施加巨大的控制。在某种程度上，这是不可避免的：我们为了求得方便而泄露信息的不利方面就是……我们泄露了信息。

因为人们越来越关注数据影子，所以致力于减少影子的服务出现了。或者说，从本书的观点来看，关闭数据上的灯光、把它们调暗的服务出现了。基本步骤包括停用所有社交媒体账户（Facebook、Twitter 等），删除旧的电子邮件账户，删除搜索结果，把我们无法删除的账户信息改为虚假信息（如错误的出生日期），取消已订阅的专栏和快讯，等等。当然，通过隐藏数据来实现保护的另一面，就是潜在利益将受到不利影响。只有掌握人们的收入和纳税细节，我们才能决定把免税额度给谁。

## 以小见大

收集所有我们感兴趣的人或事物的数据（就像在超市购物时生成的管理性数据）是一种强大的信息获取方式，能够帮助我们提高理解水平、优化决策。但是，对于我们面临的特定问题来说，这样的数据并非总是足够充分的。明显的例子就是，在某些情况下，并不能自动收集到相关的管理性数据。第一种解决方案是使用能找到的与其关系最密切的数据集，但这样也有风险。第二种解决方案是为了回答特定问题，专门开展一项独立的工作，从总体中收集数据。也就是说，要开展一次普查。但普查通常是一个成本很高而缓慢的过程。当你花大量经费得到一个完美的答案时，这个答案早就过期了，这是没有意义的。

第三种解决方案是使用统计调查。

统计调查是用来了解现代社会的主要工具之一。这种方法的独特优势在于，它能让我们知道某个群体或群体中发生了什么，而且我们无须询问其中的每一个人。这种方法基于非常强大的统计学定律——大数定律，根据该定律，如果样本容量足够大，那么从总体里随机抽取的样本的平均数，将会非常接近总体的实际平均数。

假设我们想知道某个国家民众的平均年龄。通过这个基础数据，我们能判断目前（以及随着人口老龄化）是否有足够多年轻的、挣工资并且纳税的工作者，以供养老年退休人口。对比尼日利亚与日本的数据，可以看出这一数据的重要性和潜在影响。尼日利亚15岁以下人口占40%，而这一年龄段的人口在日本只占13%。

假设我们没有出生记录，也负担不起可以查明每个人年龄的普查，与此同时，虽然许多数据库要求注册者只有填写出生日期才能享受某些服务，但是由此生成的管理性数据含有不同程度的暗数据，我们不能轻易采信。在这种情况下，统计调查会让我们有充分的信心通过只询问一部分人的年龄而获得一个足够准确的估计值。你可能会立即对此产生怀疑：很明显，存在一种暗数据风险，即我们并不知道所有我们没有询问到的人的年龄。但是大数定律告诉我们，只要合理抽取样本，我们就有可能获得足够准确的估计值。而且，这个定律背后的统计学原理还告诉我们，并不需要太大的样本容量，1 000个可能就足够了。从1 000个人那里获取数据，与从数量可能多达数百万的总体那里获得数据，是截然不同的两回事。

"随机抽取"和"合理抽取"这些描述样本的概念司空见惯，其实它们是调查过程的关键。我们如果只从夜总会或养老院取样，就无法得到关于总体平均年龄的精确估计值。我们要尽可能确保样本合理代表我们正在研究的对象。实现这一目标的最佳方法是首先列出我们感兴趣的人群的所有成员，这样的列表被称为抽样框；然后从名单列表中随机选择一些人作为样本，询问他们的年龄。这种全面的列表通常可以从管理性数据中获得。比如，选民名册通常用于这种列表，早期的人口普查也是如此。

乍一听，随机选择一些人去询问他们的年龄这种做法可能很怪异。的确，这意味着每次从事这样的操作，我们都能得到一个不同的结果。但是，尽管这种方法不能保证样本中不存在暗数据扭曲现象（例如，样本中年轻人的比例并不比总体中年轻人的比例高），但这种扭曲的概率可以保持在一个可控的水平。这意味着，我们可以这样说：我们能够抽取到的几乎所有（例如95%）样本，其平均年龄都将处在总体平均年龄的2岁上下的范围内。并且，通过扩大样本容量，我们的置信度可以从95%提升到99%，或者任何我们认为合适的水平，同样，我们也可以把2岁的变化幅度缩小到1岁，或者任何我们想要的幅度。假如你担心通过这种过程得出的结论缺乏绝对的确定性，那么我要提醒你，生活中没有什么是绝对确定的（除了死亡和纳税）。

大数定律的一个有趣之处是，估测结果的准确性实质上并不取决于总体中有多大一部分被纳入样本，只要总体够大、样本所占比例较小即可。相反，准确性仅仅取决于样本容量。在其他条件相同的情况下，从100万人中抽取1 000个人，与从10亿人中抽取1 000个人，其准确性通常是一样的。即使第一个人群的样本比例是千分之一，而第二个人群的样本比例是百万分之一，结果也是一样的。

不幸的是，这种抽样调查方法并不是一根魔杖。就像生活中（几乎）所有其他事情那样，这种方法也有缺点，也就是说，这些调查通常依赖于被访问者的自愿参与。这意味着人们可能会回答其中一些问题，但是拒绝回答其他问题，或者，他们甚至拒绝参与。我们又进入了暗数据领域（第4种暗数据：自我选择）。

表1给出了这种"无回应"的例子，展示了一个缺失数据值的案例。这些缺失值由"？"表示，并且被突出显示，以便更容易被看到。表1列出了10条顾客数据记录，这些数据来自 KEEL 网站[10]，是从旧金山湾区一个购物中心的顾客填写的调查问卷中收集到的。此项研究的目的是建立一个模型，通过其他变量预测收入。字母代表的变量是：$A=$ 性别，$B=$ 婚姻状况，$C=$ 年龄，$D=$ 受教育程度，$E=$ 职业，$F=$ 在旧金山的生活年限，$G=$ 双重收入，$H=$ 家庭成员，$I=$ 未满18周岁，$J=$ 户主身份，$K=$ 家庭类型，$L=$ 民族，$M=$ 语言。要预测的目标变量在最后一列中，$N=$ 收入（网站提供了每个变量的更多详细含义和取值范围；为了方便，我用字母来表示它们）。总体上，全部数据集有8 993行如表1所示的数据，但其中2 117行存在数据值缺失（和表1中所示的三行数据一样）。这三行记录中有一行包含两项缺失值。表格中缺失的数据显然是第1种暗数据：已知的缺失数据。那里本应有数据存在。

表1 购物中心部分顾客数据记录

|   | A | B | C | D | E | F | G | H | I | J | K | L | M | N |
|---|---|---|---|---|---|---|---|---|---|---|---|---|---|---|
| 记录1 | 2 | 1 | 3 | 6 | 6 | 2 | 2 | 4 | 2 | 1 | 1 | 7 | 1 | 8 |
| 记录2 | 2 | 1 | 5 | 3 | 5 | 5 | 3 | 4 | 0 | 2 | 1 | 7 | 1 | 7 |
| 记录3 | 1 | 4 | 6 | 3 | ? | 5 | 1 | 1 | 0 | 1 | 1 | 7 | ? | 4 |

续表

|  | A | B | C | D | E | F | G | H | I | J | K | L | M | N |
|---|---|---|---|---|---|---|---|---|---|---|---|---|---|---|
| 记录4 | 2 | 1 | 5 | 4 | 1 | 5 | 2 | 2 | 2 | 1 | 1 | 7 | 1 | 7 |
| 记录5 | 2 | 3 | 3 | 3 | 2 | 2 | 1 | 2 | 1 | 2 | 3 | 7 | 1 | 1 |
| 记录6 | 2 | 1 | 5 | 5 | 1 | 5 | 2 | 2 | 0 | 1 | 1 | 7 | ? | 9 |
| 记录7 | 2 | 1 | 5 | 3 | 5 | 1 | 3 | 2 | 0 | 2 | 3 | 7 | 1 | 8 |
| 记录8 | 1 | 5 | 1 | 2 | 9 | ? | 1 | 4 | 2 | 3 | 1 | 7 | 1 | 9 |
| 记录9 | 1 | 5 | 4 | 2 | 3 | 4 | 1 | 2 | 0 | 2 | 3 | 7 | 1 | 2 |
| 记录10 | 2 | 1 | 4 | 4 | 2 | 5 | 3 | 5 | 3 | 1 | 1 | 5 | 2 | 9 |

资料来源：http://www.keel.es/。

在代表语言（$M$）的那一列中，应当填写"你在家中最常说的语言是什么？"这个问题的答案。有三种可能的答案类型：1=英语，2=西班牙语，3=其他。因为对于每个家庭来说，只有一种答案是正确的，而且这些类型包括所有可能的答案（例如，如果德语是最常说的语言，那么答案应该是3=其他），所以我们知道，在每一行中，这个问题都有一个答案——1、2或3。只是出于某种原因，我们的样本中有两个人没有提供答案。

有时，记录不完整是因为根本没有数据可填写：答案并不存在。例如，在要求填写配偶年龄的表格中，如果被调查人还没有结婚，这一项就只能是空白的。这引发了一个有趣的问题：我们应当如何处理这种缺失的数值。这种情况和已经结婚但没填写表格的情况有明显的区别。但这种区别重要吗？如果以相同方式处理这两种情况，那么，会导致错误的结论吗？

记录有空白直接表明有东西被遗漏了（第1种暗数据：已知的缺失数据）。那么，拒绝回答任何问题属于哪种类型呢？答案是第4种暗数据：自我选择。此外，如果人们太忙，或者感到隐私受到了侵犯，或者仅仅是联系不上（例如，开展调查时他们恰好不在当地），那么，在调查过程中也会产生已知的缺失数据，我们知道这些人是谁，他们被记录在我们想联系的人员名单上，并且，如果他们愿意而又具备相应能力，那么他们本来是可以给出答案的。但是，由于我们没有得到他们的任何回应，因此我们实际上无法知晓这些人的答案。

关于这类问题，有一个最著名的案例，它发生在1936年的美国总统选举期间。在此之前，基于民意测验，《文学文摘》（Literary Digest）杂志曾成功预测选举的获胜者。1936年，该杂志预测，共和党候选人阿尔弗雷德·兰登将以3∶2的优势获胜。然而，民主党候选人富兰克林·罗斯福最终以压倒性优势取得胜利。他赢得总统选举团的523票（共531名选举人）、62%的公众投票和46个州（共48个州）的支持。

对这次选举结果的描述和《文学文摘》的错误预测应该归咎于引发暗数据的调查设计，特别是（尽管这个故事有不同版本，但核心思想是一样的）把电话簿当作抽样框，从中选取潜在的受访者的做法。然而，在当时，电话还属于奢侈品，拥有电话的人大多属于富裕人口，而这类人更倾向于投票给共和党候选人。因此，这种样本高估了愿意给共和党候选人投票的人口比例。

与从夜总会或养老院抽取样本来预测一国民众的平均年龄非常相似，针对此次选举预测失败的这一解释表明，暗数据之所以出现，不是因为人们拒绝回答问题，而是因为对初始访问名单的选择有误。

然而，统计学家莫里斯·布赖森的一个详细分析表明，这种简单的分析是错误的。[11]一方面，它低估了《文学文摘》调查人员为确保他们接触的潜在投票者样本的代表性所做的努力。调查人员非常清楚可能导致样本扭曲的因素。另一方面，尽管当时只有约40%的家庭拥有电话，但这些拥有电话的人的确是最具投票意愿的人，这意味着，尽管从总体来看可能存在大量暗数据，但是，如果考虑投票人口分布比例（这才是选举的关键所在），问题就没有那么严重。顺便说一下，投票人口分布比例可以对结果产生重大影响：在2016年关于英国是否脱离欧盟的全民公投中，宣称"对政治没兴趣"的人中有43%实际上进行了投票，而不是像2015年英国大选那样，只有30%的人投票。在民意测验中宣称愿意投票给X的意愿只有转化为投票给X的实际行动才能当真。

就兰登/罗斯福选举的民意调查来说，尽管电话簿这个版本受到普遍认可并广为传播，但它并不是真正的原因。

那么，选举预测失败的真正原因是什么呢？

答案仍然在于暗数据，但是这种暗数据是一种更加为我们所熟悉、更加直接的类型。随着网络调查的运用，这种类型变得非常重要。这就是，尽管调查人员寄出了1 000万张问卷，但在收到问卷的人中，只有大约1/4（大约230万人）用心做了答复。超过3/4的人在收到问卷后直接忽略了它，他们的选举意向变成了暗数据。这种情况的意义很明显。支持兰登的人如果（正如所见）比支持罗斯福的人对选举更感兴趣，就更有可能对调查做出回应。这意味着，民意测验会给人一种多数选民支持兰登的印象，这正是《文学文摘》所看到的、被扭曲的情况。当选举实际进行时，这种因自我选择而造成的扭曲就消失了。

所以，这次民意测验之所以失败，并不是因为问卷设计失误导致样本选取过程中出现了暗数据，而是因为共和党选民和民主党选民回应调查的概率不同，因而导致暗数据出现。这是一种自愿回应的后果（第4种暗数据：自我选择）。

如果抽样范围是被合理界定的，也就是说，调查人员确切地知道谁是有投票资格的人，那么，通过足够复杂的分析，有可能对其进行有效调整以避免出现错误。这个问题还会在第9章讨论。但如果没有合理界定的抽样范围，这种调整就难以进行，或者根本不可能实现。如果不设定抽样范围，那么我们将从第1种暗数据：已知的缺失数据的领域进入第2种暗数据：未知的缺失数据的领域。我们稍后讨论的网络调查尤其容易受到这种情况的影响。

一般来说，人们根本不回应的情况，就像兰登/罗斯福民意测验的例子那样，是很难处理的。拒绝回应的人与做出回应的人，很可能在某些重要的方面有所不同，这种情况很容易出现。选择不参与调查这个简单的事实就说明，他们在某些方面是不同的。或许对调查主题更感兴趣的人可能更倾向于做出回应，就像兰登/罗斯福民意测验的例子那样。或者，那些更有可能做出回应的人，对调查主题更加了解。荷兰一项对住房需求的研究发现，住房需求越大，人们回应调查的可能性越高，因此，这种调查容易得出极具误导性的总体印象。[12]在受害调查中，所谓的连续性事件，如虐待配偶，其起点和终点并没有明确的分界线，这类事件可能不会被关注个体事件的调查识别。在其他情况下，人们如果觉得过于浪费时间，可能也不太愿意参与进来。整体来看，自我选择是调查中或者其他情况下，负面影响尤为严重的一种暗数据类型。

选举前的民意测验是有用的，但是，由于调查广泛用于收集政府和商业方面的信息，因此较低的回应率有可能造成广泛的影响。然而，回应率在全世界范围内都在下降。英国劳动力调查提供了一个例证。[13] 图 2 显示了从 2003 年 3—5 月到 2017 年 7—9 月，每个季度同意接受访问的人数比例变化。在此期间，这一比例从 65% 以上下降到 45% 以下。这种直线下降的趋势将削减人们对未来调查结果的信心，除非采取行动以提高回应率。

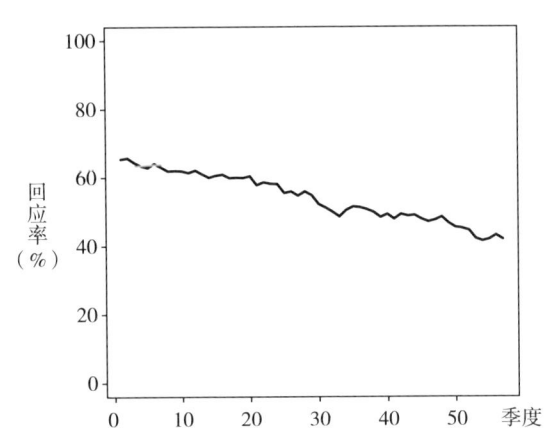

图 2　从 2003 年 3—5 月到 2017 年 7—9 月，每个季度同意接受访问的人数比例

这种现象不仅仅出现于英国的劳动力调查项目，它对全世界各种各样的调查都有影响。美国的消费者态度调查是一个关于消费和经济的态度的电话调查。这项调查的参与度从 1979 年的 79% 下降到 1996 年的 60%，再降到 2003 年的 48%。2013 年，美国国家科学院由罗杰·图兰戈和托马斯·普莱维斯编辑的一份报告展示了更多案例。报告称："政府和私人赞助的家庭调查为社会科学研究提供了丰富的数据，而这些调查的回应率在世界所有富裕国家中都在下降。"[14] 图 3 显示了 1997—2011 年美国国家健康访问调查中的家庭回应率。尽管不

像之前英国案例中那样显著，但下降的趋势依然很明显。

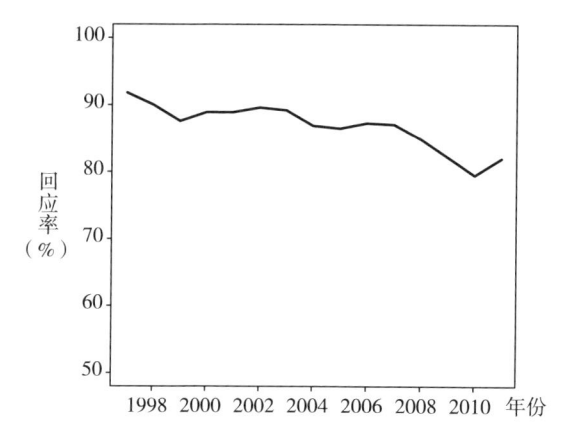

图3 1997—2011年美国国家健康访问调查中的家庭回应率

这种下降趋势在医学流行病学研究中也很明显。行为风险因素监视调查在全美范围内研究风险因素、健康筛查和医疗保健。这项调查的平均参与率从1993年的71%下降到2005年的51%。

关键问题是，回应率低到什么程度会影响调查的有效性？暗数据的比例高到什么程度会影响到调查结果作为总体概括性结论的可信度？90%的回应率足以得到可信赖的结果吗？如果是这样，那么80%、50%、20%呢？考虑到无回应情况而调整结论的方法（如第8章所述）是否有效？

不幸的是，这些问题没有通用的答案。情况取决于调查的内容，取决于问题的设置，取决于数据是怎样缺失的以及为什么缺失。有些情况下，即使只有一小部分数据缺失，也可能意味着现有数据无法代表总体的情况。在对全体居民关于变性手术态度的调查中，有些问题非常冒犯变性人群，因此他们全都拒绝回答，而其他群体不受影响。

尽管这种调查可能只有很低的不回应比例，但仍有可能产生误导性的结论。相比之下，在其他情况下，即使缺失数据的比例很高，对结论的影响可能也很小。事实上，我们之前讨论过样本容量和随机抽样的重要性，由此可以推出，如果无回应者不属于某种特定模式，那么高无回应率有可能根本不重要。

任何情况下，正如案例所示，无回应这种形式的暗数据范围似乎在扩大，尽管这些暗数据可能不会对任何结论产生有害影响，但在某些情况下，它们可能会产生非常严重的影响。如果你在管理一个国家或者运营一个大公司，那么你会依靠"可能不会"的思想吗？

互联网的一个令人兴奋的可能性是可以降低调查成本，因为它能触达庞大的受众群体，因此带来巨大的样本容量。但是，缺陷也随之而来。特别是，互联网缺乏对答题者的控制。在很大程度上，他们都是自我选择的，是参加调查还是遁形于暗数据的黑影中，取决于他们自己的意愿。这对任何类型的调查来说，都明显是一种潜在灾难，因为那意味着回应很有可能取决于是否有人回答调查中的问题（回想一下第1章杂志调查问卷中的问题：你会回复杂志的调查问卷吗？）。是否产生这种扭曲取决于谁先看到相关网页。

另一个极端是，人们甚至会多次回应网络调查。还有更糟的情况：在撰写本书的时候，我遇到了一个人，他说，每当他在手机上收到调查问卷时，他就把手机递给5岁的儿子，让儿子回答问题。此外，还有一个基本问题，那就是并不是每个人都可以访问互联网，这与电话在兰登/罗斯福选举案例中发挥的作用类似。2013年，一篇发表在《国际互联网科学杂志》上的荷兰论文指出，"老年人家庭、非西方移民和单人家庭，不太可能接入互联网"。[15] 不过这些似乎不足以构成真正的问题，随着人口老龄化和技术的进步，互联网的普及程度会随着时间的推移而提高。

在无回应现象的背后，存在这样一个问题：为什么人们显得越来越不愿意回复调查问卷？图兰戈和普莱维斯研究了这个问题，他们发现，无回应的原因没有随着时间推移而发生太大变化。[16]主要原因是，潜在的回应者根本没有足够的兴趣参与调查，而且调查会占用太多时间。其他原因还包括对隐私的顾虑和对调查的不理解，负面反应包括挂断电话、关上门或其他有敌意甚至有威胁性的行为。显然，做调查员可能是一件冒险的事情！情况很明显，人们已经受够了各种调查，无休无止的问题激怒了受访者。一些商业推广活动伪装成统计调查，使情况恶化。出现这种情况的深层原因在于，问卷调查具有自我选择性，也就是说，受访者可以自己决定是否参加。

不回应调查的原因未必都要归咎于被调查者，有时也可能是调查人员没有尽力去联系被调查者。据了解，不诚实的调查人员甚至会编造数据（第14种暗数据：编造与合成的数据）。人们创造了"臆答"一词，用来描述这种现象。这个词反映了这样的概念（想象一下这个画面）：某个原本应该不辞辛苦询问别人的人口普查员，却坐在路边编造数据。[17]然而，请注意，复杂的数据统计方法通常可以检测出这种欺骗行为，就像识破其他类型的数据造假一样。语言障碍与简单的数据遗漏也会导致数值缺失。

在问题较敏感的问卷调查（如与财务、医疗事项等相关的问卷）中，尤其容易出现数据缺失和记录不完整的现象。因此，一些更加聪明的数据收集方法应运而生。这些方法允许人们匿名回答此类问题，可以在不掌握个体数值的情况下生成总体统计数据。相关内容，我们将会在第 9 章进行探究。

## 实验数据

在本章开头，我们已经看过两种数据收集模式：一种情况下，所有数据都被记录；另一种情况下，采用样本数据。我们还特别考察了在各自的情况下，不同类型的暗数据是怎么产生的。

现在，我们来看看第三种数据收集模式——实验数据。在这种模式下，事物（或人）所处的环境、接受的治疗方案或者暴露程度以一种精心控制的方式发生变化。

我们希望探明，在 A、B 两种治疗方案中哪种方案疗效更好。显然，我们应该把两种治疗方案用在同一位患者身上，然后观察哪种方案疗效更好。

如果可以在同一位患者身上实施两种治疗方式，那么这样做是管用的。比如，某种药物可用于缓解花粉过敏发热病症，在针对这种药物的疗效的研究中，我们可以在第一年用 A 方案治疗某位患者，而在第二年用 B 方案对他进行治疗，也可以把 A、B 的治疗顺序对调（希望这两年的花粉数量是一样的）。但是很多情况下，在同一位患者身上实施两种治疗方案是不可能的。例如，在一项旨在探明治疗方案对延长患者寿命的效果的研究中，一旦第一种治疗方案得出结论，我们就很难尝试其他方案了，因为患者已经死亡。

给同一位患者实施两种不同治疗方案的唯一替代方法是，用 A 方案治疗一位患者，用 B 方案治疗另外一位患者。当然，这样做的麻烦之处在于，对于某种给定的治疗方案来说，并非所有患者都有同样的反应：一个患者在 A 方案的治疗下取得良好疗效，不代表所有类似患者都能取得良好疗效。实际上，更糟糕的是，任何特定患者在不同时间对同一种治疗方案的反应都可能不同。

所以我们再深入探讨一下这个问题。首先，我们把注意力从一位患者的治疗转移到接受治疗的多位患者的平均反应上，比较一下患者对 A 方案的平均反应与对 B 方案的平均反应。其次，在给病人分配治疗方案的过程中，必须确保其他因素不会对结果造成任何影响。比如，我们不能把某种治疗方案分配给所有男性患者，而把另外一种方案分配给所有女性患者，如果这样做，我们就无法分辨观测到的不同结果应该归因于治疗方案还是性别差异。同样，我们也不能把 A 方案分配给所有病情较重的患者，而把 B 方案分配给病情较轻的病人。

因此，我们要平衡各种要素。比如，我们可以把一种治疗方案分配给一半的男性患者，把另外一种治疗方案分配给另外一半男性患者，女性患者也按这种方式处理；或者，把一种治疗方案分配给一半的病情较重的患者，而把另外一种治疗方案分配给另外一半病情较重的患者。如果我们想要控制的要素是有限的，这个办法就是可行的。我们可以尽量平衡性别、年龄、病情严重程度等要素，但是，也许我们很快就会发现，任务开始变得难以完成：也许并不存在一个病情严重、25 岁、患有高血压、体重指数为 26、有哮喘病史、抽烟的男性患者，可以平衡一位具备以上所有条件的女性患者。更糟糕的是，还会存在各种各样的我们没想到的因素。

为了解决这个问题，我们将两组治疗方案随机分配给患者——这被称为随机试验。这样，我们可以保证，我们试图避免的那种不平衡状况出现的概率很低。回忆一下我们早先进行统计调查时，藏在随机抽样背后的基本原理。这里运用的完全是同一个原理，不同之处仅仅在于，我们是在给患者分配治疗方案，而不是在选择受访问的人。

用这个方法比较两个组，是一个非常简单的试验。有时这被称为A/B测试，即将两个组分别标记为A和B；或者被称为冠军/挑战者试验，即一种新方法或治疗方案（挑战者）被拿来与标准方法（冠军）做比较。这种比较方法具有非常广泛的用途，比如用在医学、网络实验、制造业等领域。这种比较方法的优势在于：我们能够用已有结果与在其他不同情况下产生的结果进行比较。我们规避了反事实暗数据问题。

这种控制暗数据的办法已经存在很久了。一个有影响力的随机对照试验是1948年使用链霉素治疗结核病的研究。针对这个研究，英国卫生服务研究员伊恩·查默斯爵士说："1948年英国医学研究委员会关于链霉素治疗肺结核的随机试验报告，不但详细，而且异常清晰，应当被视为临床试验史上的里程碑。"[18]

不过，通常情况下，我们可以从历史中追踪这些理念，或者至少探明其根源。一份更早的关于随机分组的描述，记录了比利时科学家海尔蒙特1648年提出的研究建议，它可以让我们判断放血和疏瀹这种治疗方案的效果。"让我们从医院带出200个或500个穷人，有些人正在发烧，有些人患有胸膜炎。把他们分成两部分，我们抓阄决定，一半归我，另一半给你。我不会给他们进行放血和合理疏瀹，而你用这种方式治疗你的病人……最后，咱俩比比看哪一组会举办更多葬礼。"[19] 你可能不明白抓阄的具体做法，但是，你一定熟悉它的含义。

目前为止，一切都还不错。与另外两种只是简单收集人们行为数据（观测数据）的数据收集模式不同，这种新方法会控制哪位患者接受哪一种治疗方案。如果所有患者都严格执行治疗方案，该吃药时吃药，并坚持到试验结束，试验就会顺利进行。但不幸的是，这样的试验中经常出现一种暗数据形式——退出。

退出指有些患者中途脱离研究。这可能是因为患者死亡、忍受了痛苦的副作用、搬家、始终没有好转，因此，患者继续治疗的动机减弱了；或者，也有可能是因为我们以前遇到的其他任何因素。问题的实质是，治疗效果是在一段时间内或者经过一段时间之后衡量的，这导致的风险是，不同的试验单元会受到不同类型暗数据的影响。这很好地体现了第 7 种暗数据：因时而变和第 1 种暗数据：已知的缺失数据的存在。

举例来看，在一项比较积极治疗和安慰剂治疗（一种被认为没有积极治疗成分的"治疗方法"）的研究中，任何副作用都有可能出现在积极治疗过程中，因为，顾名思义，安慰剂中没有活性成分。这很可能意味着，积极治疗组中出现退出者的概率更高。也许更糟的是，如果那些病情没有好转甚至恶化的患者更倾向于退出试验，剩下的患者的比例就会失衡。如果我们不考虑退出的患者，得到的关于治疗效果的印象就会具有误导性。这是幸存者偏见的又一个例子——那些"存活"或坚持到试验结束的病人不一定能反映整个群体的治疗效果。

为了保护个人，临床试验中的行为必须符合伦理要求，这导致情况更恶劣。第二次世界大战之后制定的《纽伦堡法典》第 9 条要求，临床试验参与者应该能随时停止试验：你不能强迫人们留在试验中。

临床试验通常比前面提到的简单的双组对照试验案例更复杂。一个临床试验可能涉及多个不同的诊所，分为多个小组，同时比较好几种治疗方案。图 4 给出了一组探明药物布地奈德对哮喘患者疗效的临床试验数据。[20] 这个试验包括 5 组患者，一组接受安慰剂（零剂量），其他各组分别接受 200、400、800 和 1 600 微克的布地奈德。该试验记录了从患者参加研究开始第 2 周、第 4 周、第 8 周和第 12 周时的肺功能测量数据。图中的趋势线显示了每周的剩余患者数量（其他人中途退出了）。这种患者人数的变化趋势非常明显，每次测量时都有更多人退出。退出率相当惊人，只有 75% 的患者坚持到了最后。也许，更有警示意义的地方在于，不同的试验组别，退出率也不相同。在 98 位接受最高剂量药物的患者中，只有 10 位患者退出了，但是接受安慰剂治疗的患者却有 58 位退出了约占这个组人数的 2/3。有人可能会猜测：这种药是有效的，因为只有病情减轻的患者还留在研究中。但这只是猜测而已。当然，缺失的数据使问题的分析和解释更加复杂，如果结论仅仅基于可用的数据，我们就很有可能被误导。

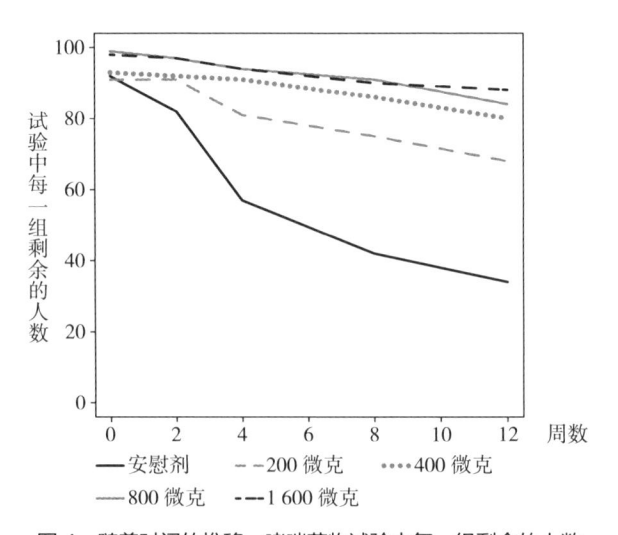

图 4 随着时间的推移，哮喘药物试验中每一组剩余的人数

我已经用医学的例子阐明了随机试验，而在其他领域，随机试验

也得到了广泛应用。比如，随机试验在社会和公共政策方面的应用历史也很悠久——尽管不像在医学上那么久。举个例子，1968—1982年，美国的研究人员使用这种方法做了一项调查。如果确保人们能够获得一份满足基本生活需求的最低收入，那么，他们的工作热情会不会因此减弱。（事实证明，这种收入安排确实减少了人们的工作时间，但是只减少了一点点。[21]）

随机试验应用于教育的一个有趣的例子，是评估儿童电视节目《芝麻街》在词汇和认知技能方面对孩子的影响。这项研究体现了随机试验运用于社会科学项目的一个挑战：实际上，研究人员并不能禁止部分孩子观看这个节目。研究人员最终解决了这个难题，他们的办法是找到一些城市，这些城市只通过有线电视播放这档节目，然后向随机选出的一组家庭提供有线电视。他们发现，收看这档节目确实提高了孩子们的词汇量。安德鲁·利在《随机主义者：激进的研究人员如何改变世界》中叙述了这个案例和其他双组随机试验案例。[22] 他还介绍了他是如何开展随机试验，为他这本书确定书名的。在这本书出版之前，他选择了4 000个对象，这4 000人被随机分为12组，每一个人都会看到从12个备选书名中随机选出的一个。他衡量回应的依据是，每一组中点击出版社网站去查看更多信息的人的比例。

关于犯罪，众所周知，公众对遭遇犯罪的风险的认知可能超过真正的风险：不知道某件事情可能会让事情看起来比实际情况更糟（这是暗数据的另一个方面）。英国国家警务改进署的一项研究探讨了以下情况：公布犯罪和治安信息是否会被公众正面接受，或者是否会增加公众对犯罪的恐惧。[23] 4组研究参与者收到了4种不同的犯罪和治安信息，其中都含有不同程度的暗数据。第1组收到了显示他们所在地区犯罪率的地图，第 2 组接收到的是所在地区治安情况的信息，第 3 组同时收到以上两种信息，第 4 组没有收到任何信息，即对犯罪信息毫不知情。结论是积极的："这项研究挑战了向公众提供信息会增加公众'对犯罪的恐惧'这一观念。事实上，提供信息可以改善人们对周围环境以及当地治安情况的认知。"

当然，结果并不总是正面的——的确，随机试验的一个最重要的作用，就是推翻流行的观念和被认为"不证自明"但其实是错误的所谓真理。有时，针对被公众奉为圭臬的观念开展随机试验，需要相当大的勇气。

例如，一项强有力的监禁政策能在短期内减少犯罪，这可能不是因为不法之徒认识到了他们的错误，而仅仅是因为他们入狱了。而且，服刑记录不利于刑满释放人员重新适应社会并找到正规工作，因此，短期服刑可能根本毫无帮助，从长远来看，甚至会增加犯罪概率。因此，我们需要通过一个适当的试验来研究该政策。这个例子还揭示了社会环境下进行随机试验的另外一个难题。几乎没有法官（可能更不会有公众）会同意，刑罚应该被随机决定。尽管如此，还是进行了这样的试验，对随机选择的罪犯进行减刑。[24]

即使结果不乐观，经过仔细研究我们也能发现，事情并非表面上看起来那么简单。安德鲁·利进行了 4 项随机研究，考察向学校提供教科书是否提高了考试成绩。没有一项研究显示，这项政策对结果有改善，但是 4 个案例中的原因各不相同。在第 1 个案例中，书被放在库房里，没有分发出去。在第 2 个案例中，家长削减了教育开支。在第 3 个案例中，教师没有使用那些书的动力。在第 4 个案例中，这些书之所以没有帮助到大多数学生，仅仅因为他们不会阅读。如果这些原因没有被挖掘出来，始终以暗数据的形式存在，结论就有可能具有误导性。

随机试验是一种很好的科学工具，但也不是在任何情况下都适用。你不会进行这样的对照试验，来考察从飞机上跳下时有降落伞是否比没有降落伞更有效。[25] 而且，还有更微妙的情况。想想一项探索降低失业率的方法的研究。人为干预可能会增加一个人找到工作的机会，但是，如果这意味着这个人要取代另外一个人，而那个人本来会获得这份工作，那么，这种干预并不会降低失业率。同样，以解雇几个全职雇员、用很多兼职雇员来代替的方式进行干预，虽然使更多人获得了工作，但这不一定会被视为促进就业的成功举措，结论取决于如何定义失业率。

"霍桑效应"带来了更多难题。人们如果知道自己正在被观察，就会有不同的表现，这是人的自然倾向。理想情况下，研究人员应该偷偷地研究观察对象，不让他们知道自己受到观察的事实。但是，这又会陷入违背知情权的道德困境。《纽伦堡法典》临床试验规范的第一条就是："人类受试者的自愿同意是绝对必要的。"

统计学中有个分支关注如何将试验主体分配给不同的治疗方案，以得出治疗效果的最佳估计值，这个分支的通用术语就是"试验设计"。双组随机试验是最简单而且应用最广泛的一种设计，它能帮助人们探明治疗方案、政策或干预的有效性。双组试验可直接发展为前面阐释的多组试验（每一组都接受一种不同的处理方案），并经过仔细的平衡（可能对试验结果产生影响的许多因素都要被考虑在内）。我在第8章中描述的塑料汽车零件注塑模型的试验，就属于这种情况。复杂的设计都有怪异的名字，比如部分析因设计和希腊拉丁方设计。

英国著名统计学家罗纳德·费希尔爵士广泛发展了试验设计的基

本原则。当时，他正在赫特福德郡的洛桑试验站进行一个农业试验，这个试验站是世界上历史最悠久的农业研究机构。1935 年，他出版了一本极具开创性的著作——《试验设计》(The Design of Experiments)，介绍了如何最好地把"试验单元"（比如，不同的肥料、土壤类型、灌溉方式、温度等）分配到各种试验方案中去，以及怎样才能更好地探索不同的试验方案组合。这个主题现在成为一门非常先进的数学学科。其中包括自适应分配等策略。在这些策略中，随着试验的推进，试验方案的选取受到之前试验结果的影响。比如，随着时间的进展，结果不断累积，我们可以看到测试对象看起来偏爱某种特定的试验方案。这就导致了一个问题，我们是否应当据此把更多的试验单元（例如人，如果我们在做临床试验）分配给这种试验方案，因为它们看起来似乎是当前最好的试验方案，或者反过来，把更多试验单元分配给其他试验方案，以使结论变得更有把握。

回忆一下安德鲁·利为其著作确定书名的试验，我们不难发现，网络使某些社会干预的随机试验变得非常容易，因为我们可以很容易地让随机选出来的人接收不同的信息，看到一个网站的不同版本，或者收到不同的邀请。互联网公司通常将其视为一种常规操作，每天自动运行成千上万次这种试验，以便为公司找到最佳成功策略。但是，以这种方式使用暗数据，也可能引发强烈反弹。这意味着，客户不可避免地被蒙在鼓里，一旦被发现，他们就会很不高兴。例如，如果随机化被应用于商品或服务的价格，价格以一种看起来很不稳定的方式变化，就会引起人们的担忧和恐慌。2000 年 10 月，《华盛顿邮报》报道了客户发现亚马逊通过随机操纵价格来测试客户的价格敏感性之后的反应。[26] 客户反馈包括："我认为，应该先吸引客户，然后努力留住他们。这样做绝对无法赢得客户的忠诚。"更糟糕的反馈是:"我再不会从那些家伙那里买东西了!"

随机改变价格以考察有多少客户准备付钱是一回事。还有些网络试验打破了更加微妙的伦理界限。2014年,Facebook开展了一个网络试验,测试"情绪暴露是否会导致人们改变自己的发帖行为",人们对这个试验的反应使试验遭受重挫。[27] 在这项研究中,Facebook通过减少正面内容或负面内容的数量,操纵了近70万名用户在主页上发布的信息,以探明这种方式是否让人感到更加积极或更加消极。研究公开后,这项研究被认为是可耻的、恐怖的、令人不安的、不道德的,甚至可能是非法的。这显然违背了《纽伦堡法典》第一条规定:人类受试者的自愿同意是绝对必要的。

## 注意人性的弱点

本章探讨了三种收集数据的基本方法。得出的数据帮我们拨开迷雾,如同一束光照亮新世界。但是,数据收集方法是由人设计并运作的,得出的数据也是由人解释和分析的。关于收集哪些数据、分析结果意味着什么的决定,建立在我们先前的经验上,而这可能代表不了未来世界将给予我们的东西。在更深层次上,这些决定基于人类进化发展对我们的塑造。这些因素的后果之一就是,我们会犯错,我们不能恰当地平衡证据,我们会偏离最理性的轨道。简言之,我们会受到各种潜意识偏差影响。

易得性偏差是一种认知扭曲,源自人们根据认知中案例的易得性判断事件实际发生的可能性的倾向。如果最近的新闻报道了飞机失事，人们就倾向于认为飞机更有可能出事故。广告利用这种效应赚钱，当你想买某种东西的时候，它们尽量让你下意识地想起特定的品牌，而不太可能想到其他竞品。不过，这种偏差至少部分解释了全社会关注某种医学病症或者社会暴力时，该病症的诊断率或社会暴力的发生率突然上升的原因。例如，在第3章中，我们将考察自2000年以来，美国自闭症发病率是如何增长的。对于这些数据增长的部分解释，就是易得性偏差。一个人如果总是听到某种病症，就会对这种病症保持警惕。研究证明，如果生活区域附近有这种病症的患者，那么父母更有可能为自己的孩子做这方面的医学筛查。

易得性偏差与基率谬误有关。假设你正在接受一种罕见疾病的检测，并且你知道，当人们患病时，检测的准确率是100%，当人们没有患病时，检测的准确率是99%。如果检测结果呈阳性，你就患有此病，对此，你会怎么考虑？乍一看，你可能会认为（几乎可以确定）自己生病了。但是，这可能是具有误导性的，因为答案是否正确，取决于基础概率——总体中有多少人患有这种疾病。比如，如果这种疾病非常罕见，1万个人里面只有1个人患病，那么，在每101个检测结果为阳性的人中，实际上只有1个人会患病（平均来看）。尽管这种测试在那些没有患病的人身上很少出错，因为没有患病的人远远多于患病的人，但是，几乎所有确诊的诊断都是错误的。我们如果忽视或者没有意识到总体中的绝大多数人没有患病这个事实，就会犯错误。在哈佛大学医学专业学生的一次测试中，超过56%的学生都搞错了。令人震惊的是，其他研究显示，类似的结果也出现在执业医师身上。基础概率，至少对这些学生和医生来说，是暗数据。

基率谬误之所以出现，是因为人们没有意识到或者忽略了相关数据。相似的现象导致了合取谬误。这是一种倾向，认为高度特定的情况比一般情况更容易出现。下面这种模式就是一种标准的案例说明。

我的朋友弗雷德是一位大学历史教授，他教授维多利亚时期的英格兰历史、19世纪的美国历史以及19世纪的世界贸易等课程。业余时间，他喜欢大量阅读传记，喜欢在考古遗址或古迹度假。现在，你认为下面哪种情况的可能性更大：（1）弗雷德有胡子；（2）弗雷德有胡子而且是当地历史博物馆的托管人。

很多人会选（2），但是，思考一下就会发现，这是不可能的。（2）是（1）的子集，因此，（1）肯定比（2）具有更大的可能性。人们犯这种错误的原因有些类似于易得性偏差，他们的结论建立在把（1）和（2）分别与弗雷德的特征进行匹配上。具有弗雷德的特征的人，很有可能就是当地历史博物馆的托管人。

证真偏差是另外一种相关的风险。基率谬误和易得性偏差源于忽略描述总体的数据，而在证真偏差中，人们积极地、下意识地寻找不能充分代表总体的数据。尤其是，他们寻求能够支持自己观点的信息，忽略不支持自己观点的数据。我们来看看珍妮·狄克逊的例子。狄克逊女士的真名叫莉迪亚·埃玛·平克特，她于1997年去世，曾是美国最著名的通灵者之一。她的专栏在多家报纸上登载，她的传记《预言的礼物：了不起的珍妮·狄克逊》（*A Gift of Prophecy: The Phenomenal Jeane Dixon*）卖出300多万册。事实上，在她做出的大量预测中，许多都被证明是错的。不过，可能她自己也深信自己拥有预测未来的能力，因为她记住了那些成为现实的预言，忽略了其他预言。的确有很多人相信她的魔力，记得她碰巧说对的预言，很少注意其他情况。这就有效地屏蔽了一些数据，把它们变成暗数据。这是第3种暗数据：

局部选择案例的例子。心理学试验已经向人们展示了一系列不同案例，证明了你相信什么能够影响你记住什么。

证真偏差的另一面是，如果证据与人们最初的信念相反，那么他们会倾向于忘记证据。

人们由于忽略部分数据（可能是下意识的）而得出不恰当结论的其他例子还包括消极偏差，这是人的一种自然倾向，人们更容易回忆起不愉快的事而非愉快的事；默许偏差，受访者愿意说出他们认为访问者希望听到的话；从众效应，即人们倾向于随大溜；信念偏差，给出的特定回答取决于受访者认为其有多大的可信度；怪异效应，不同寻常的材料比普通材料更容易被人记住。总之，我们竟然还能正确认识事物，这看起来真像个奇迹！

毫不奇怪，本节描述的这些现象常会导致过度自信：如果你能想到的大多数证据都支持某个特定观点，那么你有理由相信这个观点是正确的。而且，这个问题因为所谓的"回声室"而更加严重。这种情况，我们将在第 5 章讨论。

你可能会认为，一旦意识到这些人性的弱点，就能避免它们。这种想法在某种程度上可能是对的，但这些弱点总会出其不意地偷偷靠近你。关于调查问题的措辞如何导致答案不一致的研究阐明了这一点。有一个熟悉的例子：对同一问题采用积极和消极两种方式进行提问（例如，"你喜欢这部电影吗？"和"你不喜欢这部电影吗？"）。假设没有"没有意见"这个选项，理论上对第一个问题回答"不"和对第二个问题回答"是"的人数应该相等。但情况通常不是这样的。藏在受访者头脑深处的某种测量偏差掩盖了真相。

# Dark Data

第 3 章

定义与暗数据：
你想知道什么？

你想知道什么？这可能显而易见，但值得强调的是：数据的有用性取决于收集到的数据是正确的，并且收集数据的方式不存在扭曲和不实。这些情况容易带来暗数据风险。事实上，每一种情况都面临巨大的潜在暗数据风险，详尽地列举相关风险是不可能的。培养对这些情况的警惕意识，是应对暗数据的关键。本章探讨你要收集什么数据，下一章考察如何很好地获取它们，两章的案例都是从暗数据风险的视角展开的。

## 定义差异与错误测量

有一种类型的暗数据，其产生原因是使用了不恰当的定义。让我们看几个例子。

### 移民

调查是以目标问题为前提专门设计的，但管理性数据的采集可能基于一些完全不同的原因。这意味着，管理性数据可能不适合回答你感兴趣的问题。例如，最近在英国发生了一场关于长期国际移民统计数据准确性的争论。英国国家统计局给出了一个数字，这是根据国际乘客调查得出的数据，截至 2015 年 9 月，共有 25.7 万人从欧盟其他国家移民英国。然而，在此期间，为取得英国国民保险号码而登记的欧盟其他国家国民人口数量是 65.5 万。英国国民保险号码是人们在英国工作必备的个人账号，用于确认纳税和国民保险（如医疗服务和养老金）扣缴等事项，因此，这两个数据的差异很奇怪。英国政治家奈杰尔·法拉奇的说法是："他们在骗人。国民保险号码简单明了地反映了这个国家的真实人数，如果没有它，你就不能合法工作，也不能申请福利保障。"[1]

国际乘客调查覆盖了所有主要的航空、海洋和隧道等进入英国的港口。这项调查自 1961 年以来持续进行，每年进行 70 万~80 万次采访。尽管这个数字只代表一小部分前往和离开英国的人，但乘客们的回复可以用来估计总体迁移人口。这仅仅是个估测，不可避免地会出现不确定性。英国国家统计局给出了对不确定性程度的计算结果——±2.3 万，即最终结果处于 23.4 万~28 万的区间内。也就是说，英国国家统计局有 95% 的把握，这个范围内包含着真实的数字。这种不确定性的程度虽然很大，但显然不能解释与国民保险号码数据之间的差异。

因此，英国国家统计局深入调查了这个估测数据与国民保险号码数据之间的差别。[2] 调查发现，短期移民（停留时间介于 1~12 个月之间）是造成差异的主要原因。长期移民指停留 12 个月或更长时间。短期移民者可以工作和申请国民保险号码，但长期国际移民数据只包括长期移民者的数据。英国国家统计局甚至评论："这些数据的定义之间的差异是基础性的，而且，调整账户类型，通过简单地'加上'或'减去'国民保险号码注册数据的不同元素，以使其与长期国际移民定义的数据相匹配，是根本不可能的……国民保险号码注册数据不适合作为长期国际移民的衡量标准……"简言之，管理性数据针对的是收集这些数据的操作，对于其他用途来说可能并不理想。不恰当或者不适合的定义有效地模糊了目标数据。这个案例体现了第 8 种暗数据：数据定义。关键是要记住，数据是否属于暗数据取决于你想知道什么。

犯罪

另一个由定义差异引起的暗数据例子来自犯罪统计数字。在国家层面，英格兰和威尔士的犯罪统计数据有两个主要的、不同的来源：英格兰和威尔士犯罪调查和警方犯罪记录统计数据。英格兰和威尔士犯罪调查相当于美国的全国犯罪受害调查。它于 1982 年推出（当时叫英国犯罪调查），询问人们在过去一年遭遇犯罪的情况。警方犯罪记录统计数据来自英格兰、威尔士和英国交通警察的 43 支警察部队，由英国国家统计局进行分析。

这两个信息收集过程的不同性质产生了直接的暗数据。根据定义，英格兰和威尔士犯罪调查询问的是人们作为受害者遭遇过哪些犯罪，这些犯罪方式中不包括谋杀或持有毒品。调查对象不包括住在集体宿舍的人，比如住在护理中心或学生公寓的人。调查项目不包括针对商业组织或公共机构的犯罪。如你所见，尽管该调查关于调查对象的定义非常明确，但仍然会出现大量潜在的暗数据。

警方犯罪记录统计数据中也存在暗数据，只不过它能够略微弥补英格兰和威尔士犯罪调查数据的不足。根据定义，警方犯罪记录统计数据不包括未向警方报案的罪行，之所以存在这样的情况，可能是因为受害者以为警察什么都不会做。这很重要，因为据估测，大概只有4/10的罪行会被报案，而且这个数字会根据犯罪类型而发生很大变化。并且，出现在警方统计数据中的犯罪，被归类为"应呈报罪行"的一种，这些罪行可交由陪审团（和其他一些人）来审理。还有一些问题产生于反馈机制（第11种暗数据：反馈与博弈）。例如，持有毒品罪的犯罪数量取决于警方的扫毒力度，而警方扫毒行动的力度则可能取决于警方认为的毒品持有率，而这又受到过去持有毒品罪数量的影响。

使用的定义不同，导致了两个信息来源报告的犯罪率的差异。举例来看，1997年，根据警方提供的犯罪记录，记录在案的违法行为有460万起，但根据英格兰和威尔士犯罪调查的估测，则有1 650万例。这些差异也解释了一些让媒体、专家和大众都非常困惑的事情，即根据警方犯罪记录统计数据，犯罪数量从1997年到2003年处于上升趋势（从460万上升到550万），而根据英格兰和威尔士犯罪调查，这个数字是下降的（从1 650万下降到1 240万）。[3] 那么，犯罪数量到底是在增加还是减少？你可以猜测媒体选择突出报道哪一方面。

**医学**

如果定义无法包含我们想要囊括的案例或者类型，就会导致暗数据，此类情况非常多，移民和犯罪只是其中的两种。有时候，这种情况的后果是惊人的。例如，定义导致的暗数据问题能够解释，为什么与过去相比，更多人死于与阿尔茨海默病相关的疾病。

阿尔茨海默病是痴呆症最常见的形式。它是渐进性的，早期症状通常是轻微的记忆力减退，后期则会出现紊乱、认知障碍以及性格变化等。全世界估计有 5 000 万人患病，据估计，到 2030 年，患病人数将上升到 7 500 万。暗数据至少可以从两个方面解释其人数增长。

在 1901 年之前，没有人死于阿尔茨海默病，因为正是在那一年，德国精神病学家阿洛伊斯·阿尔茨海默首先发现了这种疾病的一个病例，这种疾病后来以他的名字命名。而且，诊断最初仅限于年龄在 45~65 岁之间出现痴呆症状的人。只是到了后来，在 20 世纪的最后 25 年里，年龄限制才被放宽。显然，这种定义的扩大将改变确诊人口的数量。过去被认为不相关的数据，逐渐显现出来。

暗数据对"为什么与过去相比，更多人死于与阿尔茨海默病相关的疾病"的第二种解释，看起来可能有些自相矛盾：这种现象的出现是因为医学水平的进步。得益于医疗的进步，那些过去可能在年轻时因病去世的人，现在可以存活足够长的时间，以致更容易患上潜在的、缓慢恶化的疾病，比如阿尔茨海默病。这种解释引起了各种各样有趣的话题，尤其是关于延长寿命是否必然造福于人类的问题。

2000 年以来，美国自闭症的确诊率翻了一番，这在很大程度上也可以用第 8 种暗数据：数据定义来解释。[4]我们在第 2 章看到，确诊率增长的一个原因是易得性偏差——对这个病的认识提高了。但是另一个非常重要的原因是，自闭症的正式定义和诊断方法改变了。尽管 1980 年自闭症被纳入了《精神疾病诊断与统计手册》，但是诊断该病的方法在 1987 年和 1994 年发生了改变，总的来讲是放宽了诊断标准。放宽诊断标准意味着更多的人符合确诊条件。

1991 年，美国教育部决定，被确诊为自闭症的孩子可以获得享受特殊教育服务的资格；2006 年，美国儿科学会建议，所有孩子在常规的儿科就诊期间，都要接受自闭症筛查。如果你改变数据的使用方式，那么收集那些数据的行为发生改变就不足为奇了，我们将在第 5 章中详细探讨这种反馈现象。2009 年 2 月，英国发起的全国痴呆症意识宣传活动也取得了同样的效果。该活动发布了一项国家防痴呆症行动计划，旨在改善痴呆症的诊断率和护理质量。不出所料，痴呆症诊断率上升了。据估计，与 2009 年相比，2010 年上涨了 4%，2011 年上涨了 12%。[5]

经济

一般来说，随着时间的推移而改变定义，显然会导致收集到的数据的性质发生变化。这不仅会使回顾性比较变得困难，还可能招致诚信方面的指责。关于失业的定义就是一个明显的例子：改变定义，会使政府的政绩突然变得很好看。

经济中的另一个例子是对通货膨胀的计量。通货膨胀的定义，以一组既定的商品和服务（称为一"篮子"商品和服务，这里的"篮子"当然不是字面意义上的篮子）的价格记录为基础，观察平均价格随时间而变化的情况。然而，这中间的问题有很多，所有问题都取决于第 8 种暗数据：数据定义。其中一个问题是如何计算平均数，因为平均数有很多种，如算术平均数、几何平均数、调和平均数等。最近，英国从采用基于算术平均数的指数，转为采用基于几何平均数的指数，以和其他大多数国家接轨。使用不同的定义意味着从不同的视角看事物，因此，你会很自然地看到或者看不到数据的不同方面。

除了改变运算公式，暗数据还以一种更基本的方式出现在通货膨胀指数中。决定篮子里包括哪些东西以及了解如何获得它们的价格是必要的。正如前述案例所示，在数据收集过程中，只要做出选择，我们就要意识到暗数据的风险。在这里，把什么放在篮子里就是一个潜在的问题。因为社会在变化，通货膨胀指数应该以某种方式反映生活成本。之所以用"以某种方式"这个词，是因为不同的指数衡量通货膨胀现象的不同方面，有的指数衡量价格变动如何对个人产生影响，有的指数衡量它如何影响更大的经济单位，等等。重要的是，篮子里的东西要与我们的生活息息相关，也就是说，它必须由人们实际上购买的商品和服务组成。把200年前的指数篮子包含的东西，与今天包含的东西相比，可以清楚地说明这种挑战。200年前，蜡烛可能是很重要的东西，应当被包括在篮子里，但是今天蜡烛一般不会在人们的开支中占太大的比例。相反，手机和汽车成为重要组成部分。这意味着我们有一个名义上的物品清单，原则上，上面的东西都可以被放进篮子里，但我们并不想把它们全都囊括进来。虽然很多理论都在探讨怎样详尽规定哪些东西的价格应当被记录，但是很明显，仍然有空子可钻。

关于如何获得篮子里东西的价格，传统的方法是进行调查，即派研究小组去商店和市场，记录商品的价格。美国劳工统计局每个月调查大约2.3万家企业，采集约8万种消费品的价格，并把这些数据汇总，生成消费价格指数。其他国家也进行类似的操作。

你可能已经注意到，这种收集商品价格的传统方法完全忽略了在线购物。鉴于现在网购的销售额在英国只占零售业的17%左右[6]，在美国只占不到10%[7]，因此大量相关价格可能对指数没有贡献。（我要补充的是，这些只是"我写本书时"的数字，但是其趋势是陡峭上升的。）由于这个原因，许多国家也在研究基于网络抓取的在线价格测量方法。这种方法不必精确复制传统方法，因为它们面对的篮子是不同的。我们将在第 10 章看到关于这种测量方法的例子。

社会在不断变化。也许现在的变化比过去任何时候都大，因为计算机及其辅助技术（比如监控、数据挖掘、人工智能、自动化交易和网络）持续产生影响。从暗数据角度来看，如此迅猛的变化对数据分析具有重要的总体影响。因为对未来的预测一定是建立在过去的数据基础上的。用技术术语说，就是随时间变化的数据序列很自然地被称为时间序列数据。数据收集方法和技术的快速变化意味着，我们需要的时间序列通常不需要我们回溯得太远。新类型数据的历史必然较短，所以我们只能从相对较近的过去获取数据。在此范围之外的数据，就是暗数据。

## 你不能测量所有事物

数据集总是有限的。从案例的数量来看，这当然是正确的——总体中的人数是有限的，某事物被测量的次数是有限的。但是，就测量什么事物或者关于目标对象的哪些数据被收集而言，这也是对的。如果研究人类，那么我们可能要调查人们的年龄、体重、身高、喜欢的食物、任职资格、收入以及其他很多东西。但是仍然会有无数的其他特征，我们无法搞清楚。这些特征不可避免地成为暗数据，并产生后续影响。

**因果关系**

著名统计学家罗纳德·费希尔指出，尽管人口研究表明肺癌与吸烟存在联系，但这并不意味着吸烟一定致癌。在其他的可能性中，他指出，也许肺癌和吸烟的嗜好都是由其他因素引起的，比如，一个遗传条件触发了这两者。这属于典型的第 5 种暗数据：关键因素缺失。其他没有被测量到的变量导致了两者的发生，并因此在两者之间创造了一种相关性，只不过两者之间的关系不是一方导致另外一方。这也说明探测暗数据是一件多么困难的事。

事实上，我们在本书一开始就遇到了这种情况。我在第 1 章中提到过，在儿童的学校教育中，身高与词汇量相关。所以，如果你开展一项调查，在一个 5~10 岁儿童的样本中，测量他们的身高和词汇量，你就会发现，平均来看，高个子儿童掌握的词汇量比矮个子儿童更多。你可能会由此得出结论，教孩子们多记单词，会使他们长得更高。如果你真的做了这样的试验，测量一群孩子的初始身高，然后让他们参加密集学习新单词的课程，到年底再去测量他们的身高，你会发现，他们长高了。

我们的读者当然知道这是怎么回事。虽然这些孩子的身高和词汇量具有相关性，但是它们之间并不存在因果关系。事实是，两者都和第三个变量有关。它是一个我们在调查里没有想到的变量，即孩子的年龄。年龄在这个研究中是一个暗数据变量，如果没有测量它，我们就会对数据显示的情况产生非常大的误解。

这种情况与部分人（或对象）的部分特征值在记录中缺失不同，与部分人（或对象）的全部特征值都未被记录也不同。现在的情况是，某个或者某些特征值在数据库的全部案例中都是缺失的。如果这个变量还是被记录下来了，那么其所有条目将被记录为空白或 NA（无法得到有效值）。例如，在一项调查中，如果疏忽导致我们没有将询问受访者年龄这个问题写进问卷，我们就不会得到任何人的年龄信息。或许我们认为年龄信息对调查结果没有什么影响，所以，我们一开始压根没想过要把这一项包括进来。这一点儿也不难想象：调查内容过于冗长，将对回应率产生不利影响，所以在决定调查问卷要包括什么问题时，我们必须谨慎选择。

悖论

有时，在第 5 种暗数据：关键因素缺失的情况下，数据的全部变量或特征值都会缺失，会产生令人相当迷惑的后果。

泰坦尼克号的悲剧每个人都很熟悉。但是，对乘客和船员生还率的研究显示出一些奇怪的情况。[8] 如表 2（a）所示，船上有 908 名船员，只有 212 人幸存，也就是说，生还率为 23.3%。在三等舱的 627 名乘客（他们处于这艘轮船的最下面，因此最难逃生）中，有 151 人生还，生还率为 24.1%。尽管这两组人员的生还率差别不大，但仍然看得出，乘客生还的可能性比船员稍微大一点儿。

表 2　泰坦尼克号沉没后船员的生还率和三等舱乘客的生还率

| （a）总体 | |
| --- | --- |
| 船员 | 三等舱乘客 |
| 212/908=23.3% | 151/627=24.1% |

| （b）分别考察男性和女性 | | |
| --- | --- | --- |
| | 船员 | 三等舱乘客 |
| 男性 | 192/885=21.7% | 75/462=16.2% |
| 女性 | 20/23=87.0% | 76/165=46.1% |

但是，现在让我们单独来看男性和女性的生还率，情况如表2（b）所示。

首先，来看男性。船员中有885名男性，其中192人幸存，生还率为21.7%。在三等舱乘客中，有462名男性，75人幸存，生还率为16.2%，因此，男性船员的生还率高于男性三等舱乘客。

其次，再来看女性。船员中有23名女性，其中20人幸存，生还率为87.0%。在三等舱乘客中，有165名女性，76人幸存，生还率为46.1%，因此，女性船员的生还率高于女性三等舱乘客。

这是什么情况？单独来看，男性船员和女性船员的生还率都高于三等舱乘客，但是整体来看，船员的生还率比三等舱乘客低。

这不是戏法，是真实的数字。但这看起来确实有些矛盾。事实上，这种现象通常被称为辛普森悖论，以爱德华·H. 辛普森的名字命名。辛普森在1951年的一篇论文中揭示了这个现象（也有其他人在至少早于他50年的时候就描述过这一现象）。

这个悖论的潜在影响很严重。如果我们没有记录船上人员的性别，即这些数据缺失了，我们就会很放心地报告分析结果：三等舱乘客的生还可能性比船员更大。但如果我们把关注点放在男性身上，这个结论就是具有误导性的，因为对于他们来说，结果正相反。同样，如果我们关注的只是女性，那么结论也同样具有误导性。这意味着，无论我们把关注点放在哪些人身上，结论都具有误导性，因为，对于每一名乘客来说，不是男性，就是女性。

我们稍后会探讨为什么会出现这种情况，但很明显，其潜在后果令人震惊。泰坦尼克号上的人，有无数特征未被记录下来。如果其中任何一个能够推翻我们的结论，那么，忽略它们、使它们变成缺失的数据，都有可能产生严重的误导。在泰坦尼克号的例子中，这可能不会产生什么实际影响，因为在这个例子中，我们描述的只是历史数据，但请考虑以下案例。

假设我们正在进行一项临床试验，就像在前面的章节中讨论的那样，我们试图比较 A、B 两种药物的疗效。为了比较它们，我们给一组患者服用 A 药，给另外一组患者服用 B 药。两组都包含各个年龄段的患者，为了方便，我们以 40 岁为界，称年龄小于 40 岁的为"年轻人"，称年龄大于 40 岁的为"老年人"。为了使案例更具体，我们假设，在服用 A 药的小组（A 组）中，有 10 个年轻人和 90 个老年人，而在服用 B 药的小组（B 组）中，有 90 个年轻人和 10 个老年人。

现在，我们来看结果（假设得分越高，疗效越好）。这些（假设的）结果见表 3。

如表 3（a）第一行所示，A 组中年轻人的平均分是 8，而 B 组年轻人的平均分是 6。这说明，A 药对年轻人更有效，因为 8 大于 6。

如表 3（a）第二行所示，A 组的平均得分是 4，而 B 组的平均分是 2。这说明，对于老年人来说，同样是 A 药比 B 药更有效。

表 3　服用 A 药和服用 B 药的患者的平均分

| (a) 分别考察年轻人和老年人 | | |
| --- | --- | --- |
| | 平均分 | |
| | A 组 | B 组 |
| 年轻人 | 8 | 6 |
| 老年人 | 4 | 2 |

| (b) 总体 | |
| --- | --- |
| 平均分 | |
| A 组 | B 组 |
| 4.4 | 5.6 |

082　　　　　　　　　　　　　　　　　　　　　　　　　　　暗数据

虽然无论采用哪种治疗方法，老年人的平均分都低于年轻人，但显然，不管对于年轻人还是老年人来说，A 药都比 B 药更有效。所以，我们应该推荐使用 A 药。

总体来看，服用 A 药的所有人的总平均分为（8×10+4×90）/100=4.4，而服用 B 药的人的总平均分为（6×90+2×10）/100=5.6。结果如表 3（b）所示。当我们忽略病人的年龄时，B 药的得分就会高于 A 药。

这意味着，如果我们没有记录病人的年龄，即那些数据缺失了，我们就可能得出结论：B 比 A 好。尽管对于年轻人来说，A 比 B 好，对于老年人来说，A 比 B 好，也就是说，对于每个人来说，A 都比 B 好。

我们可能会产生一种初步反应：在收集数据时，应该记录年龄。这没错，但是我要再一次强调，无数其他变量可能都需要被记录，任何一种变量都有可能导致意想不到的反转效应。而我们无法记录所有可能的变量，有些数据注定成为暗数据。

这个谜题的关键在于总平均分是怎么计算出来的。在药物试验的例子中，A 组的老年人远多于年轻人，而 B 组则相反。这使得总平均数下降了：8 大于 6，4 大于 2。但如果你在计算 8 和 4 的平均数时，给 4 加上足够的权重，在计算 6 和 2 的平均数时，给 6 加上足够的权重，结论就会反转。

所以，我们现在知道是什么导致了这个问题，那就是两组中年轻人所占比例的差异。服用 A 药的小组有 10% 的年轻人，而在服用 B 药的小组中有 90% 的年轻人。如果两组中年轻人的比例相同，那么问题就不会产生。因为药物试验是一个试验，每次参与试验的病人数量都是可控的，所以我们可以通过平衡年轻人和老年人的数量，使两组中年轻人和老年人的比例相同,从而解决这个问题。

如果我们能控制哪个测试对象进入哪一组,这种方法就能起作用。但是,在泰坦尼克号的例子中,并不存在这样的控制机制。乘客是乘客,船员是船员,我们无法选择和控制。

下面是另一个我们无法控制哪个测试对象在哪一组的例子。

1991年的一个研究,旨在考察佛罗里达州的谋杀案件中种族因素对死刑判决的影响。483名白种人被告中的53名,191名非裔美国人被告中的15名,被判处死刑。[9]也就是说,有更高比例的白种人(11.0%)被判处死刑,而这个比例高于非裔美国人(7.9%)。情况如表4(a)所示。

表4 死刑比例

(a)总体

| 被告 ||
|---|---|
| 白种人 | 非裔美国人 |
| 53/483=11.0% | 15/191=7.9% |

(b)按受害者的种族划分

|  |  | 被告 ||
|---|---|---|---|
|  |  | 白种人 | 非裔美国人 |
| 受害者 | 白种人 | 53/467=11.3% | 11/48 = 22.9% |
|  | 非裔美国人 | 0/16=0.0% | 4/143=2.8% |

但是现在,就像对被告所做的分析那样,如果我们把受害者的种族也考虑进去,就会出现一幅大不相同且令人费解的图景。

如表4(b)所示,从受害者是白种人的案例来看,467个白种人被告中有53名被判死刑(比例为11.3%),同时,48名非裔美国人被告中有11名被判死刑(比例为22.9%)。从受害者是非裔美国人的案例来看，我们发现16个白种人被告中有0个被判死刑（比例为0%），143名非裔美国人被告中有4名被判死刑（比例为2.8%）。所以，当受害者是白种人时，非裔美国人被告被判死刑的比例高于白种人被告（22.9%＞11.3%）；同时，当受害者是非裔美国人时，非裔美国人被告被判死刑的比例也高于白种人被告（2.8%＞0%）。但是，总体来看，非裔美国人被告被判死刑的比例却低于白种人被告（7.9%＜11.0%）。

和之前一样，原因在于两个小组之间白种人和非裔美国人的人数不平衡。通过对467名白种人受害者案例和16名非裔美国人受害者案例中的同类结果进行综合计算，得出了白种人被告被判死刑的总体比例（11.0%）。通过对48名白种人受害者案例和143名非裔美国人受害者案例中的同类结果进行综合计算，得出了非裔美国人被告被判死刑的总体比例（7.9%）。在467∶16和48∶143这两个比例中，较大数值和较小数值的位置相反，这就扭曲了总平均数。

你可以说："好吧，分析得出了不同的结果，而且我们也找出了原因。但两者看起来都很合理，那么，哪个是对的呢？"

答案是，这取决于问题。你是想问关于给定分组的总体的问题，还是想在两个分组之间进行比较？如果是前者，就可以放心地忽略变量的拆分情况。如果是后者，那么显然有必要把变量考虑进来。

注意，药物试验的例子与另外两个例子还是有些不同的。在药物试验例子中，每一组年轻人和老年人的数量通常不是固定和预设好的：这些人的数量由研究人员来选择。相比之下，在泰坦尼克号与死刑的案例中，总人数是既定的，就是泰坦尼克号上的人和那些被判死刑的人。因此，在这两个例子中，谈论总体是有意义的。而在药物试验的例子中，由于年轻人与老年人的组合是由研究人员选定的，他也有可能选择另外不同的组合，因此，这时候谈论总体可能就没有意义了。（还有一种情况，试验的目的就是看一看治疗方案对某个人群的整体效果如何，那么这个人群中的年轻人和老年人比例就可以根据实际情况来确定。）

所有这一切意味着：首先，必须非常清楚你问的是什么问题；其次，数据是否属于暗数据取决于你的问题。尽管听起来像老生常谈，但你需要收集的数据、你要做出的分析、你将获得的答案，都取决于你想知道什么。

小组之间还是小组内部？

类似辛普森悖论的问题也会以其他形式出现。例如，生态学谬误描述了整体相关性和对象组内相关性的矛盾。社会学家 W. S. 罗宾逊 1950 年描述了一个典型的例子。[10] 1930 年，就美国 48 个州的情况来看，在国外出生人口的百分比与识字人口百分比之间的相关度是 0.53。这意味着，国外出生人口比例较高的州，更有可能拥有更高比例的识字人口（更多的人会阅读，至少会读美式英语）。表面上看，这个比值意味着在国外出生的人识字的概率更高。但从各州内部来看，情况完全不同。在各州内部，平均相关系数是 –0.11。负值意味着，出生在国外的人识字的概率更低。如果不掌握各州内部的信息，即这些信息属于暗数据，就可能得出一个关于出生国和识字率之间关系的错误结论。

更高级的统计技术中存在一个相关的问题，被称为遗漏变量偏差。多元回归是一种统计工具，它将多个预测变量与一个响应变量相联系。总的来说，尽管存在不适用的特殊情况，但遗漏任何一个预测变量，都会使其他预测变量与响应变量之间形成明显不同的关系。和之前一样，因为我们不能囊括所有可能的预测变量，所以难免会有所遗漏。缺失的暗数据造成的风险在于，可能会产生误导性结论。当然，统计学家已经意识到了这些问题，并开发出各种工具尽量解决它们。

## 筛查

在我统计生涯的早期，我参加过一个识别易患骨质疏松症的女性的项目。骨质疏松症是指单位体积内骨量减低，骨脆性增加，患骨质疏松症的人更容易骨折。这也是老年人跌倒可能很危险的一个原因。有很多测量骨密度的精密方法，比如使用DXA（中央双能X射线吸收仪），但是这些方法往往程序复杂，成本较高。这意味着，需要发明一种筛查程序，识别那些可能患有这种疾病的人。在我参与的工作中，目标是设计一套简单的、用笔和纸就能完成的调查问卷，利用这份问卷，可以对照已知风险要素得出罹患骨质疏松症的可能性评分。这是个手工填写就能完成的问卷，无须专家操作仪器。

和其他筛查工具一样，我们的问卷也无法完美地将那些患病的人与未患病的人区分开。但是，即使它不是完美的措施，它也可以通过合理分类，识别大多数高风险人群和大多数低风险人群，因此非常有价值。它可以使医疗卫生服务关注最有可能得病的人，用更精确、更昂贵的程序检查他们的身体。

现在，一个不完美的系统会产生两种误差。一方面，它可能无法识别那些患病的人，比如，在骨质疏松症这个案例中，有些人虽然患病，但是其检查报告中没有显示任何异常。另一方面，它可能筛查出一些人，认为他们可能患了这种病，尽管他们实际上并没有患这种病。很明显，这两种类型误差的比例越低，这个筛查工具就越好。我们只要把所有人都归入患病的类型，就可以直截了当地将第一种类型的误差率降为零，但这将使筛查工作毫无意义。更糟糕的是，这意味着另一种类型的误差会很大：我们会把每一个未患病的人都归入患病这一类。同样，我们可以把每一个人都归入未患病这一类，从而使第二种类型的误差率降为零，但这同样毫无意义。鉴于工具的不完美性，我们必须保持某种平衡。或者，换个说法，我们必须接受对一些人的分类会出错这个事实。

被筛查工具判定为可能患病的任何人都将得到仔细检查。在骨质疏松症的例子中，也许他们会继续接受使用 DXA 的检测，这包括那些未患病但被错误地归入患病类型中的人，这样，我们会发现他们其实并没有患病。但是那些被筛查工具归类为未患病的人，将不会得到仔细检查。我们不会知道这些人中哪个人的筛查过程出了错，或者至少，在病情进一步恶化之前他们不会知道自己患病。如果筛查工具是相当有效的，那么我们可能希望这种情况不要太多，但是真实情况将成为暗数据。

将患病的人错误地归类为健康人可能会导致严重后果，尤其是在该病可能致命却很容易治愈的情况下。但是，把没有患病的人错误地归类为患病也是不幸的。例如，断言某人可能患有严重的疾病，如艾滋病或癌症，显然会产生负面的心理后果，即使后来发现是误诊。同时，这也会导致进一步精确检查，产生不必要的开销（比如骨质疏松症例子中的 DXA 检查）。格尔德·吉仁泽，一位研究人们如何误解概率和统计数据的专家，提供了一个乳腺癌筛查项目的例子。[11] 他指出，在 1 000 名参加这种筛查项目的女性中，大约有 100 人会被错误地标记为需要进一步检查，因而遭受讨厌的、可能是痛苦的、令人不安的检查。事实上，即使对于那些查出乳腺癌的人来说，其结果也可能比未被检测出的人更糟。正如吉仁泽所说："患有非进展性或缓慢生长类型乳腺癌的女性可能一辈子都不会察觉。这些患者往往要接受肿瘤切除、乳房切除、毒性化疗或其他干预措施，这种处理方式对她们并没有好处。"看来，有时候保持暗数据状态可能会更好。

对筛查项目效果的测量会随着时间推进而变得复杂。例如，正如在前面案例中看到的那样，阿尔茨海默病发病率的上升至少要部分归因于人们的寿命更长了，因此，阿尔茨海默病的诊断不再是关于"如果寿命足够长，那么，遭遇它时，会发生什么"的暗数据，而成为关于"实际上发生了什么"的可见数据。

筛查项目也会受到病程长短偏差的影响，这是一种不明显的暗数据形式。下面用一个编造的例子来说明这个问题。

假设有两种疾病，一种持续一天，另一种持续一年，在此期间，感染者的生活都正常，但是在这两个时段的最后，他们都会病死。为了简单起见，再假设这两种疾病每天各感染一个新患者（注意，这是个编造的例子）。如果我们想知道，患这两种病的各有多少人，一个简单的（也是错误的）方法是选择一天，看看当天患这两种疾病的各有多少人。我们将发现，患短病程疾病的只有一个人，即当天患病的那个人。但是，我们会发现患长病程疾病的有 365 个人，即在当日之前 365 天以内被感染的人。表面上看，患长病程疾病的人是短病程疾病的人的 365 倍。我们遗漏的数据是在过去一年中感染了短病程疾病的另外 364 人。

这看起来只是一个人为编造的案例，但这种情况在癌症筛查过程中确实会发生。缓慢生长的癌症肿瘤往往有一个较长的无症状阶段，患者的存活时间也相对较长。刚才描述的那种研究识别出的患有缓慢发展类型癌症的人，会多于患有快速发展类型癌症的人。从这两种癌症在总体中的暴发比例来看，这会形成非常具有误导性的印象。

你可以把筛查项目看作试图把人划入正确类别（如患病与未患病）的方法，但是同样的抽象结构也描述了许多其他情况。我们先前考察过信用评分的例子，其目的是根据是否会拖欠贷款来对申请人进行分类。还有一个例子是人员选择（为工作选择合适的人）。提出申请的人很多，但申请人数会因为对简历和申请表的初步筛选而大幅减少。然后，入围名单上的候选人受邀参加面试。初步筛选发挥了筛查工具的作用。参加面试但没有得到工作岗位的人可被视为假阳性，即从简历来看符合要求，但是经过仔细考察后，被认为并不是最合适的人选。但是，也有大量候选人在筛选简历的环节被拒绝，但他们本来是最合适的人。用医学术语来说，这些人属于假阴性，这就是暗数据。

## 基于过往表现的选择

我们会选择某个快递员送货，理由是他们公司快递员的送货速度在过去一直是最快的。我们会选择某种车型，是因为它有着迄今为止一切良好的安全记录。我们之所以选择某个餐馆，是因为以前在那里吃饭的体验非常好。根据事物的过往表现来预测它们的未来表现是有意义的。的确，我们通常也没有别的办法可用。然而不幸的是，过去之于未来，有可能是一个不确定的向导。如果事物发生变化，如经济形势恶化、汽车制造商推出新车型、餐馆老板换人，那么情况显然是这样的。但是，即使事物没有变化，表现也可能恶化。事实上，我们应该预料到这种恶化。

这种奇怪的现象被称为均值回归。这种现象导致这样的预期：即使过程中什么变化也没有发生，那些表现好的也会恶化，表现不好的也会变好。这是第3种暗数据：局部选择案例的一种表现。一旦你意识到它的存在，就会发现到处都是这样的例子。下面就是一个示例。

1970年和1973年，英国12个农业产区记录了小麦产量（单位：千克）。[12] 从表5中可以看出这些年份小麦产量的增长或下降情况。我们看到，在1970年产量最低的6个产区中，5个产区在1973年提高了产量。相反，在1970年产量最高的6个产区中，5个产区的产量在1973年有所下降。模式是清晰而显著的，这意味着如果我们选择1970年产量较高的产区，期望它们在1973年保持同样高的产量，那么我们会失望。

表5　1973年英国12个农业产区小麦产量相对于1970年的变化情况

|  | 1970年产量最低的产区 | 1970年产量最高的产区 |
| --- | --- | --- |
| 1973年与1970年相比产量增加的产区数 | 5 | 1 |
| 1973年与1970年相比产量下降的产区数 | 1 | 5 |

为了搞明白为什么会出现这种模式，我们假设有一群学生，他们拥有同样的学习能力和勤奋程度。尽管他们能力相同，但是，无论什

么时候考试，总会有一些人的考试成绩比另外一些人好，这是由偶然条件造成的，这些条件包括他们前一天晚上是否睡得好，他们脑子里是否想着其他事，他们是否很准确地猜中了考题，等等。我们可以根据考试成绩对他们进行排名，并把分数最高的学生视为最优秀的。

但是，在接下来的考试中会出现什么情况呢？

因为我们假设学生们的能力相同，所以，分数最高的学生取得最高分完全是偶然因素的作用。而这些偶然因素以及导致其他学生没那么好运的因素是不太可能重复出现的。这意味着，这次表现优异的学生，在下一次测试中可能表现得没那么好，而这次考试成绩垫底的学生，下次测试成绩可能会变好。

这里的问题在于最初的测试结果，即过往的数据，给我们展示的是掺杂了偶然因素的学生个人能力。学生的真实能力被随机性掩盖了。

当然，在现实生活中，我们不太可能遇到一群能力和勤奋程度都相同的学生。他们在能力上可能有一定的差距。但即便如此，那些在第一次测试中表现特别优异的学生，也有可能在第二次测试中表现得没那么好，因为他们在第一次测试中的优秀表现至少部分归功于运气。结果是，我们如果在招聘或研究生招生等过程中只选择表现最好的学生，就会发现，他们以后的表现没那么好。

从这个例子中，我们应该得出什么样的实用信息呢？我们是不是应该避开那些在过去表现得最好的人呢？一般来说，答案是否定的，因为他们将来仍然可能做得很好，只是不像他们过去表现出来的那么好。一般来说，退步的程度（对于那些先前表现不好的人，则是进步的程度）取决于测量结果中随机因素与真实能力因素的占比。如果随机因素造成的不确定性范围大于真实能力因素，那么，效果将会非常显著。注意，不确定性是看不见的，我们看到的是不确定性和真实能力的混合结果。因此，不确定性和真实能力都是暗数据。

"均值回归"一词是维多利亚时代的科学家弗朗西斯·高尔顿创造的。他注意到,（平均来看）父母个子高的儿童，虽然仍会比一般人高一些，但是并不能长到他们的父母那么高；而父母个子矮的儿童，虽然仍会比一般人矮一点儿，但是并不会和他们的父母一样矮。

在这一章中，我们讨论了一些情况；在那些情况下，如果我们不够小心，或者没有足够仔细地思考我们真正想知道的是什么，就可能被未被觉察的暗数据误导。下一章，我们将探讨在对自己想知道什么很有把握的情况下，我们是怎么被误导的。

# Dark Data

第 4 章 非故意的暗数据：说一套，做一套

## 大视界

测量不可能无限精确。在计数的时候，像一个家庭里的子女人数、海上的船只数这样的数字都可以采用方便的整数数字，但像长度这样的测量值需要四舍五入到某个水平。它们可能被四舍五入到厘米、毫米、微米（百万分之一米）、十分之一微米等，但是我们不可能取无限的小数位。换句话说，在某种程度上，我们无法确定细节，因此必须接受大视界（尽管这个所谓的"大"，其实非常小！）。而这不可避免地意味着，细节是不可知的。

当你看数据表格时，这种"四舍五入"是显而易见的。在表格里，你会看到70.3、0.04或41.325等数字，或者有时出现76.2±0.2等数值，其中±0.2表示准确度的范围，潜在的准确数字被认为处于这个区间内。"±"这个符号非常清楚地表明，我们面临着暗数据。

四舍五入是必要的，而且我们对此非常熟悉，以至通常根本不会注意到它隐藏了数据。例如，人们的年龄往往用整数来记录，但事实上年龄不仅仅包括已经生存的年数，还包括天数、小时数、分钟数等等。有时候，年龄固有的不精确性，还源于出生这个事件发生在一个时段之内，而不是在某个精确的瞬间，这意味着我们无法获得进一步的精确度。计算年龄的惯例是将实际数字四舍五入，把小数点后的数字舍去，这意味着年龄似乎是围绕着整数进行分组的，我们声称的年龄比我们实际生存的年数要小。

有时候，年龄会被四舍五入到最近的5年，或采用25岁和65岁的分界点，简单地把人划分为年轻人、中年人或老年人。尽管对于某些目的来说，后一种分组方式可能已经足够了，但很明显，它会丢失信息：它隐藏了年龄组内的情况。如果我们走极端，以是否超过35岁为依据，把人们划分为年轻人和老年人两个类型，这个问题就可以被清楚地说明。从用这种方法概括出来的数据中，我们可以看出老年组是否具有与年轻组不同的属性：例如，我们可以看出老年组的平均收入是否大于年轻组，或者他们的已婚比例是否更大。但是我们失去了探测更复杂的关系的能力。例如，我们无法判断平均收入是否会从年轻时开始增长，在中年到达最大值，之后又开始在老年回落。数据的暗化或者"粗化"，给我们的视野遮上了一道帷幕，导致我们无法发现这些潜在的规律。

当数据由人直接收集时，四舍五入过程中的数据暗化会以一种特别隐蔽的方式发生。它甚至会导致错误的决策和行动。西蒙·德·吕西昂和他的同事研究了8.5万个血压值。[1] 对于这些数值中的最后一个数字为什么比真实的潜在血压值中的其他任何数字更常见，他们实在想不出任何理由。也就是说，我们本来预计在这些数据中，有10%左右的数值以0结尾，10%左右的数值以1结尾，10%左右的数值以2

结尾，以此类推。但是研究人员发现，64% 的收缩压读数（心脏收缩时的血压）和 59% 的舒张压读数（心脏舒张时的血压）都以 0 结尾。不仅如此，在非零的数值中，他们发现，在被记录的血压值中，以偶数结尾的数值明显比以奇数结尾的数值更普遍，而在那些以奇数结尾的数值中，5 是最常见的末尾数。真实的血压值不会有这种围绕某些特定数字而产生的奇怪分组！记录值是人们将数值四舍五入到某个便于记录的数字上的结果。

这有关系吗？《英国高血压指南》给出了血压的临界值，若高于这个值则建议采取药物治疗。[2] 收缩压的临界值是 140 毫米汞柱①，那些四舍五入到以零结尾的数值（例如，把 137 四舍五入到 140）意味着，在具有这种血压记录的病人中，有相当大比例的真实收缩压实际上低于 140 毫米汞柱。

显然，在本例中，四舍五入是由测量仪器的性质导致的。如果读数出自一个有刻度的物理测量仪器，如教具中的尺子，那么人们自然会倾向于把它们四舍五入到一个方便记录的数值上。但是，如果这些值是由电子设备以数字形式给出的读数，那么它们很可能会被精确到更小的数位上（数位仍然是有限的，但是更精确）。这个例子中的含义是，现代测量仪器朝向自动化和更精确的数字读数持续发展的态势是件好事，至少从暗数据的角度来看是这样的。

这个例子给了我们一个提示，即我们应该预测这类现象会在什么时候显现出来。每当我们从物理测量仪器上读取数值的时候，比如使用尺子、量角器或仪表盘的时候，我们就应该特别保持警惕。不

---

① 1 毫米汞柱≈133.322 帕。——编者注

过，它还会在计数时出现。小约翰·罗伯茨和德文·布鲁尔询问吸毒者，他们在过去6个月内，曾与多少个同伙分享毒品。[3] 仅有2人声称有9个同伙，4人声称有11个同伙，多达39人声称有10个同伙。同样，虽然21人声称有20个同伙，但没有人声称有19个或21个同伙。这一切看起来都很可疑。如果他们随机说出的答案，竟然成为如此凑巧的四舍五入数字，那么这是非常令人惊奇的；如果峰值碰巧在研究对象的样本中出现，那么这同样令人惊奇。更可能的解释是，被调查者给出了粗略的答案，将实际数字四舍五入到最接近的整十数字了。

我把这称为四舍五入现象，但是作为数据收集过程在人脑处理阶段的描述，它也有其他名称，包括堆、峰值、叠加、离散化、数字偏好等等。

它也可能故意以能够观察到的最大值和最小值的形式出现。例如，在工资调查问卷中，有时会出现"10万美元或更多"这样的最高类别，以鼓励那些工资特别高的人参与问卷调查，因为如果没有这个类别，他们就完全被排除在调查之外。这种策略被称为顶端编码，与之相对应，若较低的值被截断，则称为底端编码。

忽略这种截断会导致严重错误。如果你没有考虑到"10万美元或更多"这一项，那么有可能意味着多出来的部分非常大，也许包括数千万人，那么很显然，使用总薪酬的平均数会造成非常严重的误导。此外，以这种方式截断最大值，并以表面价值处理它们，肯定会造成对数据可变性的低估。

## 汇总

试图通过看表格来获得对表中数字的深刻认识，一般来说不太有效。为应对这种挑战，我们需要把这些数值汇总。或者，更详细地说，我们要分析数据，把它们总结成更便于人们掌握的概括性信息。例如，我们计算平均数和取值范围，进行更复杂的统计汇总，如计算相关系数、回归系数和因子载荷。然而，根据定义，汇总意味着牺牲细节，意味着第9种暗数据：数据汇总。

当我告诉你美国20岁以上男性的平均体重是195.7磅[①]时，你得到了一些有用的信息。[4]你可以将该数值与之前年份的平均体重进行比较，以观察体重是否增加了。你虽然知道自己是如何比较这些平均数的，但是不能确定超过某一特定体重的男性数量。你无法判断这个平均数是由相对较少的超重男性与低于平均水平的男性相平衡而产生的，还是由众多略高于平均水平的男性产生的。你无法判断体重正好是最接近这一平均数的整数的人有多少。所有这些问题都无法回答，因为简单的计算平均数的过程暗化了数据，将个体的数值隐藏了起来。

从中我们可以吸取很多教训。第一个重要教训是，一个单独的汇总统计，或者任何以不同方法汇总数据而得到的数字（例如，平均数，加上对数值分散程度的测量，加上对数值分布偏离度的测量），并不能告诉你该数据的一切。通过暗化数据，汇总有可能隐藏关键信息，对此，你要保持警惕。

第二个重要教训是，你要谨慎选择用来回答问题的汇总统计。在

---

[①] 1磅≈0.453 6千克。——编者注

一个小公司中，有9个人每人每年赚1万美元，还有1人年收入1 000万美元，那么该公司员工收入的平均数（算术平均数）就会超过100万美元。在许多情况下，对于那些到这家公司找工作的人来说，这都是误导性信息。因此，收入和财富的分布通常以中位数为特征（一半人的收入低于这个值，另一半人的收入高于它），而不是以平均数为特征。最好还要提供关于分布形态的更多信息，包括更多的统计汇总数据，比如，每年收入只有1万美元的人的数量，或者收入的最高值等。

## 人为差错

我们在本章前面讨论过四舍五入现象，准确地说，那并不是差错。它实际上是一个隐藏了细节的近似值，虽然这种方式并不具有规律性（例如，并非所有的血压值都被四舍五入成以0结尾）。但是人为差错会以更严重的方式产生暗数据。

2015年，英国诺森比亚大学的两名大二学生亚历克斯·罗塞托和卢克·帕金参加了一项关于咖啡因对运动的影响的研究。他们本该喝下一杯咖啡因含量是普通咖啡3倍的咖啡，然而，因为一个"数据误差"，他们喝了咖啡因含量为普通咖啡300倍的咖啡，其咖啡因含量大约为30克。（我把数据误差用双引号括起来，是为了提醒大家，并不是数据有错，而是写下这个数字的人出了错。）考虑一下这个背景信息：人们服用18克咖啡因就会死亡。毫不奇怪，亚历克斯和卢克在重症监护室住了好几天，通过透析来清除他们血液中的咖啡因。

这次剂量过量的原因是一种相当常见的差错：小数点点在错误的

地方，所以数据歪曲了本来的意图。

这是一种常见的差错吗？刚过完19岁生日，爱尔兰少年卡尔·史密斯就收到了一笔19 636欧元的工资，然而他期待的工资金额是196.36欧元。不幸的是，他没有抵住诱惑，花光了这笔钱。为此，他被送进了监狱。同样，北约克郡的建筑工人史蒂文·伯克本应收到446.60英镑，但是，由于小数点点在错误的地方，因此他的银行账户增加了40 000多英镑。他同样无法抗拒诱惑，花掉了其中的28 000英镑，他因此被判缓刑。(这里似乎还有一个共同的主题和教训：如果发现你的银行账户意外膨胀，那么千万别把钱花掉!)

2013年12月，阿姆斯特丹市政局向近1万名申请人支付常规的住房补贴。本来支付金额以分为单位，阿姆斯特丹市政局却错误地以欧元为单位，把小数点向右移动了两位。这个差错使该城市付出了1.88亿欧元的代价。2005年，雷曼兄弟公司一个交易员错误地操作了一笔3亿美元的交易，而正确金额应当是300万美元。2018年5月26日的《泰晤士报》一篇关于药品价格的报道提到，英国什罗普郡一家药房的某种药以6 030英镑的高价售出，而真实价格应该是60.30英镑，在英国伦敦格林尼治区的一家药房，真实价格为74.50英镑的止痛药以7 450英镑的价格出售。[5]

再举一个反向的错误案例。2006年，意大利航空公司打算以3 900.00美元的价格出售从多伦多到塞浦路斯的商务舱机票，但是，由于工作人员不小心点错了小数点，他们以39.00美元的价格出售了这些座位，造成了720万美元的经济损失。

或许，以上案例中的错误都只是由粗心造成的小失误。我当然也希望如此，但是，你如果知道伦道夫·丘吉尔勋爵的说法，就不会这么想了。伦道夫·丘吉尔是英国前首相温斯顿·丘吉尔的父亲,当他看到一列含有小数点的数字时,据说,他是这样评论的:"永远搞不清那些该死的点意味着什么。"令人不安的是,当时他是英国财政大臣,相当于财政部长。

像点错小数点这样的基本错误,属于数据输入类型的差错,这有时候被称为"胖手指"差错。这类例子多得数不清。比如,2005年,瑞穗证券公司发生了一次事故,他们以每股1日元的价格出售了61万股J-com的股票,而实际股价应当为61万日元每股,事故损失超过3亿美元。2018年4月的三星证券事故也属于类似情况,约2000名三星证券员工本应获得每股约0.93美元的股息,总计约20亿韩元。不幸的是,公司向他们发放了20亿股股票,这超过公司持有股票总数的30倍,价值约为1050亿美元。

当这类错误出现时,人们会尽快把错误纠正过来,但往往还是不够快。在三星证券的案例中,这个错误花了37分钟才解决,那时,已经有16名三星证券公司员工抓住机会卖出了其中的500万股。三星证券股价几乎下跌了12%。

如果你认为1050亿美元的错误已经够糟了,那么再来看看2014年东京证券交易所那个差点酿成灾难的差错吧。丰田公司股票的交易价值本应该是19.6亿日元,一名经纪人不小心把这个数字输在表示股票数量的地方,而19.6亿股股票总价格高达6170亿美元。这是一个非常容易犯的错误吗?我以前肯定也曾把某些数据填在表格中错误的位置上,好在并未造成那样的潜在后果。幸运的是,在这个案例中,订单在完成之前就被取消了。

还有几种人为差错,比如两个数字的输入顺序被搞错了(例如,本应输入98，实际上输入了89），一个数字被错误地输入为另外一个数字（例如，本应输入2，实际上输入了7），数值被重复输入（例如，由于按键时间过长而把2输入为222），等等。

这样的差错属于低级失误，但令人遗憾的是，人类犯错误的方式无穷无尽。例如，计量单位有时会被混淆。比如，1998年，火星气候探测器由于过于靠近火星而解体，原因是没有把英制的引力单位转换为国际单位；1983年，加拿大航空公司143号航班坠毁，原因是在测量燃料载荷时用磅代替了千克。

另一种人为差错影响了NASA的"起源号"取样探测器。该探测器从其卫星轨道上成功采集到太阳风粒子样本，并且成功返航，但是，就在最后一个阶段，该探测器坠落在犹他州。原因是探测器加速度计出现数据错误，这个设备安装反了，所以探测器落地时是在加速而不是在减速。

更微妙的问题是，数据的有用性会随着时间的推移而降低。这并不是因为实体数据恶化，就像水果腐烂那样，而是因为我们周围的世界发生了变化。你可能认为你的储蓄账户利率是3%，但是，你如果没有一直关注，可能就会震惊地发现利率比这要低，因为在你没注意的时候，利率已经变了。涉及人的数据尤其容易过时（第7种暗数据：因时而变），仅仅因为人本来就容易变化。

更糟的是，正如我们会在后面章节深入探究的那样，数据甚至可能会被故意歪曲：美国人口统计局1986年的一项研究估测，有3%~5%的人口调查员会进行某种形式的数据造假，因为他们懒得实地收集数据，这就是我在第2章提到的"臆答"。[6] 美国统计学家威廉·克鲁斯卡尔写道："对于一个具备正常洞察力、有一点儿常识和数学头脑的人来说，在浏览任何一个结构化的大数据集或统计汇编时，这个人都能在不到一个小时之内找到看起来奇怪的数字。"[7]媒体研究分析师托尼·特怀曼发现了一个定律，它现在被称为特怀曼定律。该定律的内容是：任何看起来有趣或者不寻常的数字，通常都是错误的。[8]此外，每天被记录的数据量那么大，我们应该预料到一些数据的记录会出错。例如，2014年，每天有近350亿笔金融交易产生，此后，这个数字还在持续增加。正如我在拙作《概率统治世界》中所说：因为数据如此之多，所以我们应该会发现很多被错误记录的数字。

与此相关的是，从事数据挖掘（从大型数据集中发现有趣或有价值的反常现象的相关学科）工作的研究人员指出了在大型数据集中出现反常结构的原因，把这些原因按重要性降序排列：（1）数据有问题（可能是数据在收集过程中已被损坏或者失真，也可能是部分数据丢失）；（2）由偶然性波动引起（它们其实是碰巧出现的罕见数值，没有什么重要含义）；（3）事先被人们知道（比如，人们经常一起购买奶酪和饼干）；（4）很无聊（比如，在英国，大约一半的已婚人士是女性）。直到所有这些因素都被搞清楚，一个反常结构才是真实的、有趣的，而且可能是有价值的。对我们来说，重点在于，大多数明显的发现都是由数据中的小差错引起的幻觉。

鉴于上述情况，也许你不会感到惊讶，IBM（国际商业机器公司）曾经估计："糟糕的数据质量会让美国经济每年蒙受大约3.1万亿美元的损失。"[9]但是，这个估计正确吗？

第一，这个数字取决于你如何定义不良数据。它是否包括纠正错误的成本、检查数据是否存在问题的成本以及由于数据质量不好而导致错误的成本？第二，你可以把这个数字与美国国内生产总值进行比较。美国国内生产总值大约为 20 万亿美元，与之相比，3.1 万亿美元似乎非常庞大。我忍不住怀疑：这个估计本身就是不良数据。

## 仪器限制

人为差错是很常见的，但人并不是造成差错的唯一原因：物理测量仪器故障也会导致意外的暗数据问题。至少，如果仪器故障未被立即检测出来，那么它可能会给出"零"或其他固定的输出值。想想医学电视剧中的情景：心脏监护仪信号突然变成直线。如果把传感器从病人身上拔下来，那么你会得到相同的信号。

我的一个研究生做过一个项目，调查强风、暴雨等恶劣天气对电信网络的影响。他的数据来源于网络故障和维修的详细信息以及气象站的记录（实际上，正如下一节所述，这些都是连接数据集）。他很聪明，他在分析这些数据之前先进行了研究，用不同方法绘制图像，从中寻找异常值。他发现了奇怪之处。许多夜间的原始数据显示午夜有巨大的风暴。这很奇怪，因为没有人记得这些风暴。的确，气象办公室的记录显示，并没有这样的风暴发生。有趣的事出现了。

通过深入挖掘，我的学生发现，在某些夜间，自动测量风速的风速计会自动重置。当它重置的时候，有时会产生巨大而明显的速度峰值。这些完全是假象。如果我的学生不明白事先检查数据的必要性，那么他所进行的任何分析都有可能产生谬误。事实上，他发现了问题，并且能够纠正它。

仪器故障会导致昂贵的后果。2008 年，一架美国空军 B-2"幽灵"隐形轰炸机在关岛坠毁，原因是被打湿的传感器传输了错误数据。机组人员认为飞机起飞时的速度为 140 海里[①]/时，实际上，它起飞时的速度慢了 10 海里/时。

在前一节中，我们考察了通过故意将数值限定于最小值以上或者最大值以下来隐藏数据的情况。然而，这样的效果通常也会由测量仪器自身产生。

例如，浴室秤具有一个可被记录的最大值。由于某些人的体重超过了最大值，因此这些人的准确体重数据被隐藏，成为暗数据。尽管此情况类似于前面讨论的顶端编码策略，但这不是那些测量者故意做出的选择，这被称为天花板效应。同样，在其他情况下，也存在类似的下限：测量值在低于临界点时不被记录，我们只知道它小于或等于测量仪能够记录的最小值这一事实。这与底端编码类似，被称为地板效应。例如，低于水银冰点的温度无法被水银温度计记录。天花板效应和地板效应导致了第 1 种暗数据：已知的缺失数据的产生。因为，我们虽然知道这个数值是存在的，但无法知道它是什么，只知道它高于或低于某个极限。这两种效应也阐明了第 10 种暗数据：测量误差与不确定性。

天花板效应和地板效应会以出人意料的方式显现。例如，据估计，宇宙中大约有 $10^{24}$（1 后面跟着 24 个 0）颗星球。但是只有大约 5 000 颗星球是肉眼可见的（并且，因为地球挡住了天空的一半，我们从任何一个点上只能看到所有星球中的一半）。这意味着，在望远镜被发明之前，大部分关于天体的数据都是暗数据：这些天体的亮度处于人眼可视极限内。因此，基于对这几千颗可见星球的分析得出的

---

[①] 1 海里≈1.852 千米。——编者注

任何关于宇宙性质的结论，都很容易产生严重的误导。

　　1609 年，伽利略开始用他自己制造的望远镜探索宇宙，从而揭示了人类以前从未设想过的恒星的存在。从那时起，技术的发展就不断揭示关于宇宙的信息。然而，最基本的挑战仍然是越远的天体越暗，天体越暗就越不可能被观测到。如果无法应对这种挑战，就会导致所谓的马姆奎斯特偏差。该理论以瑞典天文学家贡纳尔·马姆奎斯特命名，马姆奎斯特于 20 世纪 20 年代对其进行了探索。这种偏差具有各种微妙的含义。例如，虽然恒星和星系能被观测到的亮度极限是相同的，但恒星更有可能超过观测阈值而被观测到，因为它们形成了一个更集中的光源。一般来说，忽略这种暗数据会导致对宇宙结构的误解。

　　望远镜是技术进步的一个例子，它揭示了我们以前从未想象过的世界（"世界"在望远镜的例子中的含义就是其字面意思）的存在，将隐喻性的光照射到隐藏数据的阴影中。其他仪器在各自领域也有同样的用途。显微镜和医学扫描技术揭示了人体以前不为人所知的东西，航拍的地球照片可以告诉我们古代的墙壁和建筑物，地震和磁场探测仪器可以告诉我们地球内部的情况。所有这些和无数其他仪器都扩展了人的认知，揭示出以前属于暗数据的东西。

## 连接数据集

　　单个数据集具有造福人类的巨大潜力，但当我们超越单一来源的数据，考虑连接、合并或融合数据集时，会产生一种特殊的协同作用。一个数据集中的记录可能会与另一个数据集中的记录相互补充，从而使我们得到不同类型的信息。例如，当它们互为补充时，它们能够回答一些无法单独回答的问题；它们可以通过三角测量和插补的方法提高准确性，其中，一组数据集中缺失的值可以由另一组数据集中的信息来填充。

经常采用这种方法的群体有法医统计学家和侦查欺诈犯罪的执法机构，但事实上其应用更为广泛。英国管理数据研究网开展的项目说明了数据连接的力量。[10] 这个由英国4个地区的大学和英国国家统计局组成的联合体，旨在为了社会科学和公共政策研究而促进管理数据的连接和分析。有一个项目汇集了多个来源的数据，以探讨住房援助对无家可归者健康状况和医疗服务使用的影响。有一个合并数据库，研究燃料匮乏对健康的影响。还有一个合并数据库，研究酒品专营店的密度与人口健康之间的关系。

有一个项目展示了这种方法的力量。该项目连接了美国6家社会服务机构的数据，以清楚地了解洛杉矶无家可归人员的情况，并制订了一个20亿美元的计划，为有精神健康问题的无家可归人员建设一万所房子。[11]

其中的潜力是无限的，显示了现代数据技术造福人类的强大力量。但连接和合并数据集并非没有挑战，其中存在暗数据风险。要合并数据集，必须有通用标识符或标识符集，以使一个数据集中的记录与另一个数据集中的记录相匹配。但是，这些记录通常不是以相同的格式或方式被记录的，因此会出现不匹配的情况。一个数据库中关于人的记录，几乎总会有一些不包含在另一个里面。重复的记录使事情更加复杂。为尽量减少暗数据而进行数据匹配和连接的方法，已经成为一个主要的研究领域，随着越来越多的大数据集的积累，这一领域的重要性会越来越大。

那么这一切给我们留下了什么呢？第 2 章探讨了不同类型的数据，第 3 章和本章研究了数据收集过程中产生的暗数据风险。这些风险包括含混不清的定义、缺失的变量、测量过程的随机性、仪器限制、数据粗化、胖手指误差以及其他风险。但还有更多风险存在：下一章将介绍生成暗数据的一类完全不同的方式。

# Dark Data

## 第 5 章

### 方略性暗数据：博弈、反馈和信息不对称

## 博弈

欧盟所谓的《性别指令》①禁止保险公司在确定保费时考虑性别因素，也就是说，指令要求保险公司在做此类决定时，把性别当作暗数据。[1]原则上，这意味着在其他条件相同的情况下，男性和女性将支付相同的保费。然而，在加拿大，情况有所不同。1992年，加拿大最高法院允许人们继续把性别纳入风险评估模型。一名来自艾伯塔省的男子觉得自己的新雪佛兰科鲁兹汽车的保费高得离谱，于是他搞来一份新的出生证明，称自己为女性。他宣称："我是一个百分之百的男人，但在法律上，我是个女人。"以这种方式合法隐瞒自己的真实性别，他每年可以节省1 100美元。

我们将在下一章中讨论这种欺诈行为，这是一种公然的欺骗企

---

① "指令"与"规定"不同，前者要求欧盟成员国达到指令规定的效果，但不会具体说明必须怎么做；而后者直接成为所有成员国同时实施的法律。

第 5 章　方略性暗数据：博弈、反馈和信息不对称　　115

图——通过隐瞒某些情况，使人们误以为事情并非真实存在的那样。相反，博弈行为，如"钻制度空子"或"玩弄制度"，则试图利用误导性的、模糊的或非预期的其他方面因素。博弈中暗数据的产生并非因为故意隐瞒，而是因为系统构建方式的某些方面出乎意料地可以被人利用。这意味着，博弈通常不是非法的，其目的是操纵规则以获利，但不会突破规则。博弈是第 11 种暗数据：反馈与博弈。

数学中有一个非常深奥的定理，这个定理以它的发现者库尔特·哥德尔命名。用最简单的方式来表述这一定理，就是"任何一个足够完备的公理系统，都存在无法在该系统内部得以证明或反驳的陈述"。从更人性化的层面来看，精巧复杂的制度体系，往往不可避免地存在漏洞。税收制度就是经常出现漏洞的一个领域。合法避税计划应运而生，以利用税法中含混不清或疏忽的地方。因为税法法典的不同以及法律会随时间推移而变化，所以，税务规范的具体细节会有明显的区别，以下只是在英国实施的此类避税方案的例子：

- 通过以应税资产（例如你的房子）为抵押获得贷款，并将贷款投资于不可征税的财产，比如林地或农场，来逃避遗产税；
- 通过离岸公司购买不动产，因为非英国居民和公司不用缴纳英国税款；
- 将公司总部转移到公司税率较低的国家（可能是通过与他国公司合并或收购），因为不存在全世界通行的征税机构。

当一个税收制度中的漏洞被发现，人们开始广泛利用时，漏洞就会被打上补丁，但这往往会产生更加复杂的结构，反过来又会产生漏洞。

所谓的委托代理问题是与博弈密切相关的暗数据的另一个例证。当一个人("代理人")能够以另一个人("委托人")的名义做出决定时，就会出现这种问题。显然，这是一种非常普遍的情况，比如，雇员代表雇主做出决定，政客代表选民行事。当代理人试图做出符合自己利益但不符合委托人利益的选择时，问题就出现了。雇员可能利用自己额外掌握的知识，做出有利于自己而非雇主的选择，政客可能开始为自己的利益行事。后者是一条容易坠入独裁统治深渊的道路。

博弈也出现在所谓的监管套利中。监管套利描述的是当若干监管制度适用于同一特定情形，允许组织（例如金融机构）选择适用于自己的监管机构（例如，通过将总部转移到另一个国家来实现）时可能发生的情况。显然，组织会选择最有利于自己的监管者，少数情况下，甚至可能会重新划分业务范围，以便在监管者之间实现转换。

坎贝尔定律可以很好地概括公共政策背景下的博弈风险。它的内容是："对于任何一个定量的社会指标来说，它用于社会决策的次数越多，就越容易受到腐败压力的影响，也就越容易扭曲和腐蚀它要监控的社会过程。"古德哈特定律也表达了类似的意思，不过形式更温和："当一项举措成为目标时，它就不再是一项好举措了。"

以学校成绩为例，这是一个衡量学术表现的指标，在社会中常被用作很多决策的依据。随着时间的推移，从成绩的反馈来看，学生的平均成绩往往会随着时间的推移而上升，即所谓的分数膨胀。迈克尔·赫维茨和贾森·李在2018年关于美国学校的一项研究中发现，在过去20年里，在美国SAT（学术能力评估测试）中平均成绩能达到A的美国学生，从39%上升到了47%。[2] GradeInflation.com 网站详细介绍了美国高校的分数膨胀情况。例如，它表明，1983—2013年，平均绩点从 2.83 分增加到 3.15 分，而且呈现出明显的逐年递增模式。这种趋势有几种可能的解释：学生变得越来越聪明，越来越擅长回答测试中的考题；考试中存在腐败现象，因此学生会得到更高的分数。

这一趋势也体现在英国高等教育领域。随着时间的推移，学生数量大幅增加，使情况稍微复杂了一些：25~29 岁的人群中拥有学位的人的比例从 1993 年的 13% 增加到 2015 年的 41%，[3] 截至 2017 年，英国在校大学生人数已达到 230 万。

这意味着，要确定标准是否发生了变化。首先，我们应该关注获得不同等级学位①的学生比例，而不是绝对数量。其次，我们预计获得更高学位的学生比例会有所下降。这基于这样一种假设，即以前大学会努力挑选那些最有能力、最能从大学教育中受益的少数学生，因此，如果把每个年龄段的录取比例都提高，必然意味着要录取能力较差的学生或因为不太适合这类教育所以不太可能获得最高学位的学生。但数据显示了什么？前英国大学事务国务大臣戴维·威利茨在其极具启发性的著作《大学教育》中评论：2000 年，约 55% 的学生获得一等学位或二等一级学位，但是到了 2015 年，这一数字已上升到 74%。[4] 与我们的预期正相反，这是一个惊人的巨大增长。

是什么推动了这种膨胀？

大学的收入取决于录取的学生人数，所以申请者越多越好。如果

---

① 在英国大学制度中，按优秀程度的降序排列，授予一等、二等一级、二等二级、三等 4 个等级的学位。

学生相信进入某所大学学习能增加他在就业市场上的机会（如果学生获得高分，他在就业市场上的机会就会增加），那么他会更愿意申请这所大学。由于英国的大学独立授予学位并自行给学生打分，因此它们会背负压力去给出高分。正是这些能够自行打分的机构之间的竞争推动了分数的膨胀。如果大学使用的是统一的考试体系，而且学生由唯一的机构来打分，情况就会有所不同。在目前的制度下，这些标准是暗数据。大学排行榜加剧了这一现象，排名依据包括不同等级学位认证书的数量，这使得新申请者优先申请那些他们认为会给自己打出更高分数的大学。

公平地说，我的表述有点儿过于简单，而且含有解决问题的意图。例如，在"外部考官"制度下，教学质量和学位水平原则上是由其他大学的人来监督的。此外，只授予一等学士学位的大学，可能会在一段时间内排名很靠前。直到雇主们普遍认识到，许多拥有这所大学一等学士学位的学生，实际水平并不高，然后，雇主们就会另请高明，而当人们得知这所大学的毕业生无法就业时，该校的申请人数就会骤降。

英国的学校有点儿不同。中学毕业，全国范围的公开考试会决定谁将继续接受大学教育。然而，有几个互相竞争的考试委员会，每个委员会都会举行自己的全国考试。参加某个考试的学生越多，该考试机构赚的钱就越多。一所学校中获得高分的学生越多，它在排行榜上的排名就越靠前。这可能又会激起恶性竞争或良性竞争（这要从分数水平来看），尽管有些人认为，没有证据表明各种入学考试的难度水平有所不同。

此外，学校在录取谁方面拥有发言权。事实上，一旦学生被录取，学校就可以决定哪些人被允许参加某些公开考试。显然，如果只允许最有能力的学生参加公开考试，学校就会制造出关于其教学效果的虚假印象，这是一个明显的第 2 种暗数据：未知的缺失数据的例子。如果一个组织的表现是由成功率衡量的，那么，选择最有可能成功的条件，可以使它看起来表现得很好。雷切尔·西尔维斯特在 2018 年 8 月的《泰晤士报》上撰文："越来越多的学校，通过与考试制度的博弈来提高排行榜排名，这损害了学生的利益……私立学校经常鼓励孩子们放弃他们难以获得高分的科目，以保持他们的总平均成绩。"[5] 那些被认为成绩不好的学生，甚至可能被要求退学，这样学校的表面成绩就会更好看。西尔维斯特引用英国学校督察局（英国教育、儿童服务和技能标准办公室）的调查结果，发现 1.9 万名学生在参加 GCSE 考试（学生 16 岁时参加的一个全国性考试）之前被从学籍中除名。这一做法的潜在影响是显而易见的，无论是对学校的效能指标，还是对学生个人来说都如此。

几乎在任何一个评估效能的领域都能找出这种博弈的例子。以下是几个来自不同领域的例子：

- 外科医生可以通过回避更严重的病例，来获得更高的成功率，这自然会带来更令人怀疑的后果。更普遍地说，即使没有公然选择手术对象，不同外科医生的病人群体也可能有所不同。这意味着，即使具有相同能力，不同外科医生的手术成功率也会不同。
- 通过重新定义紧急情况的确切含义，可以操纵紧急服务响应时间。2003 年 2 月 28 日的《每日电讯报》报道："根据健康改善委员会，西约克郡都市救护车服务 NHS 信托公司降低了一些 A 级呼叫的级别，如果救护人员到达现场，并且事后认为该呼叫不够严重，就不足以启动 A 级响应……监管机构还发现，从接到电话到信托公司启动记录响应时间的计时器之间，存在一个很大的时间间隔。"[6]

- 如第 3 章所述，失业的定义可以被修改，以适应相关数字。临时工作者或正在寻找全职工作的兼职人员是否应被视为失业？这种操作的一个极端案例是美国 2017 年 2 月底失业率估值两个版本之间的差异，美国劳工统计局提供的数据是 4.7%，而时任总统特朗普的说法是 42%。[7] 后一个数字统计了 16 岁以上没有工作的所有人，包括全职父母、全日制学生、退休的老人。这不是经济学家使用的常规定义。一般来说，在这种情况下，哪个定义"对"、哪个定义"错"不再是问题，它们在根本上是不同的（第 8 种暗数据：数据定义），而且可能对特定目的或多或少有所助益。

- 通过将某些犯罪重新界定为较轻等级的罪行，可以使警方看起来表现得更优异。例如，2014 年 2 月的《格拉斯哥先驱报》报道："官员们觉得，有必要通过降低犯罪等级来修饰数字。分类体系有两个层次，'犯罪'在去年减少了 13%，而'违法'略有增加。2012—2013 年，共有 273 053 起被记录在案的犯罪案件，但违法行为的数量几乎是这个数字的 2 倍。"[8]

而且，网站很可能被操纵，以使它们在搜索中响应得更快。比如，借此帮助公司进行销售或凸显博客的相关性。

这些都是通过做出选择和操纵定义来隐藏某些东西或以不同角度呈现它们的例子。如果有些东西可能会对某个组织产生负面影响，这些东西就会被隐藏起来。或者，如果有些东西会对某个人或某个组织有益，但可能被忽视，这些东西就会被凸显出来。

## 反馈

考试中取得的好成绩可以激发更多努力，这可能会带来更大的成功，反过来又促使我们更加努力。最终的数据是真实的，但如果没有测量，它们可能就是另外不同的数据。虽然不完全是暗数据，但它隐藏了未被我们干预的原本数据。我虽然用了"干预"一词，但我们干预的目的并非故意改变数据，只是发现其数值是多少。正是这种行为本身改变了数值，所以，我们最后得到的数值与我们最初设想的数值并不相同。

考试成绩是一个反馈机制的例子，在这个机制中，我们测量到的数据会反过来影响并改变数值本身。这种机制无处不在。它们出现在物理系统中：在声音系统中，你可能很熟悉它们，当麦克风接收到它所连接的扬声器的输出时，会将其反馈给扬声器，然后麦克风再次接收它，按此模式形成循环，声音每一次都会被放大，最后形成啸叫声。这种情况在生物系统中也存在：例如，在血液凝固过程中，受损组织释放出一种物质，激活血小板，而这些被激活的血小板又会释放更多这种物质，从而激活更多的血小板。这种机制还出现在心理学中：知道自己在执行任务时被别人观察，可以激励你更加努力（第2章中提到的霍桑效应）。当它们以"泡沫"的形式出现在金融世界中时，情况尤其引人注目。

金融市场的泡沫是指股票价格（或其他资产）突然暴涨，紧接着发生同样剧烈的下跌。这种价格变化并不反映任何真正的潜在价值变化，而是源于贪婪或缺乏对资产潜在价值的风险性评估：错误地认为潜在价值确实增加了。这里的基本点是，虽然潜在价值是影响股价的因素之一，但最终的盈利在于其他人愿意支付的价格。因此，著名经济学家约翰·梅纳德·凯恩斯用选美比赛与其做类比，他说："这不是根据人们的判断来选出哪些人是最漂亮的，甚至不是要选出哪些人是大众普遍认为最漂亮的。我们已经到达第三个层次，即绞尽脑汁预测大众所预期的是什么。我相信，还有一些人在琢磨第四层、第五层和更高的层次。"[9]

历史上遍布着金融泡沫的案例。

有一个重大案例，发生在18世纪早期。当时法国试图引进纸币，而在此之前货币是以实物贵金属为基础的。此次纸币发行引发了金融泡沫，泡沫非常猛烈，不仅摧毁了法国经济，还将其对纸币的进一步引进推迟了80年。

一切始于1716年。当时，苏格兰经济学家约翰·劳说服法国政府，允许他成立一家新银行，即法国中央银行，发行由该行金银储备支持的纸币。这样的安排本来没问题，但劳有更宏伟的计划。第二年，也就是1717年，他继续说服法国政府将法国与其殖民地路易斯安那/加拿大之间的贸易控制权交给他。该殖民地幅员辽阔，从密西西比河口延伸3 000英里，穿过阿肯色州、密苏里州、伊利诺伊州、艾奥瓦州、威斯康星州和明尼苏达州，还包括加拿大的部分地区。为了给公司融资，劳出售股票以换取现金和国家债券。由于据传殖民地盛产金银，因此这项计划吸引了自愿购买股票的人。但劳仍不满足。他接着获得了法国与非洲之间烟草贸易的垄断权，以及与中国和东印度群岛进行贸易的公司的垄断权。由此，劳的"密西西比公司"买下了法国的铸币权，以及征收大部分法国税款的权利。所有这些活动，都通过增发该公司的股票来募集资金。

密西西比公司的发展与其股票价值的增长相匹配，1719年，增长到了原来的20倍。股票迅速上涨对买主的吸引力导致政府有时不得不出动士兵，来控制那些乱哄哄的想买股票的人。而且，与所有投机泡沫一样，那些无力承担损失的人也开始进行投资。

泡沫的一个特征是，无论是真实的还是带有比喻性质的，它们都会破灭。

密西西比公司的转折点出现在1720年1月，当时一些投资者开始抛售股票，以套现盈利。一般来说，在这种情况下，最初只有少数人会出售股票。但这些抛售行为意味着，股价停止了急剧上涨的势头，甚至开始下跌。这导致其他人抛售股票，他们相信价格已经达到峰值，并希望在价格大跌之前套现。而这又导致了更多的抛售。顷刻之间，价格崩溃了，下跌速度通常要高于之前的上涨速度。

劳果断采取措施来稳定情况，他限制了黄金的支付规模，使公司股票贬值，并采取了其他方式。但到了1720年12月，股价已跌至峰值的1/10。劳成为民众谩骂的对象，最后他离开了法国，在威尼斯穷困潦倒地死去。

约翰·劳和密西西比公司的例子已经够独特了，但还有更著名的历史案例——荷兰的郁金香泡沫。

16世纪末，郁金香从土耳其传入荷兰。作为一种新的花卉，它们本来就很昂贵，但是，在长着彩色斑点（实际上是由某种植物疾病引起的）的郁金香被开发出来后，它们变得更加昂贵了。郁金香球茎的限制供应刺激了竞争，预期的购买价格开始上涨。持续上涨的市场刺激了其他人购买，他们相信以后可以把球茎卖掉。然后，比赛就开始了。储蓄、房屋和不动产都被卖掉，以换取购买郁金香球茎的钱。显然，高度膨胀的价格并未反映出任何潜在的真实价值，一旦人们开始对其购买后增长的价值进行套现，不可避免的后果就发生了。随后，郁金香球茎价格出现灾难般的狂跌。人们失去了财富，甚至他们的家。

接下来介绍关于暴富和破产的一个耳熟能详的故事，正是因为这个故事，"只有天真的人才会陷进去"这种想法是可以被原谅的。但正如艾萨克·牛顿和南海泡沫的故事揭示的那样，置身其中，事情看上去就不一样了。在约翰·劳的密西西比公司发展的同时，英国政府授予南海公司南海贸易的垄断权。由于意识到垄断的优势，投资者蜂拥而至。股价大幅上涨。牛顿买了一些股票，然后在1720年初卖掉，赚了不少钱。不幸的是，随着股价继续上涨，他认为自己卖得太早了，于是重新买进。股票继续上涨，然后达到顶峰，并在1720年晚些时候暴跌。牛顿几乎失去了他毕生的积蓄。如果这样的事能发生在牛顿身上，那么它同样能发生在任何人身上。

这些都是历史上的例子，但我们听到的金融泡沫破裂声，并不仅仅是历史的回声。

互联网的发展刺激了人们对高科技公司的投资，这股投资浪潮引发了所谓的互联网泡沫。这些初创公司的股票甫一上市，其中许多新公司的估值就达到数十亿美元。一个后果是，纳斯达克综合指数的股价也会暴涨，在1990—2000年飙升了10倍（虽然没有达到密西西比公司的水平，但还是很惊人的）。然后，当人们开始意识到股票被高估（股价是虚幻的，没有从经济价值的角度合理反映潜在现实）的时候，股市崩盘就发生了。到2002年10月，纳斯达克指数已跌至略高于前期价值的1/5。与密西西比公司的案例一样，连锁反应是巨大的，这导致了美国经济的衰退。

紧随纳斯达克泡沫之后的，是美国房地产泡沫。有人认为，投资者在卖出纳斯达克股票后，需要为资金寻找新去处，从而转向房地产。房价开始大幅上涨。次级贷款和其他标志着泡沫的活动开始出现。至少在2006年顶峰到来之前是这样的。随后房地产市场开始失控。3年内，平均房价下降了1/3。这场崩盘又导致了全球经济衰退，这是自20世纪30年代以来最大的一次经济衰退。

下面是反馈机制扭曲数据的最后一个例子。这一次，反馈明显起到了掩盖部分数据的作用。

2011年，英格兰和威尔士推出了一个犯罪地图在线系统，用户通过该系统可以看到在任何地点附近发生过什么犯罪事件。时任英国内政大臣（后来成为首相）特雷莎·梅说："我认为人们会欢迎这样一个事实，即他们能够真正看到本地区的犯罪情况，不仅有他们街道上的，还有他们社区的犯罪情况。"2013年，纽约警察局也发布了一个类似的互动地图，现在这样的系统已经很常见了。它们的明显优点是，帮助人们做出知情决定，比如应该去哪里购物或租房，晚上是否应该在某街道上行走，等等。当然，和任何大型数据库一样，这些数据库并不完美，有时也会出现错误："犯罪地图显示，英国汉普郡朴次茅斯的萨里街12月发生了136起犯罪，包括入室盗窃、暴力和反社会行为……但这条不到 100 米长的街道上只有一家酒吧、一个停车场和一栋公寓楼。"[10] 要么这是一条需要不惜一切代价避开的街道，要么就是数据有问题。

但是，除了数据错误，犯罪地图的想法里面还有更加微妙的问题，包括暗数据和反馈。英国直线保险集团进行的一项调查，将人们的注意力引向这些问题。调查报告称："10% 的英国成年人肯定会或可能会考虑不向警方报案，因为它会出现在犯罪地图在线系统中，这可能对他们出租/出售不动产的能力产生负面影响，或者降低不动产的价值。"[11] 在这种情况下，犯罪地图显示的不是哪里发生了事故，而是哪里的人们不介意上报犯罪事件。这完全是两回事，任何使用这些数据做决定的人都很容易受到误导。

涉及反馈的最后一个问题是，泡沫背后的关键心理驱动因素是证真偏差，这种情况我们已经遇到过。这导致我们下意识地寻找支持我们观点的信息，并忽略那些不支持我们观点的数据。与其他地方一样，在金融的世界里，人们自然乐于看到支持他们想做或可能已经做出的决定的信息。

回声室这个术语是从声学领域借用过来的，它可以描述信念、态度和观点循环反馈并自我强化的情形。在社交网络的背景下，这种反馈会夸大边缘的信念，导致两极分化和极端主义。原理很简单。有人做了一个断言，这个断言被其他人接受和重复，最终返回最初做出断言的人那里。这个人如果不知道被反馈回来的是自己的断言，就会认为："看，我就知道！其他人也是这么想的！"

这种过程是传播虚假事实、假新闻和荒谬阴谋论的强大引擎之一。通常，这种循环是偶然产生的，因为谣言会传播得越来越快，但是有些人会利用这种机制，故意传播虚假信息。同样，有的政府也会散布这样的错误信息，破坏其他政权的稳定，或者制造混乱。以这种方式故意制造不正确和误导性的信息，显然比仅仅隐藏真相或将其当作暗数据更具潜在破坏性。

## 信息不对称

信息不对称一般是指一方拥有的信息多于另一方的情况（第12种暗数据：信息不对称）。也就是说，对其中一方来说，一些数据是暗数据。显然，这在谈判或冲突中会将该方置于不利地位。下面让我们来看一些例子。

诺贝尔经济学奖得主乔治·阿克洛夫在1970年一篇题为《柠檬市场：质量不确定性和市场机制》的论文中，讲述了一个完美的寓言故事，描述了信息不对称可能产生的严重后果。这里的"柠檬"是个俚语，指的是买来后发现质量低劣甚至有缺陷的二手车。它和"桃子"正好相反，"桃子"代表质量好、没有缺陷的车。

二手车购买者在买车时，并不知道车子是完好的还是有质量缺陷的。在其他条件相同的情况下，他们购买的汽车变成"柠檬"或"桃子"的可能性是一样的。因此，他们只愿意以"柠檬"与"桃子"的平均价格来购买汽车。但卖家有知情优势，他们不想以这样的价格出售"桃子"。所以他们会留下"桃子"，只卖"柠檬"。买家终将得知对方出售的都是"柠檬"，相应地只肯出更低的价格，这反过来又会阻止卖家出售"桃子"。这将建立一个反馈循环，把"桃子"持有者都赶出市场，并压低二手车的售价和质量。

在最坏的情况下，这会使最低交易价格无限下降，最终导致市场关停。

信息不对称往往是军事冲突的本质。例如，如果一方比另一方更了解部队的部署，前者就可以获得压倒性的优势。信息不对称是使用数据收集策略的原因，从简单地派遣侦察兵去查探敌人防线，到使用无人机、卫星摄影和电信窃听，都是如此。

这同样适用于间谍活动。在间谍活动中，每一方都试图发现对方希望保密的数据，因为数据泄露会造成巨大的损失。2010年，美国陆军情报分析员布拉德利·曼宁（切尔西·曼宁）通过维基解密泄露了大量敏感文件，结果使一些不同政见者及相关人士的生命受到威胁。

一些情况下，政府会出台相关规定来尝试解决信息不对称问题。正如阿尔然·鲁里克对金融界所言："为了促进向市场提供信息以改善信息不对称问题，所有发达金融市场的监管机构都把披露要求作为金融市场监管的核心支柱。披露要求规定，金融产品发行人和金融服务提供者要向市场及其交易对手披露所有相关信息，披露要及时进行，并确保所有市场参与者都能平等地获得这些信息。"[12] 换言之，这些监管意在提高透明度，以使可能被隐藏的数据显露出来。

总的来说，从此次讨论中我们要吸取的教训是：对信息不对称保持警惕非常重要。你要经常问问自己，什么事情是别人可能知道而你不知道的。

## 逆向选择和算法

里奇·卡鲁阿纳和他的同事开发了一个机器学习系统，用于预测肺炎患者死于该病的可能性。系统通常是准确的，除非肺炎患者同时有哮喘病史。[13]它预测，有哮喘病史的肺炎患者死于肺炎的风险比其他患者低。这显然是一个出人意料的发现，而且看起来违背常理。为什么干扰呼吸的并发症反而对肺炎病情有利？这可能预示着一个重大发现，一些未经觉察的导致哮喘的生物机制可以预防肺炎，但这将是令人难以相信的。另一方面，这也可能意味着未曾预料的暗数据正导致我们受到误导，因此结论是不可信的。

事实上，仔细检查后发现，这个机器学习系统是错误的，它的发现其实是暗数据造成的后果。事实证明，有哮喘病史的患者的死亡风险非常高，甚至导致患者被送到重症监护室，接受一流的治疗。重症监护室的治疗条件非常好，从而降低了他们死于肺炎的风险。然而，这个系统由于没有意识到此类病人接受了不同的治疗，仅仅看到哮喘病患者的死亡风险降低了，因此很自然地指示医生把这样的病人按"低风险"来处理。

这里的根本问题是，机器学习系统的算法没有看到所有的相关数据。在这种情况下，它并不知道哮喘患者的治疗方法是不同的。然而，算法遭遇虚假数据集的问题普遍存在，而且有害。正如我们将要看到的那样，有时候这种暗数据的产生是出于好意。

正如我们在本章开头保险案例中看到的那样，许多国家明确立法禁止歧视或不公平对待特定群体。例如，在英国，2010年《平等法案》旨在"制定相关条款，要求王室大臣和其他人在做出行使职能方面的战略决定时，须考虑到减少社会经济不平等的必要性……禁止某些情况下的伤害行为；要求行使某些职能时注意消除歧视和其他受禁止行为……增加机会的平等性……"。

该法案继续定义了直接歧视:"一个人(A)歧视另一个人(B)是指,B具有受保护特征,A对待B不如A对待其他人那样友好。"它描述了几种受保护特征中每一种的具体情况。这意味着,禁止以某个群体类型(比如,他们是男性或属于某个特定种族)为依据,给予某人比其他人差的待遇。接着,该法又对间接歧视做了定义:"A将一项条款、标准或惯例用于B,而它们对于B受保护的特征来说是具有歧视性的。"

美国也有类似的法律,"差别待遇"是指,某人因为受保护特征,被故意以一种不及对其他人那么友好的方式对待;而"差别影响"是指,有些做法看起来平等对待不同的群体,但对某些群体造成的影响比对其他群体造成的影响更大。

受保护特征在每个国家的情况略有不同,包括年龄、已婚或同居、怀孕或休产假、残疾、变性、种族(包括肤色、国籍、民族或原始国籍)、宗教、信仰、性别,以及性取向等。法律的基本要求是,受保护的特征必须被视为暗数据;它们不得影响你的决定。那么,让我们来看看受到这项法律影响的几个领域。

信用记分卡是一种统计模型,它产生的分数显示了申请人出现贷款违约的可能性。这些模型是使用过往数据来构建的,这些数据描述了样本客户的情况以及他们是否违约。与过去违约的客户具有相似特征的人,可能会被认为具有更高的风险。那么,很显然,在设计这样的记分卡时,我们希望尽可能精确。例如,如果记分卡估测有10%的具有特定特征值的申请者会违约,那么实际上有大约10%的人会违约。如果80%的具有特定特征值的申请者都违约了,那么对我们的商业运作来讲,影响将是灾难性的。

为了使记分卡尽可能准确，明智的做法是使用我们能使用的所有信息，不要忽略可能会有帮助的信息。此时，读者可能已经发现了问题。为了获得更高的准确性，最好把一些受保护特征（比如前面列出的那些）也包括进来。但出于正当的理由，法律阻止我们这么做。它规定，我们的决策过程不得包括这些内容。

我们显然有办法绕过这个限制。如果我们不能在记分卡中记录年龄，那么我们可以用某项与年龄高度相关的内容来替代。但立法者对于这种让受保护特征从后门悄悄溜进来的做法是非常清楚的。美国国会一份关于信用评分的报告称："专门针对此项研究的模型估测结果表明……某些信用特征，在某种程度上是年龄的有限替代物。"报告指出，"这种有限替代物的后果是：与信用特征未部分替代年龄的情况相比，老年人的信用分数略低，而年轻人的信用分数略高"。[14]

为了防止这种对受保护特征的暗中使用，以及禁止使用这些特征本身，监管机构还可以禁止使用与其相关的变量。但不幸的是，这一解决方案存在两个问题。

第一，正如美国国会报告所说："分析表明，通过从模型中删除这些（与年龄相关的）信用特征来减轻这种影响，是要付出代价的，因为这些信用特征具有很强的预测能力，超过了它们作为年龄替代物的作用。"这意味着，从记分卡中删除这些相关特征可能会牺牲合法的有用信息。

第二，事实在于，至少就人类而言，大多数事情在某种程度上都是相关的。我们很容易丢掉所有预测信息，最终得到一个记分卡，这个记分卡对所有人的分类都一样，要么都是"高风险"，要么都是"低风险"。

还有更重要的一点，如果我们能够从模型中删除性别以及与之相关的所有特征，那么，对男性和女性的预测将是公平的，这种公平的含义是，所使用的特征相同的男性和女性，将得到相同的分数。现在的事实是，一般来说，女性的风险比男性低：在其他条件相同的情况下，她们违约的可能性更小。这意味着，强迫数据记录相同的男性和女性获得相同的分数，其结果将不公平地惩罚女性，因为这高估了她们违约的可能性，同时也将不公平地奖励男性，因为低估了他们违约的可能性。概率估测将反映在支付的保费中。你可能很难认同这种公平。

这完全归结于你所说的"公平"的准确含义。

美国一项研究表明，男性的平均信用评分为 630 分，而女性为 621 分，满分为 850 分。这一差异至少可以在一定程度上解释为两个分组之间的差异，比如男性拥有较高的平均工资，因为收入是计算得分的因素之一。个人理财公司 Credit Sesame 的首席战略官斯图·兰吉尔在评论这个研究时说道："研究显示，男性和女性的信用评分没有太大的差异，从某种程度上说，这是个好消息，但感觉没那么公平。"

信用评分并不是出现这种形式的暗数据的唯一领域。保险业与信用评分有着相同的结构，其目的是建立一个统计模型来预测一个事件（死亡、生病、车祸等等）的发生概率。不同于信用评分，欧盟的保险预测直到不久之前还可以采用任何你喜欢的数据，以使你尽可能做出最好的预测。但是，正如我们在本章开头看到的，2004 年，欧盟出台了《性别指令》，反对基于性别的歧视。该指令称，欧盟保险公司在确定保险费时，不得将性别因素纳入其中。该指令认为，性别要被视为暗数据，使其与信用评分保持一致。

然而，欧盟《性别指令》有一个选择退出条款。它允许"性别在基于相关的准确精算和统计数据的风险评估中起决定性作用时，个人保费和福利方面出现符合相应比例的差异"。因此，统计模型中其他所有特征相同的男性和女性，如果数据显示他们有不同的风险，那么他们可以被收取不同的保费。

这一切都很好，它采纳了我们前面提到的一种关于"公平"的观点。但是，2008年，比利时宪法法院收到一起诉讼，声称退出选择权不符合男女平等待遇的原则。法律程序缓慢进展，最后，2011年3月，欧洲法院判决，从2012年12月21日起，退出选择被视为无效。因此，即使数据显示在其他方面特征相同的男性和女性有不同的风险，但基于性别差异的保费仍是违法的。从那时起，性别必须被视为暗数据。

例如，在汽车保险费的案例中，女性以前支付的保费较低，因为数据显示她们发生事故的可能性较小。但在法律变化之后，这种差异不再被允许。英国《每日电讯报》2013年1月21日刊登的一份表格阐述了这种影响。[15] 变化之前，男性（风险较高的群体）的平均保费为658英镑，变化后变成619英镑。相比之下，女性的平均保费在变化前为488英镑，变化后则增至529英镑。在17~18岁这一风险最大的群体中，男性的保费从2 298英镑降至2 191英镑，而女性的保费则从1 307英镑涨到1 965英镑。

新的保费规则意味着，风险较高的群体（男性）将发现购买保险更容易了，因此更有可能开车上路；而风险较低的群体（女性）则更不愿意开车上路了。这对社会几乎没有好处！同样，这种情况依赖于对"公平"的特定解释。

一般来说，保险费是基于对某些不利事件发生风险的估测而产生的，例如，某人会出车祸或患病，并提出保险索赔。这些风险是基于过去的数据来估测的。以健康为例，人们根据自身特征（年龄、性别、体重指数、既往病史等）被分成不同的组，数据将显示，在具有同一特征的组别中，有多大比例的人会患病。这个比例又可以被用来估测与特定群体具有相同特征的个人在未来患病的概率。这个概率将被用于决定每个人应该支付的保费，该组中所有这样的人都支付相同的保费，因为他们被视为具有相同的患病风险。精算师的工作就是做这样的计算。

但是现在，让我们随着时间的推移来考察这组人。这组的成员会以不同的方式变化。有些人体重增加，有些人会戒烟，还有一些人会停止支付保费而退出，等等。这一组中每一位成员患病的风险都将改变，并且会以不同的方式改变。相对于这一组的平均风险来说，有些人患病的风险降低，同时，其他人患病的可能性增加。有些人不太可能提出保险索赔，其他人则会更有提出索赔的可能。

那些患病可能性较小的人将会注意到，他们的健康状况意味着他们可以换一家保险公司，从而降低保费。结果是风险更大的人留下来支付原始保费。逐渐累积的数据向保险公司显示，风险较高的人支付的总保费有可能不足以支付索赔费用。因此保费上涨。然后，循环不断重复，形成所谓的成本不断增加的保险"死亡螺旋"。还记得乔治·阿克洛夫的柠檬市场吗？

这里最基本的一点是，保险是建立在平均数之上的。最初分组中的每一个人都被认为具有相同的风险，即使他们实际上具有不同的风险。一视同仁地看待他们，本质上就是把他们与平均数的偏差视为暗数据（第9种暗数据：数据汇总）。

用平均数来替代数据，是通过汇总或合计来隐藏数据的一个例子，这不是假设的或理论上的现象。让我们来看看美国平价医疗法案，它是在2010年被签署成为法律的医疗计划，通常被称为"奥巴马医改"。

该计划中的一个条款，所谓的个人授权，要求除了某些特殊情况，大多数美国人都应购买医疗保险，否则将受到罚款。这意味着健康的人，即患病并需要昂贵医疗的风险很低的人，也被包括在内。这反过来意味着，平均来说，被保险人的集体风险更低，因此保费可能更低。然而，2017年的一项参议院法案取消了这项授权，这样人们就不会被强制购买医疗保险（至少从2019年开始，所有这些立法方面的变化，都是在法案通过之后生效的，前提是在此期间没有被修改！）。因此，我们可以预期，低风险个体的退出率将会不成比例地高于高风险个体，平均而言，会产生更多的医疗资源需求，从而产生更多费用。而这反过来又意味着更高的保险费。事实上，美国国会预算办公室预测，取消个人授权将导致，到2027年，1 300万人决定不参保，这将导致保费每年上涨10%。并非所有人都同意这项估算：标准普尔预测，10年内不参加医疗保险的人数较低，在300万~500万之间。不管怎样，这看起来都不是很乐观。

还有很多其他的问题。其中之一是，美国的保险公司可能会选择不参加该计划。这是逆向选择的另一个可能的来源，会影响数据以及整个保险体系。就在撰写本书时，情况还在不断变化，看看它们最终进展如何是一件很有趣的事。

在这一章中，我们看到了规则体系中模糊和被疏忽的地方是如何被利用的，被观测的数据自身是如何影响数据生成过程的，信息不对称是如何使一个人获得相对于其他人的优势的，以及暗数据的这些方面是如何影响算法的。更糟糕的是，暗数据的这些方面可以共同起作用，就像保险业"死亡螺旋"显示的那样。但是，操纵规则是一回事，故意捏造数据是另一回事。这正是我们在下一章探讨的问题。

# 第 6 章 故意的暗数据：欺诈与欺骗

## 欺诈

有些骗子很出名，维克托·卢斯蒂格就是其中一个。虽然他和埃菲尔铁塔没什么关系，但这不妨碍他把埃菲尔铁塔卖掉。1925年，他找来一群做废旧金属生意的经销商，对他们说，埃菲尔铁塔的维护费太高了，因此，巴黎市决定把铁塔当废铁卖掉。这么说也不是没道理，因为铁塔是为1889年巴黎博览会建造的，最初的想法只是建造一个临时建筑。卢斯蒂格解释：铁塔的出售自然会引起某种程度上的公众抗议，因此，在交易结束之前，保密工作非常重要。卢斯蒂格伪造文件，声称自己是邮电部副总干事，并且带着这些经销商去参观铁塔，同时向他们展开招标。通过这次接触，卢斯蒂格从中锁定一个目标，安德烈·波伊松。卢斯蒂格约他私下会面。会面时，卢斯蒂格故意给波伊松造成一个印象，他可以通过收取贿赂，同意波伊松的竞标。之后，揣着波伊松给的贿赂和交易款，卢斯蒂格迅速逃往奥地利。此人因此获得"卖掉埃菲尔铁塔的人"的名号。

这个真实的故事是一个层层展开欺骗的杰作，在此过程中，真实状态得以隐瞒（第 13 种暗数据：故意屏蔽的数据）。然而，事后波伊松感到非常尴尬，不愿告诉人们自己落入诡计，因此保持缄默，又给这个故事增加了一个层面。

卢斯蒂格还做了一件广为人知的事。据说，钞票打印机是一台可以打印 100 美元钞票的机器。卢斯蒂格现场操作这台打印机，非常缓慢地打印出两张钞票，从而说服了潜在的购买者。不幸的是，等到这些购买者发现那些 100 美元钞票其实是被慢慢拉出来的真钞票时，卢斯蒂格早已带着他卖出这台打印机赚到的 30 000 美元远走高飞。受害人也很难向警方报案、陈述自己因为购买印制假钞的机器而被骗的事实。这再次涉及层层欺骗，每一层都隐藏着真相。

卢斯蒂格的诡计说明，欺诈的关键在于隐瞒关于真实情况的信息：隐藏数据。但这种欺诈的产生也往往是因为人类思维倾向于仓促地进行判断，而不是不辞劳苦地权衡证据和仔细审视数据。诺贝尔奖得主丹尼尔·卡尼曼深入研究了这种思维倾向，并在他的畅销书《思考，快与慢》中进行了阐述。他区分了两种不同的思维模式，将其称为系统 1 和系统 2。系统 1 速度快，属于本能反应，随着情绪的变化而变化。系统 2 是慢思维、小心谨慎，有逻辑性。系统 1 使我们能够对世界上不断变化的事物给予快速响应，迅速做出判断，而且我们希望判断是正确的。但是，这种仓促的判断可能是错误的，而且容易受到各种潜意识偏差的影响，这些偏差我们在第 2 章中提到过。相比之下，系统 2 关注证据和事实的平衡，只有在小心权衡正面证据和反面证据之后，才会得出结论。系统 2 会考虑这种可能性：数据可能并非它表面显示的那样，它可能会遗漏某些东西。

《新牛津英语词典》对欺诈的正式定义为：通过不道德的或犯罪性的欺骗，以谋求财产或人身方面的利益。虽然欺诈行为通常的目标在于经济利益，但也可能是其他方面，如权力、名誉或者恐怖主义袭击。不幸的是，欺诈可以出现在所有人类活动中。正如我们将看到的，欺诈会出现在欺诈性信用卡购物、金融市场内幕交易等金融交易中。欺诈会出现在造假活动中，比如，在艺术品，纸币，医药、手包、服装等消费品，以及其他很多领域，造假活动的目标是隐藏事物的真实性质，误导我们，让我们相信赝品是真货。欺诈会出现在互联网上，以剽窃的方式出现在文学作品中。欺诈会出现在选举中，目的是隐瞒真实的选举结果，以便夺取或保持权力。正如我们将在第7章讨论的那样，欺诈甚至会在科学领域出现，其中的潜在动机可能是提高声誉，或者纯粹为了获得信心：你是对的，即便很难找到支持这种信念的真实数据。

韦罗妮克·范弗拉斯勒和她的同事在对一个社会保险欺诈检测工具的概述中，给出了欺诈的另一种定义，将其描述为"不常见的、考虑周全的、随时间而进化的、精心组织的、隐藏于无形的犯罪"。[1]最后一个特征——"隐藏"再次突出了欺诈的暗数据性质：欺诈者试图掩盖他们的行迹，至少在一段时间内是这样的。巴特·贝森斯和他的合著者也在其著作《欺诈分析》一书中对此进行了评论，他们说："欺诈者倾向于尽可能地融入周围环境。这种方法让我们想到军事上或者变色龙、竹节虫等动物所采用的伪装技术。"[2]因此，这并非人类特有的行为。事实上，看起来它在动物的世界里相当普遍，从贝森斯提到的昆虫，到长着条纹的老虎，再到伪装蟹（利用周围环境中的材料伪装自己，这种策略也被雀类采用）。还有些动物采取相反的策略，把自己藏在众目睽睽之下。例如，极度危险的珊瑚蛇的环纹被无毒的王蛇模仿。

欺诈现在被认为是最常见的犯罪类型。《英格兰和威尔士的犯罪状况：截至2017年6月》报告："最新的英格兰和威尔士犯罪调查估测，截至2017年6月的一年里，共有580万起犯罪事件……然而，这个总体估计还不包括欺诈和计算机滥用犯罪，如果加上欺诈和计算机滥用犯罪，截至2017年6月的一年里，估计会有1 080万起犯罪事件。"[3] 欺诈和计算机滥用犯罪的数量，与所有其他犯罪之和差不多相同。2007年，（已侦破）电子商务欺诈的成本为1.78亿英镑，但这个数额在2016年飙升至3.08亿。2009年，我和我当时的博士研究生戈登·布伦特对英国各类欺诈犯罪总额的估计进行了元分析，结果发现，这些估计的金额在70亿~700亿英镑之间，具体取决于对欺诈的准确定义。[4]

网络是一个全球范围的系统，显然，并非只有英国经历了欺诈犯罪率的上升。美国联邦贸易委员会的报告《消费者保护网络数据手册》描述了2001—2014年美国欺诈投诉数量的增长情况。[5] 趋势如图5所示，情况不言而喻。

在欺诈活动中，暗数据有两个互相补充的层面。当骗子想向你隐瞒身份以及你面临的真实情况时（想想卢斯蒂格和他的废金属经销商），你同时也希望将自己的某些数据（比如你的密码）对其他人保密，以防被骗。本章从诸多容易发生欺诈的领域中选取几个，探讨第一个层面，第二个层面将在第9章探讨。

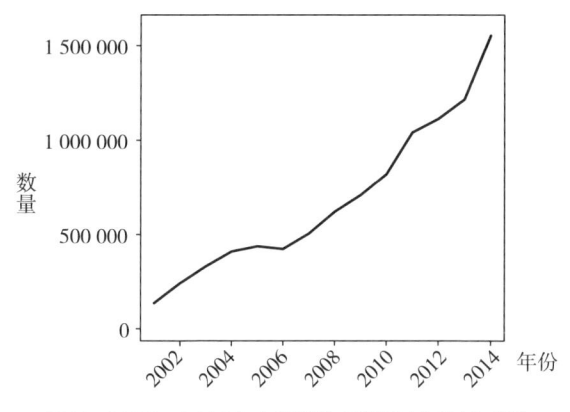

图 5　2001—2014 年有关欺诈的消费者投诉案件数

## 身份盗用与网络诈骗

1993 年，彼得·斯坦纳的一幅著名漫画在《纽约客》上发表，随后被世界各地的报刊广泛转载。漫画中有两条狗坐在一台电脑前。一条狗对另一条狗说："在互联网上，没有人知道你是一条狗。"事实是，互联网使得隐藏身份非常方便，这也为引发欺诈提供了各种可能性。而且，它大大方便了对他人身份信息的欺诈性使用——身份盗用。

网络使获取个人信息变得非常容易，骗子们可以借此假装成他人，但这种欺骗并不是从网络开始的。事实上，身份盗用一词最早出现在 20 世纪 60 年代。在网络出现之前，获取个人信息的方法不仅有打电话（这是互联网发展之前最常用的渠道），还有"垃圾桶寻宝"——从你的垃圾中寻找废弃文件，比如旧票据、工资单上面的可识别信息。而且，这些早期的方法并没有因为网络的出现就不再被使用。电话诈骗仍然很普遍，通常骗子会给人们打电话，骗他们拨打一个假的银行电话号码，然后让他们在毫无防备的状态下说出自己的银行卡密码以及其他身份信息。

更早的一种身份盗用手法被称为"豺狼的日子"，这种伎俩就像弗雷德里克·福赛斯的同名畅销书里提到的那样。具体方法就是，先获得某个死者的出生证明，然后用这个文件去申请其他身份文件，比如护照等。很明显，在这种情况下，身份被盗的人不会受到影响，而骗子也能自由地使用这个身份达到其他罪恶目的。运用这种伎俩，39岁的杰拉尔德·达菲盗用了安德鲁·拉平的身份，后者于1972年死于一次道路交通事故，那时他只有3岁。达菲使用这个假身份开了银行账户并申领了信用卡。

在一个更离奇的案例中，新西兰国会议员兼律师戴维·加勒特首先获得了一个死亡儿童的出生证明，然后用它申请了护照。他声称，盗用这个名字，是读了福赛斯的书之后的一个恶作剧，他只是想看看这种方法是否管用。

顶替某个已经死亡的人，甚至可能是亲手杀害的，看起来是互联网出现之前盗取身份信息的常见手段。（因此，也许我们应该感谢网络，因为它使身份盗取者不用再杀人了！）

儿童身份盗用尤其成问题，因为有可能在很长时间内无法被发现，可能直到孩子长大才会露馅。《纽约时报》报道过加布里埃尔·希门尼斯的案子。[6]加布里埃尔11岁的时候，他妈妈为他的儿童模特工作填写税单，结果发现他已经缴过税了。经查证，一个非法移民盗用了他的社保号码。反过来看，隐藏身份信息也可以用来诱骗毫无戒心的儿童受害者。

标枪策略研究公司 2017 年的一项研究揭示了身份欺诈的泛滥程度，该研究发现：2016 年，6% 的美国消费者成为身份欺诈的受害者，总人数大约为 1 500 万。[7] 保险信息研究所提供了一张美国各州身份盗用情况的表格。[8] 2016 年身份盗用案最多的三个州是密歇根州（每 10 万人中有 176 人报案）、佛罗里达州（167 人）、特拉华州（156 人）。每 10 万人中报案最少的州是夏威夷州，只有 55 人报案。

每年都会有关于身份诈骗的新报道出现。数据之盾网站报道了 5 起"史上最严重的身份盗用案"。[9] 当然，一起身份盗用案是否达到"史上最严重"的标准，取决于标准是什么，但是，不管你如何看待，这些案件都是令人恐慌的。比如菲利普·卡明斯案件。菲利普·卡明斯从前雇主那里盗取了 33 000 个登录名和密码，并把它们卖给犯罪分子，后者利用这些信息偷了 5 000 万~1 亿美元。还有马尔科姆·伯德案件。马尔科姆·伯德因持有可卡因而被捕入狱，直到后来警察才搞清楚，他的名字被犯罪分子盗用了。

身份盗用的本质是隐瞒自己的身份，采用其他人的身份，通常尽可能地远离当事人，也许从来没有在生活中遇到过当事人。但是，也有特例。2018 年 3 月 4 日的《星期日泰晤士报》报道，Zoosk 约会网站登出了马丁的照片和个人简介，他是个微笑着的丹麦裔美国男子，灰色头发，58 岁，丧偶。马丁是个有吸引力的男人，深受求偶女性喜爱。然而，奇怪的是，马丁与一个叫克里斯蒂安的人长得极为相似，此人是一名离婚人士，在单身精英网站上发布了简介和照片。同样相似的人还有塞巴斯蒂安，他出现在 Facebook 上。但事实证明，这种相似根本不奇怪。这些照片都属于同一个人，46 岁的史蒂夫·巴斯廷。史蒂夫有着幸福的婚姻，而且从未登录过这些网站。有人花了相当大的力气整理了他的照片和生活经历。我认为，这比从拼凑的细节中编造一个没有漏洞的故事简单多了。至少有一段时间，好几名女子落入这个诡计。不幸的是，这样的骗局并不罕见。报纸上经常会报道有人（通常是女人）陷入这种骗局。她们常常会给骗子一大笔钱，帮他们支付虚构的手术费用，或者帮他们在取得遗产、完成一笔想象的商业交易之前渡过难关。

你可以把身份诈骗理解成获取并使用你希望保密的个人信息，即应当成为暗数据的数据，至少对于除了你自己和你正在使用的服务的所有人，都应当是暗数据。当这些暗数据变得可见时（也许是因为它们被窃取了），身份盗用等问题就出现了。因此，暗数据并非本质上就是坏的。在第9章，我们将探讨能够加强你想保密的数据的安全性的方法。你可能已经成为身份盗用受害者的迹象还包括：你未订购的商品或服务的信用卡向你收取费用；你并没有申请，却收到了信用卡；被告知你的信用积分经过检查；发现账户上的钱不见了等更加明显的迹象。

如今，银行和其他金融机构拥有侦测可疑交易的高效手段。但是，它们也不可能是完美无缺的，人的因素仍然存在。我的一个同事确信他的新梅赛德斯－奔驰汽车不会丢。它具备所有最先进的防盗技术，包括电子安全锁、摄像头、GPS跟踪发射器。但是，如果他在上车过程中被劫持，那么这些都帮不了他。

在这些案例中，我特意将重点集中在身份盗用上，但是网络诈骗的形态和方式千奇百怪，它们都以某种形式的信息隐藏为基础。有一种形式，你很可能遇到过，那就是预付费诈骗。

预付费诈骗是这样一种骗局。受害人收到电子邮件，邮件承诺给其一笔巨款,以此作为帮助完成某一笔交易的回报。为完成交易,受害人需要支付一些费用,来承担邮寄或交易费等初始成本。之后,通常会有后续费用需要支付,如此进行下去,直到受害人开始怀疑这是个骗局。这种诈骗中最著名的就是尼日利亚 419 诈骗,这个名字来自《尼日利亚刑法典》的一部分。通常,受害人会收到电子邮件,要求他们帮助转移一笔来自某个非洲国家的巨款。关于这个骗局造成的全球损失,各种估计不尽相同,但最高达到 30 亿美元,所有这些骗局的基础都是隐藏和歪曲信息。

## 个人财务诈骗

我曾做过诈骗侦查方面的研究,尤其是在金融领域。在一次银行家会议上,当我发表完关于信用卡诈骗侦查方法的讲话后,一位资深银行家走到我跟前说:"我的银行不存在任何欺诈。"事后我思考了一下他的这番话,对他的断言我能想到的最宽容的解释就是他在开玩笑。但他也有可能是在故意打官腔,并非真的希望他的话被当真。毕竟,如果人们都知道这家银行遭遇了欺诈(也许是很严重的欺诈),这家银行的声誉就会受损。至少对他来说,这是一个对欺诈保持沉默的好理由,但对他的客户而言就不是这样了。也就是说,这是一个隐藏数据的好理由。当然,对于他的断言,还有第三种解释(这种解释也许更麻烦):他并没有意识到他的银行里存在诈骗。或许他真诚地相信不存在诈骗,这意味着,至少对于他来说,数据真的是被隐藏的,如果是这样,情况就很令人担忧了。事实是,所有银行都遭受过欺诈或者差点儿遭受欺诈。

阿尔然·鲁里克关于金融诈骗的定义，很好地抓住了暗数据在金融领域发挥的关键作用："金融市场参与者，以违背任何法律判例规则或法律（无论是监管规则、成文法、民法还是刑法）的方式，通过故意或者轻率地向他人提供错误、不完整或人为操纵的有关金融商品、服务或投资机会的信息，误传或误导市场上其他参与者的行为和言论。"[10] 尽管鲁里克主要是在讨论金融市场，但"误传""误导""错误""不完整"等词语都是暗数据的特征。

不同类型金融欺诈的范围仅仅受限于骗子们违法犯罪的想象力，但是它们的基础都是通过隐瞒事情的真相来误导人。想搞明白这些不同的类型是怎么出现的，就让我们看看与信用卡、贷记卡等塑料卡片相关的诈骗吧。

塑料卡片支付技术一直在不断更新。早年间，需要复印卡片的信息，并附上物理签名。这种做法后来被新工艺取代，用户信息被编码后写入卡片上的磁条。大概在10年之前，欧洲改为使用嵌入卡片的芯片，同时客户只需记住个人识别码即可。不久之后，美国也做了这样的改变。就在不久前，小额交易引入了所谓的非接触式支付。这项技术使用无线射频识别或者近场通信技术，用户只需将他们的卡或者其他设备（比如智能手机）与读卡器轻轻接触，即可完成支付。由于支付时不需要证明使用银行卡的就是该卡的实际主人，所以银行卡被盗就意味着钱（尽管是小金额）会被盗刷，直到卡片功能被停止（此类交易的次数是有限的，超过上限就需要输入个人识别密码，即PIN码）。

信用卡号码和PIN码就是你希望保密的、仅仅出示给你所选择的人或机器的数据，这也是小偷觊觎的数据。小偷不需要偷走卡片，只要偷走卡片上的信息或者用卡片进行交易时使用的信息就够了。小偷使用各种技术（比如盗刷器，这是一种安装在真实的支付终端上的读卡器，可以获取使用这个终端的所有人的数据）和手段（比如，诱骗人们泄露 PIN 码）来获取这些信息。懂得这些伎俩可以让你掌握一些方法，降低成为他们猎物的概率。这些方法包括一些标准策略，比如，在输入 PIN 码的时候不要让任何人看到，不要让任何人将你的卡片拿到你的视线以外。

信用卡欺诈有很多类型，随着新的防盗技术投入应用，每种类型的重要性都随着时间推移而改变。基本问题在于，侦查和防范欺诈的新方法能够阻止一些人行骗，但是无法威慑所有犯罪分子，尤其是那些有组织的犯罪者。这意味着，引入防范一种欺诈活动的工具，会导致其他欺诈活动的增长。这种"水床效应"（降低一个地方的犯罪，导致该罪行在其他地方增加）在 PIN 码技术被引入英国但未被引入欧洲其他地方时毫无疑问地发生了。英国引入该技术的结果是，盗取卡片信息引发的犯罪在英国减少了，在法国却多了起来，因为卡片的细节信息被卖到了法国。

最常见的欺诈方式是"无卡交易"。顾名思义，这是一种远程操作交易，通过互联网、手机或者邮购等方式进行，信用卡和卡片持有人不需要在线下出现。此类交易的风险更高，这就解释了为什么当你想把网购的商品寄到新地址时，会启动增强版的安全程序。它们是卖家为了克服交易对象的不可见性而做出的尝试。

然而，不管技术多么先进，欺诈活动都无法被完全消除。你可能收到过来自自称海外朋友或同事的电子邮件，对方说他的钱和文件被偷了，需要你提供现金帮助他回家。或者你可能曾经是钓鱼网站的受害者，一封看起来值得信任的电子邮件企图诱骗受害人登录一个看起来和人们熟悉的银行或信用卡网站一模一样的虚假网站，从而诱使人们泄露信用卡信息。但是，骗子和那些试图阻止他们的人之间就像在进行军备大战，随着时间的推移，双方的装备都越来越先进。的确，不久以前，你还能通过差劲的拼写和错误的语法，辨认出很多网络钓鱼的电子邮件，但是现在，骗子似乎都学会拼写了。（尽管有人对我说，低水平的拼写是故意的，因为能被这种半文盲的信息欺骗的人，也更容易被偷窃。我个人认为，这太高看那些骗子了。）

每一波科技浪潮都试图既提高用户的便利性，又提高他们的安全性，但有时这两个方面很难兼顾。比如，从磁条向嵌入式芯片的过渡，轻微延长了交易时间，有时候会让一些赶时间的顾客感到不耐烦。如果一项服务过于烦琐，潜在客户就会离开。这个障碍适用于好几个层面。密码、双键识别、生物特征识别（如指纹、虹膜以及语音识别）等，都是防止骗子获取账户详细信息、确保数据安全性的方法。但它们都不可避免地增加了使用账户的负担。存取资金的首要障碍是，如果侦测到可疑的欺诈，账户持有人必须接受电话询问，回答他或她是否进行了可疑交易等问题。的确，知道你的银行一直在警惕地保护着你，会让你感到安心。但是，如果收到太多这样的电话，你就会感到不耐烦。

## 金融市场欺诈与内幕交易

2011年，加纳金融交易员奎库·阿多博利在瑞士银行英国办事处的全球综合股票交易团队工作时，进行了账外交易。他累计损失了大约23亿美元，这是英国历史上最大的未授权交易损失。20世纪90年代，时任住友公司首席铜交易员滨中泰男进行了未经授权的交易，导致公司损失26亿美元。不幸的是，历史上还出现过更大的损失，尽管这些并非全部是由暗数据和犯罪造成的。21世纪初，霍华德·胡布勒在美国进行的合法但有风险的次级抵押贷款交易，导致摩根士丹利损失约90亿美元。有时候事情会变得糟糕，这是机遇和风险的固有属性——哈布勒确实隐瞒了信息，并告诉同事金融仓位非常安全，从而误导了他们。

虽然有一些无赖交易员一开始想的就是欺诈，但似乎大多数人并非如此。受组织文化驱使，他们希望赚取尽可能多的利润，因此一开始可能只是进行超越授权限制的交易。之后，当他们开始亏钱的时候，他们不但不承认失误并及时平仓止损，而且会加仓，试图扭亏为盈，同时希望不会有人发现他们的越权交易。风险逐步累积，情况可能加速恶化，这会给他们造成更多压力，使他们更加肆无忌惮地进行欺诈性交易活动。从那时开始，一切便不可挽回了。尼克·利森的活动是一个典型例子，他的无赖交易活动造成了10亿美元损失，只身一人搞垮了具有200年历史的英国投资银行巴林银行。

动辄数十亿美元的案例，可能会使你对这些数字的量级失去敏感性，这让我们想起那句幽默的话（这句话常被误认为是伊利诺伊州参议员埃弗里特·德克森所说），其大意是"这里10亿美元，那里10亿美元，说得跟真的一样"。因此，就让我们拿10亿美元来看看它到底意味着什么。根据美国人口普查局的数据，2016年美国个人年收入的中位数是31 099美元。因此，摩根士丹利损失的90亿美元，相当于近30万人的年收入。

内幕交易一词指的是，在证券交易所的金融证券交易中，使用机密信息获取不公平的优势。"机密"的意思是信息尚未对公众公开，因此它是暗数据。它也属于不对称的信息（第12种暗数据：信息不对称）。这种情况下，正如我们在第5章讨论的那样，交易的一方知道某些信息，而另一方不知道。

正如你想象的那样，内幕交易很难被发现。诀窍是查找非常规的行为模式，比如，在公开通告发出之前，大量进行对时机把握得过于完美的交易。

最著名的内幕交易丑闻之一的主角是美国交易员伊万·博斯基。1975年，伊万·博斯基成立了伊万·博斯基公司，专门从事公司收购的投机活动。他的事业取得了极大的成功，10年间赚了大约2亿美元，还被《时代周刊》杂志选为封面人物。但是，当博斯基成功地预测20世纪80年代的大部分重大交易时，美国证券交易委员会盯上了他。博斯基在交易中对时机的把握极为准确，买入股票的时点经常正好是收购行为带来的股价爆发之前。后来证明，他能够做到这些，并非因为他具有预知能力或者掌握一些超级算法，而是因为他付钱给投资银行的员工，以获取即将发生的公司并购信息。博斯基因为从本来应当保密的数据中获利而被罚款1亿美元并且锒铛入狱。很明显，电影《华尔街》中戈登·盖柯（著名的"贪婪是善"演讲就出自他）这个角色，身上就有他的影子。

并非所有内幕交易欺诈涉及的金额都像博斯基内幕交易事件那么庞大。澳大利亚人勒内·里夫金购买5万股澳洲航空公司股份的决定，基于他与脉冲航空公司董事长格里·麦高恩的一次秘密谈话，在那次谈话中，他得知澳洲航空公司将与脉冲航空公司合并。但是里夫金最终只获得 2 665 美元的收益。当然，即使没能从欺诈中赚到数百万美元，也不能减轻处罚，他后来因为内幕交易罪获刑，入狱 9 个月。他于 2005 年自杀。后续调查发现，尽管里夫金属于被禁止交易人员，但他一直秘密地进行交易。

我刚才讲述的这些罪行，都发生在所谓的大数据时代和数据科学革命之前，因此，监管当局经常不得不对各种可疑行为保持警觉，这些可疑行为来自告发者、其他监管机构或金融交易所等的揭发。但是，当我们进入大数据时代之后，现代机器学习和人工智能算法在捕捉异常行为和发现隐秘活动方面展现了极其宝贵的价值。2010 年，美国证券交易委员会成立了分析和检测中心，其任务是通过分析数十亿条交易记录，以发现异常交易行为。

该中心的活动引起了很多控诉。比如，基于中心的工作，2015 年 9 月，美国证券交易委员会指控两名律师和一名会计师购买新泽西州 Pharmasset 制药公司的股票，是因为之前收到该公司董事会成员提供的机密信息，知道董事会正在协商出售该公司。这三个人和另外两人同意支付近 50 万美元以和解指控。[11]

内幕交易取决于是否知道某些别人不知道的信息。这种信息不对称更常见的表现是做假账。通过隐瞒数据和发布虚假账目信息来隐藏公司的真实状态，可能是暗数据在财务欺诈领域的最普遍形式。它可能是关于某项投资或潜在投资真实情况的虚假信息，可能是为了误导投资人或监管部门而对不正当交易进行的掩盖，可能是关于收入或利润的虚假信息或者其他谎言。

不幸的是，这样的例子有很多。一个著名的案例就是安然事件，它是有史以来最大的公司破产案之一。事情发生在 2001 年。( 事实上，在世界通信公司于次年崩溃之前，安然事件是最大的公司破产案。）1985年，休斯敦天然气公司与北方内陆天然气公司合并，成立安然公司，休斯敦天然气公司首席执行官肯尼斯·莱出任安然公司的首席执行官。安然公司由此成为世界上最大的能源、通信、纸浆和纸业公司，收入超过1 000亿美元。公司的复杂情况使得首席运营官杰弗里·斯基林和首席财务官安德鲁·法斯托能够利用会计漏洞专门成立公司来隔离安然公司的财务风险，通过这种方式向董事会隐瞒了数十亿美元的债务。但是在2001年，《财富》杂志的一篇文章提出，人们搞不清楚安然公司是怎么获得收入的，并且也不明白安然公司如何证明其股票价格可以达到收入的55倍。一些其他的担忧也逐渐浮出水面。在一次电话会议上，斯基林冒犯了一名新闻记者，使事态恶化。斯基林辞职了，他一开始声称是出于个人原因，但是后来承认他的举动是由公司股价下跌50%所致。

2001年8月15日，安然公司发展事务部副总裁谢伦·沃特金斯写了一封匿名信，信中警告肯尼斯·莱，称公司的会计操作很可疑。信中写道："我非常担心公司会在财务丑闻中突然坍塌。"事后证明，这封信很有预见性。安然公司继续苦苦挣扎，但是媒体的攻击和对公司业务不透明的担忧，对投资人的信心造成了打击。安然公司的股票价格从2000年年中的90.75美元，跌至2001年11月的1美元（引发了来自股东的400亿美元诉讼）。最终，在莱的苦苦挣扎之后，安然公司的信用评级降到了垃圾等级，只能申请破产。

也许有人希望，类似事件可以导致加强监管，使隐藏公司运行状况不像之前那么容易。令人遗憾的是，事实看起来并非如此。《经济学人》2014年的一篇文章警示道："如果财务丑闻不再像2001—2002

年安然公司和世界通信公司倒闭时那样占据新闻头条，那么不是因为它们消失了，而是因为它们变得司空见惯了。"[12]文章还列举了其他几个案例：西班牙班基亚银行2011年上市时误报其财务状况；日本奥林巴斯公司隐瞒了数十亿美元的损失；殖民银行在2008年遭遇失败；印度萨蒂扬软件技术有限公司伪造超过10亿美元的现金，等等。显然，这些活动在全世界普遍存在，而且它不可能只适用于巨型公司，并且欺诈金额达到数十亿美元。如果这种大事件都不能再像过去那样占据新闻头条，那么可想而知，程度较轻的事件已经泛滥到什么地步了。

## 保险诈骗

大部分人都和洗钱、公司欺诈等没有直接联系，但是有一个和所有人都相关的领域，也存在非常普遍的金融诈骗，这就是保险。就像罗马的双面门神雅努斯一样，保险诈骗有两种形式，一种是欺骗保险公司，另一种是欺骗保险公司的客户。二者都通过隐藏信息来实施，不同之处在于谁骗谁。二者都可能是蓄意谋划，也可能仅仅是投机取巧。有时，蓄谋型诈骗与投机型诈骗分别被称为"硬"诈骗与"软"诈骗。

客户可能上当的一种方式是为根本不存在的保单支付保费。客户可能直到申请保险赔付才会发现，并且保险理赔可能永远不会发生。在更高段位的骗局中，客户购买的保单可能来自根本不存在的公司。很明显，像这样的暗数据诈骗需要有组织地进行，不太可能是临时起意的投机取巧型诈骗。毋庸赘述，网络提供了掩盖这种操作真相的理想环境。

"重复交易"是另外一种从客户那里骗钱的基本手法,这种骗局需要精心的策划组织。这种情况下,会发生一系列不必要的或过度的交易和贸易,每一次交易都会被抽取佣金。在保险业,这可能涉及多重中介,每个中介都从中抽取佣金。孤立地看,每一笔交易都是无异议的,只有从全局来看,才会发现诈骗的真相。事实上,当网络操作的每个环节看起来都(实际上也是)合法的时候,发现欺诈的难度就会普遍变得更高。

一家大型消费银行曾经聘请我当顾问,让我帮助开发工具以检测抵押贷款申请方面的欺诈网络:如果多方联手密切协作操纵价格,发现正在进行的诈骗就很困难。(不过还是要警告大家,以防让大家受到诱惑:侦破骗局的现代数据挖掘工具变得日益尖端,欺诈行为被查出来是非常有可能的!)

另一种方式的欺诈,即客户企图从保险公司骗取赔付,可能更常见。通常,持保人会扭曲重要事实材料,比如先前的索赔历史、既有病史、汽车改装情况等,以求降低保费。一种常见的案例是给一处房产购买远高于其价值的保险,然后将其焚毁。很明显,这类诈骗需要提前进行一定的谋划。

一种更极端的例子是人们伪装自己或其他人死亡,以此骗取人寿保险赔偿。伊丽莎白·格林伍德写了一本关于这种诈骗的书,估计每年都会发生几百个这种案例。[13] 通常,策划这种事故的人会到某些国家旅游,在这些国家很容易获得虚假的死亡证明。比如,佛罗里达州杰克逊维尔的乔斯·兰提瓜尔为躲避财务困境,在委内瑞拉假装死亡,然后获得660万美元的人寿保险赔偿。[14] 他后来在北卡罗来纳州被捕，当时使用的是假名字。英国一对母子尝试了胃口稍小一些的方案。他们声称，在桑给巴尔度假时，母亲死于一场公路交通事故，以此要求获得14万英镑的人寿保险赔偿。[15]其实，这位母亲移居加拿大了。由于在外交和联邦事务部找不到她的死亡记录，因此保险公司调查员产生怀疑并抓住了她。

当然，伪造你自己的死亡有一个问题：你不得不真正消失。正如格林伍德所说，问题取决于你是否能离开你生活中的每一个人、每一件事，以及你能否获得一个新身份。

这类诈骗有一个比较温和的版本：人们因为食物中毒毁掉度假时光而提出索赔，而且数额可能不小。英国利物浦的保罗·罗伯茨和德博拉·布里顿，利用两次西班牙旅行，虚假索赔2万英镑。不幸的是，布里顿在社交媒体上这样描述他们的假期：两个星期的阳光、笑声、欢乐与泪水；在假期中遇到的所有朋友都那么可爱，他们让我们的假期绝妙无比……这是迄今为止我最喜欢的一次度假。说到这里，我忍不住要插一句，数据保密的关键是你自己不要说出来。社交媒体看起来是揭露这种骗局的强大工具，这也反映了那些企图进行诈骗的人或者至少是被抓住的那些人缺乏常识。（也许有些人更加老到，设法隐藏了个人信息。）而在当前这个案例中，罗伯茨和布里顿都进了监狱。

近些年，英国有一种精心策划的骗保方式引起了公众的注意。骗子谎称遭遇了车祸，受了伤，提出索赔，但事故是人为的，这就是碰瓷骗保。有时候，多名乘客，甚至是虚构的乘客，会提交意外伤害索赔。声称颈部损伤是比较普遍的方式，因为这很容易造假，平均赔付额度为1 500~3 000英镑。根据英杰华保险公司汤姆·加德纳的说法，

2005—2011年，公路交通事故的数量下降了30%，但是颈部损伤索赔案件数上升了65%，这必然会引起怀疑。[16]

假车祸的发生并不限于英国。为了破获这种欺诈案，1993年，新泽西州的欺诈调查人员设计了十几起假巴士事故，所有"乘客"实际上都是卧底。[17]这看起来可能有点儿荒唐，但是，其中一起"事故"的录像显示，在"事故"发生之后、警察赶来之前，有17个人跑进车里，准备谎称在事故中受伤。后续的探视和治疗等付费项目，其实根本没有进行过，这些使欺诈情况更加严重。总的来说，共有超过100项索赔被提出来。这个片段揭示了让人特别沮丧的深层次人性。

像这种和事故根本没关系的人提出投机取巧型索赔的情况，并不限于交通事故。据说，2005年"卡特里娜"飓风之后，价值约60亿美元的索赔都是欺诈性的。[18]2010年，英国石油公司"深水地平线"钻井平台（位于墨西哥湾）发生漏油事故，事故发生之后，超过100人因为向该公司提出欺诈性索赔而被捕入狱。《金融时报》报道："2013年，英国石油公司估测，每星期大约为欺诈性索赔支付1亿美元。"[19]

保险诈骗还有许多其他变种，以至2016年英国已经被侦破的不诚信保险索赔总金额高达13亿英镑，涉及12.5万起索赔案件，同时，还有同等数量的有欺诈嫌疑的索赔案件尚未被侦破。[20]根据美国联邦调查局的数据，每年的非医疗保险欺诈花费超过400亿美元。（即便考虑人口规模不同的因素，英国和美国保险欺诈数字也存在差异，这很可能是因为采用了不同的标准，并不是在暗示这两个国家的平均诚信程度有区别。）

不管要预防什么样的欺诈，都要遵循一个一般原则，那就是预防欺诈的成本应该能够平衡欺诈可能造成的损失。花10亿美元去预防

1美元的损失是没有意义的。不过，有些基本方法可以防止大部分欺诈，应当被采用。比如，在财务会计中，要进行对账，以确保离开账户的资金与支出的数额相匹配，特别是要确保资金没有被误用。这种基本方法可以确保你看到全部数据，你可能也会对你的银行账户做同样的检查，将你的支出记录与每月的银行对账单进行比较。（你如果没有这样做，就赶快行动吧。）尽管有时候会因为时间延迟而出现不一致，但是，无法解释的不一致可能就是欺诈的迹象。与此类似，复式记账法可用来确保数字平衡。使用这种方法，所有交易都是可见的、透明的。这种记账方式可能起源于15世纪的意大利。卢卡·帕乔利1494年出版的《算术、几何、比与比例概要》（关于算术、几何学和比例的一切）一书，被认为是第一本阐述这种记账方式的正式出版书籍，它展示了这一体系的悠久历史。

就保险诈骗来说，能够体现可能存在被隐藏的数据的迹象包括：提交多项索赔；以某种特定模式提出索赔；索赔人提出大额赔偿要求后非常冷静；手写的丢失物品或被盗物品清单；在索赔之前不久增加保险额度；季节性员工即将停止工作时的医疗索赔。很明显，这些迹象都是保险诈骗特有的，对它们的认识和了解虽然对发现其他领域的欺诈可能没什么用，但体现了不同类型暗数据的作用。就像第10章要阐述的那样，这些并不是要揭示具体案例是如何发生的，而是要阐明暗数据的各种高层次特征。

### 其他欺诈形式

洗钱是指将非法获得的钱合法化，以掩盖其非法来源的过程。这些来源可能是任何违法犯罪活动——贩毒、贩卖奴隶、非法赌博、敲诈勒索、税务欺诈、贩卖人口等。这些活动都是罪恶的，罪犯肯定想把相关数据隐藏起来。普华永道会计师事务所2016年的一份报告估测，全球每年的洗钱交易总额大约为1万亿~2万亿美元。[21] 这个数字相当于全球GDP的2%~5%。

洗钱包括三个阶段：

- 置入：把钱投入金融系统；
- 培植：通常采取精心设计的复杂金融交易，使钱的实际来源难以被追踪；
- 融合：以合法的方式使用资金，使其与来源合法的资金合为一体并且看起来很干净。

在前两个阶段，尤其是第一个阶段，需要用到暗数据。因为，一个账户上突然出现大额资金，并且没有关于资金来源的明确解释，自然会引起怀疑，反洗钱方面的规定要求大额交易必须报告。为此，洗钱人通常会把大额资金分成若干小份，如果1万美元是报告的最低额度，那么每份资金的金额可能不到1万美元。这种把大额资金拆分为小份，以躲避监管的活动被称为"蓝精灵魔法"。

以现金形式合法获得大部分收入的企业可以将非法所得吸收到系统中，办法很简单，只要将后者加到前者里面就行，这样就可以宣称所有的资金都是合法所得。最容易进行这类操作的企业是服务业，比如餐馆、酒吧和人工洗车店等。从现金向无接触式电子交易的转变，使交易活动变得可见和可追踪，这可能会使洗钱变得更加困难。

暗数据也是某种投资欺诈手段的核心，比如，你可能听说过庞氏骗局。尽管庞氏骗局是以在 20 世纪 20 年代使用这种方法行骗的查尔斯·庞兹的名字命名的，但他肯定不是第一个提出这个想法的人。查尔斯·狄更斯在他的小说《马丁·瞿述伟》与《小杜丽》中就描述过这种策略。这类骗局向投资者承诺丰厚的回报，但实际上根本没有把收到的钱用于投资。它们只是从后续投资中拿出一小部分返还给前期投资者，这样看起来似乎实现了盈利。但是，当未来的潜在投资者耗尽，或者投资人开始赎回自己的资金（有可能是经济环境恶化所致）时，这种骗人的把戏就会不可避免地崩溃。这时，冷酷的现实就会揭示投资公司的真实本质以及它是如何做出投资决策的。第 1 章提到的麦道夫欺诈案件就是庞氏骗局的一个例子。2008 年金融危机导致许多投资者试图撤回投资，结果发现，直到投资蒸发，这个骗局才暴露。提高透明度，特别是通过法规确保投资者能够看到他们的资金在经历什么，能有效预防此类骗局。

内部盗窃是一种更广泛的欺诈形式，这种欺诈以难以查证著称。内部盗窃是指内部员工利用操作账户的职务便利，将钱提取出来供自己使用。这可能出现在个人身上，当有些人在管理大额资金而又无法抗拒诱惑时，这种欺诈尤其容易发生。事实上，这类案件通常是这样发生的：雇员陷入了财务困境，于是背着老板，向公司账户"借"钱。一开始，雇员打定主意，只要情况好转就还钱，但是情况一直没有好转，他们越陷越深，通常以进监狱告终。

但是，内部盗窃也可能作为有组织犯罪的一部分，发生在更大的范围内，而且会持续多年。我曾经碰到一个精心设计的内部盗窃案件，案情令人唏嘘。一个穷学生从一个小基金会那里获得一笔奖学金，用来支付学费和住宿费。学生毕业时，基金会帮他在银行找到一份工作。这个学生工作勤奋、为人可靠，在银行不断晋升，最终升到一个管理大额资金的重要职位。这时，基金会找到他，要求他把一大笔钱转到一个指定账户，这看起来是个完全合法的交易。但在那之后，基金会和钱都消失了，留下这个无辜而可靠的员工独自承担后果。

基于暗数据的金融欺诈类型不胜枚举，其采取的形式多到数不清。除了已经讨论的那些，还有逃税（非法漏报应税收入，但不同于我在第 5 章提到的避税，那是运用精心设计的方法合法避税）和锅炉室骗局（在这种骗局中，骗子突然打来电话，向潜在投资人推销"超级好的便宜货"，其实这种东西是高溢价或者没有任何价值的股票或债券）。

在某种层面上，所有这些不同种类的欺诈都涉及隐藏信息。因为它们的种类非常多，所以人们需要采用各种各样的方法应对它们。这些方法包括：运用复杂的统计方法，对经济活动的详细记录进行细致检查；运用机器学习和检测异常交易的数据挖掘工具，为常见的消费者行为模式建立模型；当特定类型的交易结构出现时，及时针对疑点提出警示。对于暗数据来说，还是那句熟悉的老话：如果什么东西看起来好过了头，那么它极有可能是假的。它有可能在隐藏真相。

第 7 章

科学与暗数据：
科学发现的本质

## 科学的本质

科学的宗旨在于探索事物本质及其运作机理。科学的一切目的，都是解释那些未被探明的事物。但从实际意义上讲，暗数据也是科学的根源。科学实践的基础是波普尔主义（以卡尔·波普尔命名）关于"可检验性"或"可证伪性"的概念。基本思想是，针对研究的现象提出一个潜在的解释，可以是一种理论、猜想或假设，然后通过观察其结果或预测其与实际情况的匹配程度来检验这种解释。用我们的话说，如果我们的理论是正确的，那么我们将会预先知道看不见的数据应该是什么样的，之后，实验产出的数据将会与我们的预测相匹配。如果理论预测与数据揭示的现实不符，该理论就会被替换、修正或发展。就像过去曾经成功预测观测数据那样，它还会预测新的观测数据。从某种意义上说，这是第 15 种暗数据：推理僭越数据的一个例子。但这是一种深思熟虑后的推测，它基于一定的理论，且具有验证目标。

至少在科学革命之前（毫无疑问之后也是一样，尽管我们希望不像之前那么明显），人们不愿意（通常是潜意识的）收集可能会反驳原有理论的数据，这就是之前提到的证真偏差，这种偏差阻碍了人类在理解力方面的进步。也就是说，进步受到阻碍的原因是人们不愿意让暗数据显现出来。毕竟，如果一个可靠的理论已经被接受了几个世纪（比如瘴气致病说，它认为流行病是由腐烂物质释放出的有毒气体引起的，在欧洲、印度和中国，从古代到19世纪，一直有人相信这个理论），那么，你为什么要去寻找与之相矛盾的数据呢？

在这方面，我最喜欢17世纪的哲学家弗朗西斯·培根提出的一种说法，他说："人类理解力一经采取了一种意见之后……便会牵引一切其他事物来支持、认同那个意见。纵然在另一方面可以找到更多、更重要的事例，但人们不是把它们忽略了、蔑视了，就是借一点儿什么区分把它们撇开和排掉。"[1]培根用一个故事来说明忽略数据的危险。故事中，有一个人面对一幅图片，图片中是一些在祈祷之后从沉船事故中逃生的人，这些人在逃生之后受邀感恩祈祷的力量。培根问：那些进行了祈祷却仍然被淹死的人的图片在哪里？

关于通过收集数据来检验理论，有一个经典而生动的例子：阿瑟·埃丁顿和弗兰克·戴森收集观测证据，以此来检验爱因斯坦的广义相对论。爱因斯坦的理论预言，当光线靠近一个质量特别大的物体时，光传播的路径会弯曲。一个理想的、如此巨大的物体是我们的太阳，一些恒星的光线在到达地球的途中会接近太阳，此时我们观测到的恒星的位置与其实际位置明显不同，这可以揭示光线的弯曲。麻烦

---

[1] 译文参考《新工具》（商务印书馆，1986）。——编者注

在于，太阳光会把恒星的光淹没，除非太阳光被月球挡住。出于这个想法，1919年，阿瑟·埃丁顿率领一支探险队前往非洲西海岸的普林西比岛，弗兰克·戴森率领另一支探险队前往巴西，二人共同观察5月29日的日食。他们的照片以及日食期间对恒星位置变化的观测，证实了爱因斯坦的预言。这意味着，牛顿的机械力学只适用于简化或近似的情况，而爱因斯坦的广义相对论是对现实的更好描述。这是真正点亮人类之光的例子！

这种对科学运作机理的描述，具有一个特别重要的含义，那就是你永远无法确定你是否已经找到了现象的"真正"机制。科学提供了解释，每一种解释都随着理解的进步而变得更加有力。但是，这些解释中的任何一种都可能被新的实验证据证明是错误的——尽管新理论必须解释的过往实验证据越多，证伪就越困难。这种"偶然"的属性使得理论随着更多数据的发现而发生变化，这就是科学与其他领域的区别。为了方便起见，我偶尔会把科学理论称为"真实的"或"正确的"，但要记住，理论总是会受到进一步证据的质疑，从而导致其发生变化。

因此，科学是一个过程。尤其是，它不仅仅是已知事实的集合，尽管经常被认为是这样，或者为了简单起见经常被描述成这样。例如，当孩子们在学校学习科学时，他们学到的是元素周期表、牛顿定律、彩虹是如何形成的等等，而不是把观测和理论进行对比的谨慎思想。尽管孩子们有必要了解他们周围的世界，但是，这可能是一种缺憾：除了教给孩子们一些事实，科学教育更应该成为学校培养孩子批判性思维的天然摇篮，以帮助他们在成年之后更好地评判他们学到的东西。

可证伪性准则（从一个理论推导出结果，然后用这个预测性的结果与实际数据相比较）这个理念可以追溯到很久以前。古老的观念认为，较重的物体比较轻的物体下落得快，这一观点很容易被观测推翻。传说伽利略从比萨斜塔上向下投掷不同质量的球，并指出它们同时落地，从而驳斥了错误观念。

同样，地球是平的这一观点，表面上看似乎符合事实。毕竟，如果你正在长途旅行，尽管沿途有丘陵和山谷，但从宏观的视野来看，你不会感觉自己是在一个曲面上行进。不过更多的数据和证据显示，事情并非那么简单，人们意识到这一点已经上千年了。一项证据来自对漂向远方的航船的观测，先在视野中消失的是船身，最后消失的是桅杆的顶端。

总之，科学的基本过程就是用观测到的结果对理论进行验证，而这些观测到的结果之前是暗数据。当理论与那些数据不匹配时，我们就要否定或者修正理论。但我们也必须认识到，理论和数据不匹配也可能有其他原因，比如数据出了问题。如果我希望本书中的例子能够说清楚一件事，那么这件事就是数据中总是可能存在出现差错、测量不准确、样本扭曲，以及其他一系列问题，因此，数据出问题是一种真实的可能性。这就是为什么科学家要耗费这么多心血，制造精密的测量仪器并且在精准控制的环境下进行测量，无论他们关心的是质量、长度、时间、星系之间的距离、智商、意见、福利、GDP、失业、通货膨胀，还是任何其他事物，都是这样。准确、真实、可靠的数据是一门完备的科学需要的先决条件。

可检验性标准是科学与伪科学的区别。对一种事物给出解释并不难，但是，除非这个解释经受了严格的检验，否则我们就应该对其保持怀疑。而且，一个理论如果能够解释任何可能出现的结果，它就没有用，因为这肯定不是科学。一种关于引力的理论提出，物体有时下落，有时上升，有时侧移，当它们向任何一个方向移动时，该理论都认为这是意料之中的。这种理论没有丝毫用处。相比之下，牛顿认为，有质量的物体之间相互吸引，因此自由落体的物体会掉到地上，这就是正确的科学解释，因为它的预测是可以验证的。一旦我们从反复观察中发现一个理论具有普遍的正确性，这个理论就会成为经典知识的一部分，我们可以依赖它进行预测并制造机器。

  精神分析理论受到批评，便是这样的例子。批评者认为它综合性太强，影响了其科学性和实用性。实际上，正如弗雷德里克·克鲁斯在其著作《弗洛伊德：幻象的制造》中证明的那样，它的起源是暗数据的胜利，暗数据产生的原因包括从高度选择的群体中进行概括（甚至把弗洛伊德自己作为一个单人样本），不愿采集反面证据，不愿正视真实发生的事情（克鲁斯曾说：每一个舞台魔术师都希望他的观众中有像弗洛伊德这样的目击者），并且将事情没有发生的证据当成它们实际发生的证据（"不"意味着"是"）。也许最能说明问题的是，弗洛伊德从未承认自己错了。一个不准备接受自己的理论可能存在错误的科学家，不符合潜在可证伪性原则，当然不能被称为科学家。弗洛伊德自己承认："我实际上根本不是一个科学家，不是观察者，不是实验者，不是思想家。我天生就是一个征服者，一个冒险家。"这确实说明了一切。[1] 也许，弗洛伊德的这番免责声明意味着，至少问题并不全都出在他身上，而在于那些不加批判地把他人意见视为事实的人。

## 早知道就好了

因为科学过程就是用真实数据来验证理论猜测，所以潜在的解释经常被证明为错误也就不足为奇了。如果情况不是这样，科学事业就简单多了。尽管伟大的科学家提出的理论被证明是对经验现象的很好的解释，他们因此被人们永远记住，但是，这并不意味着他们在自己的科学道路上没犯过错误。通常，这是因为一些他们不知道的东西被发现了，或者因为人们采集到了新的数据。

查尔斯·达尔文的一个最直言不讳的批评者是威廉·汤姆森爵士，他后来成为开尔文勋爵（开式温标就是以他的名字命名的）。开尔文勋爵22岁时成为剑桥大学数学教授，是当时最杰出的科学家之一，和艾萨克·牛顿（以及最近的斯蒂芬·霍金）一样葬于威斯敏斯特教堂。以前的物理学家对太阳持续燃烧时间的估测，都基于对燃烧煤炭等化石燃料的假设，但开尔文勋爵认识到，如果是这样，那么它只能燃烧几千年。因此，他发展了一个来自赫尔曼·冯·亥姆霍兹的理论推测，即太阳正在逐渐收缩，其收缩所释放的引力能被转化为热和光。即便如此，根据他的计算，太阳也不可能持续燃烧足够长的时间，让生命在地球上进化，因此他认为达尔文的进化论与数据不符。

但是开尔文搞错了。他的论证中缺失了关键性数据，这些数据直到后来才被获取。这些数据表明，太阳能背后的机制不是化学燃烧或重力，而是一种全新的东西：核聚变。

核聚变是这样一个过程：原子核在极高压力下结合在一起，合并成一个更大的原子核。在这个过程中，一些质量损失了，这些质量转换成能量，并被辐射出去。如氢弹爆炸所展示的那样，转换因子决定了一小部分质量可以转化成巨量的辐射能量。这种反应所用的燃料是氘（一种氢原子，其原子核包括一个质子和一个中子，而普通的氢原子没有中子）和放射性氚（一种氢原子，其原子核包括一个质子和两个中子），这是在核反应堆中用中子轰击同位素锂 6 产生的。理论上，半个浴缸的水与一个笔记本电脑电池中的锂，可以产生相当于燃烧 40 吨煤的电能，这一事实体现了核聚变能够产生的能量的量级。这种能量来源可以解决人类的能源问题，取代能够导致污染的化石燃料发电站：核聚变反应是"干净的"，因为它不会产生放射性废物。这种反应是太阳能量的来源。

然而，如果要在地球上制造这样的反应，那么我们可能会遭遇困难，压缩原子以使它们合并需要巨大的压力和非常高的温度。目前，达到这个目标最有效的方法是：在一个核裂变炸弹周围放置一层氘。但是，核裂变炸弹显然不是一种方便和实用的方式，无法成为能被良好管理的能源供应模式！因此，为了实现可控的核聚变，并安全地容纳通过反应得到的高能等离子体，全世界好几个主要研究项目都在致力于研究达到这种压力和温度的方法。由于等离子体会熔穿任何物理材料，所以要将它置于精心创造的磁场中，并保持平衡，使其不要碰到物理容器的内壁。尽管这样的项目已经进行了很多年，但还没有一个能够成功地让产生的能量超过投入的能量。（确实，由于这个原因，核聚变有时被戏称为"总是在未来 30 年实现"。）

如果开尔文做出错误的推断只是因为他不知道核聚变，那么其他人则是被错误的数据误导了。1989 年，两位物理学家马丁·弗莱施曼和 B. 斯坦利·庞斯宣布，他们成功实现了核聚变，采用的方法就是所谓的冷聚变，这种方法不需要将原材料的温度提高到令人难以置信的温度，只需将电流通过含锂的氧化氘溶液即可。因为氧化氘是水的一种形式（称为重水），所以这意味着潜在的无限能源供应将给社会带来革命性的改变。消息一经宣布，自然引起了人们的极大兴趣，世界各地的实验室都试图复制这一试验。有些实验室似乎成功了，比如，莫斯科有一个，得克萨斯州有一个，但大多数都失败了。

这则新闻发布几天后，在英国哈韦尔国际原子能机构的一次演讲中，有人问弗莱施曼，他的试验是否与对照组进行过比较。在庞斯和弗莱施曼的例子里，对照组使用的应该是普通的水，水分子中的氢原子没有中子。奇怪的是，弗莱施曼拒绝回答这个问题。问题没有得到回答，就是可疑的（事实上是暗数据吗？）。当然，如果没有使用普通水的平行试验的结果，就存在数据缺失，而对于揭示庞斯和弗莱施曼的试验的机制来说，这些数据是至关重要的。后来，人们对庞斯和弗莱施曼最初的试验又提出了一些其他批评，随着时间的推移，一些复制试验也停止了。今天，人们的一致意见是冷聚变是不现实的，但是仍有一部分人对此抱有希望。毕竟，它代表着人类一个新的曙光。

缺乏数据也误导了化学家莱纳斯·鲍林，他是诺贝尔化学奖和诺贝尔和平奖获得者。鲍林堪称有史以来最伟大的科学家之一，他在化学和生物化学领域的许多研究方向中做出过贡献，发表了 1 000 多篇论文。他是 20 世纪中期试图确定 DNA（脱氧核糖核酸）结构的众多科学家中的一位。通过对电子显微镜图像的研究，他推测这个结构很可能是螺旋形的。这对鲍林来说还不够有开创性。经过多年辛苦而细致的工作，他已经令人信服地证明，螺旋结构存在于其他分子中。尽管没有获得 X 射线图像或关于原子间大小和键角的硬数据，他还是认为 DNA 是一种三链结构。尽管计算显示，他提出的原子的位置并没有与他得到的数据完美吻合，但他认为这只是整理细节的问题。因为他非常清楚其他研究团队也在研究这个难题，尤其是英国剑桥大学卡文迪许实验室，所以决定抢先发表成果。因此，1952 年 12 月 31 日，他和同事罗伯特·科里向《美国科学院院报》提交了一篇题为《一种新的核酸结构》的论文。

另外两位研究人员，卡文迪许实验室的弗朗西斯·克里克和詹姆斯·沃森，先前也猜测这是一种三螺旋结构，但根据化学家和 X 射线晶体学家罗莎琳德·富兰克林提供的数据，他们否定了这种想法。当克里克写信给鲍林指出三螺旋模型的一些问题时，鲍林试图修改他的理论以使其与数据相匹配。但与此同时，克里克和沃森也在寻找替代模型。来自氢键专家杰里·多诺霍的提示，使他们找到了一个替代方案，它符合所有数据，这就是著名的双螺旋结构。

鲍林依然不肯承认自己错了，他在文章中说，他十分期待哪一种模式最终被证明是正确的。1953 年 4 月，他来到剑桥大学，查看了克里克和沃森提出的结构，并检查了 X 光照片。在和他们讨论过模型之后，鲍林承认，他们似乎找到了正确答案。

即使是最有能力、最杰出的科学家也会犯错，特别是在他们没有掌握全部数据时。这正是科学的本质属性。例如前面提到的开尔文，尽管他是一位杰出的科学家，但他也提出过一些错误的意见。当威廉·伦琴宣布发现 X 射线时，开尔文的第一反应是：这一定是个骗局。开尔文还声称，气球和飞机都不可能在实践中取得成功。1894 年，就在量子力学和相对论被发现之前，阿尔伯特·迈克尔逊（著名的迈克尔逊 – 莫利实验为爱因斯坦的狭义相对论提供了有力的支撑证据）断言："看起来很有可能绝大多数（物理学）的重大基本原理都已牢固地确立了。"

弗雷德·霍伊尔爵士是另一位杰出的科学家。他曾提出一个理论，但当他把预测与数据相比较时，这个理论受到了驳斥。霍伊尔在人类对宇宙的理解上，尤其是在重元素的起源方面取得了重大进展。有一种理论认为，重元素形成于宇宙生命的早期。但计算表明，宇宙形成过程中的某些阶段太不稳定，不可能允许较轻的元素合成较重的元素，这导致了该理论的破产。霍伊尔提出了另一种替代性的解释，说明了较重的元素是如何通过核聚变在恒星中合成的。霍伊尔认为，重元素在远古时代恒星的核心合成，当恒星爆炸、成为巨大的超新星时，这些元素就会散布到宇宙空间中。然后，这些元素慢慢地聚集，形成行星、卫星和我们。这一理论经受住了时间的考验，使霍伊尔成为20世纪中叶英国最杰出的物理学家之一。但并非霍伊尔的所有理论都如此成功。下面就是一个例子。

恒星与地球的距离数据显示，宇宙处于不断膨胀中，据此，比利时物理学家乔治·勒梅特做了一个合乎逻辑的推断。他提出，也许宇宙形成于数十亿年前，一开始只是一个极其微小的拥有超高密度的热点。因为可检验性是科学的关键，而且似乎没有办法检验这一理论，还因为没有竞争对手，所以这个理论并没有引起太多注意。霍伊尔将勒梅特的推论称为大爆炸理论，对此，他提出了一个具有替代性的理论：宇宙并没有一个明确的开始，而是处于一种不断创造的状态，新物质不断地在宇宙中出现（所谓的稳态理论）。两个相互竞争的理论刺激了人们，人们通过寻找数据来区分它们，因为其中至少有一个肯定是错误的。这一次，有利于大爆炸理论的证据逐渐增多。但霍伊尔并没有放弃，他设计了许多稳态理论的变体，以保持理论的有效性。但最终，反对稳态理论的证据获得了压倒性胜利。

就连爱因斯坦也提出过一些被后来的数据驳倒的理论。他的广义相对论表明，质量会扭曲空间和时间（这就是光线经过大质量物体时传播路径发生弯曲的原因，这个问题我们在前面讨论过）。当爱因斯坦描述他的广义相对论时，宇宙被认为是静止的。但是，因为所有物体之间相互吸引，所以一个静止的宇宙不会静止太久：它会自行坍塌。为了驳斥这一反对意见，爱因斯坦在他的方程中加入了一个额外的术语，即所谓的宇宙常数，作为一种斥力去抵消重力的吸引。不过，对爱因斯坦来说，当进一步的数据揭示出宇宙并不是静止的而是不断膨胀的时候，这个额外的术语就没有必要存在了。据说，爱因斯坦把引入这个额外的术语称为他"最大的错误"。但他对自己过于苛刻了。毕竟，根据当时可以获得的数据，推测存在这样一种额外的力量，是个非常好的想法。总的来说，即使新的数据（以前并未觉察的数据）不符合某种理论，这也并不意味着这种理论在当时是一个糟糕的理念。然而，爱因斯坦的故事恰好又有一个转折点。

根据进一步收集到的数据，人们发现宇宙不仅在膨胀，而且在以越来越快的速度膨胀。这导致有人提出，宇宙常数，或者至少某些类似于它的东西（目前被称为暗能量）可能是必要的。也许爱因斯坦的想法是对的。顺便说一句，天体物理学家马里奥·利维奥在其著作《杰出的错误》中质疑爱因斯坦是否真的使用了"最大的错误"这种说法。利维奥认为这是物理学家乔治·盖莫说的。

从纯科学转向医学，我们发现，从人类诞生之日起，减轻痛苦的努力就一直伴随着我们，植物、泥土和魔法都在其中发挥着作用。然而，直到最近，我们才开始深入理解生物学、生理学、遗传学和支撑医学的相关科学，并在此指导下恰当评估治疗的有效性。因此，一些未经评估的治疗方法在广泛的医疗实践中持续存在，这或许并不奇怪。我指的不是像"某人可能血液过多，需要放血"这样的想法，或者像顺势疗法这样令人难以相信的想法，而是常规医学机构认为有效，但至少直到最近尚未经过严格评估（比如通过随机对照试验）的某些做法。

前额叶切除术就是一个恰当的例子。几十年来，这项神经外科手术在世界各地被用来治疗精神疾病，包括精神分裂症和双向情感障碍。这项手术会切断大脑前额叶的连接。最初，手术要在头骨上钻一个洞，通过往里面注射乙醇，清除大脑的某个部分，后面的步骤则通过插入一个旋转的金属丝环来完成。在后来的发展中，外科医生通过眼窝进入额叶。该手术的发明者安东尼奥·埃加斯·莫尼斯因此获得1949年的诺贝尔生理学或医学奖。尽管该手术的发明者获奖，还是有人怀疑该手术的有效性。1941年《美国医学会杂志》的一篇评论说："我们不应该认为这项手术能够将精神疾病患者转变为正常人。尽管我们现在对额叶所知有限，但仍有充分证据表明，切除非精神疾病患者的额叶会造成严重缺陷。"[2] 当然，一方面，该手术具有明显的副作用，包括呕吐、膀胱和肠道失禁、嗜睡、冷漠和其他许多副作用；但另一方面，接受治疗的病人会更加安静，家人照顾起来更容易。（控制论者诺伯特·维纳说："让我顺便说一句，杀死这些病人会使监护更容易些。"[3]）幸运的是，在20世纪中叶，因为化学药物的发展，这项手术的使用开始减少。如今，我们对大脑有了更深入的了解，神经外科的干预是精确的、精准控制的操作，并且通过尖端的扫描技术得到增强。这些技术使我们能够看到大脑三维结构的内部，基本上使涉及的数据变得可见。

最近的一个医学例子是缓解膝关节炎的关节镜手术。这是一个被广泛采用的手术，通常被认为能够减轻疼痛症状。但是，当布鲁斯·莫斯利和他的同事们在一项随机对照试验中将其与安慰剂进行比较以考察其疗效时，他们发现，在任何时候，不管是缓解疼痛方面还是功能恢复方面，干预组中的任何一组患者都没有产生比安慰剂组患者更好的效果。[4]盲目地假定治疗效果是不合理的，因此，我们有必要搞清楚不予治疗的后果，这样才能进行比较。

更普遍地说，我们在医学的边缘地带发现了许多无效的"治疗"，这也许并不奇怪。例如，在最近的一项重要的元分析中，金俊石和他的同事们得出了确凿的结论：补充多种维生素和矿物质，并不能改善普通人的心血管状况。[5]但人们很难被说服。他们并不认为自己的想法错了，反而对证据提出质疑——这又是证真偏差。也许目前关于这一现象最有力的例子是气候变化，但是在医学环境中，约翰·伯恩说："在面对通过合理途径获得的负面研究的艰难现实时，多数人会自然地予以否认。许多人仍将坚持习惯的做法。维生素C仍然被用来治疗感冒，止咳药仍然获得积极推荐，膝关节的关节镜手术仍在进行（并受到一些人的强烈维护），非诺贝特在未来几年仍将有数十亿美元的销售额。作为持怀疑态度的医生，我们选择相信证据，即使我们可能（最初）并不喜欢证据最终引领我们到达的地方。真正的慈悲是由真理引导的。"[6]而真理是由数据揭示的。

## 暗数据碰出新世界

有时候我们很幸运。暗数据通常代表着一个问题。有些东西对我们来说是隐藏的，如果我们认识这一点，那么这将改变我们的理解，也有可能改变我们采取的行动。但偶尔，我们也会在无意间被暗数据绊倒，这时，一个新世界会突然展现在我们面前。

一个典型的例子是宇宙微波背景辐射的发现。这个家喻户晓的故事是这样的。1948 年，拉尔夫·阿尔菲和罗伯特·赫尔曼预言，宇宙可能处于低温辐射的覆盖之下，这是大爆炸之后宇宙形成时期遗留下来的。16 年后的 1964 年，天文学家阿尔诺·艾伦·彭齐亚斯和罗伯特·伍德罗·威尔逊用 20 英尺长的喇叭形迪克微波辐射仪进行测量。这台仪器最初是为测试卫星传输而制造的，但彭齐亚斯和威尔逊将其用作射电望远镜。然而，他们无法消除背景噪声，即使将天线冷却也不行。

通过排查，他们得出一种解释：鸽子在仪器中栖息，噪声是由它们的粪便导致的。于是，他们将微波辐射仪擦洗干净，但干扰仍未消除。这时，罗伯特·迪克刚巧来他们的实验室访问，他正在寻找支持大爆炸会留下化石辐射的证据。通过与彭齐亚斯和威尔逊的交流，罗伯特·迪克意识到，他们发现了自己正在寻找的东西。这完全是个偶然发现，因为他们正在研究别的问题。1978 年，彭齐亚斯、威尔逊和彼得·列昂尼多维奇·卡皮查共同获得诺贝尔物理学奖，卡皮查的主要研究方向是低温物理学。

这个故事的寓意在于，尽管大多数数据中出现的异常和小故障都是某种类型的实验误差或测量偏误，但是，其中的一些可能会带来根本性的突破。下面是一些这方面的例子。

B.C.苏巴·拉奥测试了57种物质，发现其中有一种表现异常，他想忽略那个异常结果，只公布其他56种表现一致的结果。这是有道理的，尤其是因为，前56种物质都是以精心控制的方式准备的，而第57种物质是以不同的方式准备的。但他的合作者，出生于英国的美国化学家赫伯特·布朗认为，他们应该弄清事情的真相，因此，他进一步开展了研究。布朗由此发现了一种叫作硼氢化的化学反应，并且因此获得了诺贝尔奖。

德国机械工程师、物理学家威廉·伦琴注意到，当高压电流通过真空玻璃灯泡里的两个电极之间时，即使灯泡被厚厚的黑色硬纸板罩着，也会使9英尺外的氰亚铂酸钡荧光屏发光。他发现了X射线。

天王星是德国出生的英国天文学家威廉·赫歇尔偶然发现的。当时，他注意到一个肉眼几乎看不见的物体，以某一颗恒星为背景，其位置不断改变。

据说，亚历山大·弗莱明发现了青霉素。当时，他正在对含有葡萄球菌菌群的培养皿进行分类，然后注意到培养皿上的一个区域，那里有一团霉菌，但周围没有细菌。

哲学家托马斯·库恩在其开创性著作《科学革命的结构》中写道："事实和理论的根本性创新是这样发生的。它们在一套定好的游戏规则中不经意间产生，只有制定另外一套复杂详尽的规则，才能使它们融入现有体系。而当它们成为科学的一部分之后，这项事业……就再也不像从前那样了。"[7] 但要注意：虽然新颖、奇异、惊奇或震惊可能像一道光，揭示出先前隐藏着的暗数据，从而提示人们对事物进行更深层次的理解，但它们也可能只是测量误差或实验故障的结果，给数据蒙上了一层模糊的薄膜。

## 暗数据打开大视野

斯坦福大学医学和统计学教授约翰·约安尼季斯在一篇著名的论文中声称："可以证明，大多数研究发现都是错误的。"[8]这个大胆的断言使他成为被引用最广泛的科学家之一。

他这个说法背后的原因其实很好理解，事实上，人们几十年前就已经知道了。但直到约安尼季斯激起大众的兴趣，人们才意识到这对科学和医学研究文献的影响有多大。同样出人意料的是，它引发了人们巨大的兴趣和关注。然而，也许比所有这些结果更令人惊讶的是，随后的辩论揭示出人们对科学过程本质的基本误解有多普遍。这些误解往往出现在那些本应该更了解科学的人当中，而他们提出了这样的问题：为什么科学没能达到再现性的基本标准？科学失灵了吗？科学真的面临再现性危机吗？

下面这些数字通过不同场景来说明约安尼季斯的观点。切记：不同学科之间存在实质性差异。

生命科学风险投资公司阿特拉斯风险投资公司合伙人布鲁斯·布思表示："早期阶段介入的风险投资者们有一个'潜规则'：至少50%的已发表研究成果，即使是发表在顶级学术期刊上的，'也不能在工业实验室条件下重复得出同样的结果'。"因此，阿特拉斯风险投资公司把独立验证作为进一步投资的前提条件。[9]

《自然》杂志的一项调查显示，在1 576名受访者中，超过70%的人曾试图再现他人的实验，但都没有成功。[10]我们可能会对这份报告产生怀疑，它很可能被暗数据扭曲了。例如，比起那些成功再现他人实验的科学家，也许那些在过去没有成功再现他人实验的科学家更倾向于回答调查问卷。或者，也许有一项研究产生了异常结果，许多受访者试图再现，但没有获得成功（回想一下冷聚变的例子）。尽管如此，这个数字还是大得惊人。

在一个极端案例中，C. 格伦·贝格利和李·M. 埃利斯描述了旨在验证论文结果的研究，涉及临床前癌症研究领域53篇"里程碑"式的论文。他们发现，在53项研究中，只有6项研究发现能够被成功再现，也就是说，比例只有11%。[11]

伦纳德·弗里德曼和他的同事引用了一些研究，这些研究估计无法重复验证的临床前医学研究数量达到51%~89%。然后他们进一步估测了因后续研究无法再现预期结果所带来的财务成本，发现每年的成本约为280亿美元。[12]

在此类结果推动下，来自弗吉尼亚大学的布赖恩·诺塞克带领一个重复性调查项目，试图再现2008年发表在心理学文献上的100项研究。[13]在最初得出统计显著性结果的97项研究中，只有35项被诺塞克的团队成功再现。正如所料，这并不是一项没有争议的研究，一些研究人员声称诺塞克的设计有重大缺陷，比如只选择了100项研究。这表明，即使是对暗数据的调查本身，也饱受暗数据问题的困扰。可以毫不夸张地说，暗数据无处不在。

这类结论当然令人担忧，但我们千万别忘了，科学是一个不断去伪存真的过程。许多评论家似乎对科学抱有一种近乎幼稚的理想化观点，他们认为，实验是一次性的操作，要么"证明"某种现象的存在，要么"反驳"某种现象的存在。但其实，科学远比这复杂。而且必须如此。根据定义，科学研究发生在知识的边界，在那里，不确定性占主导地位。因为研究人员要从大量的噪声中提取微小的信号，所以，我们应当预料到，噪声往往会把事情推向错误的方向。事实上，我们可以更进一步地说，如果我们没有看到那些未通过再现性检测的实验结果，就说明科学家没在工作。他们可能没有足够的冒险精神或创造力，去验证人类认知的边界。

这里讨论的重点是，科学过程没有失灵。这种不可再现性恰是表明科学正在发挥作用的迹象，表明科研成果正在接受检验，而那些不真实的结论最终将被驳斥。此外，归根结底，科学确实是行之有效的。我们只需看看我们对自然的了解的加深，以及我们周围的先进技术、材料、机器和医学等领域的技术进步，就可以明白这一点。

应当承认，即使科学并未失灵，我们也希望它在最初得出结论时少一些错误，但前提是正确的科学理论不会太频繁地遭遇否定。实现这一点的途径在于，要更好地进行研究设计。但同时，科学也有鼓励人们冒险的一面，从而导致人们不必要地越界，这正是约安尼季斯和许多后来者强调的。我们后面还会探讨这些问题。

我们用美国太空计划的发展做个类比。在早期，当火箭发动机和系统被重新优化，我们对火箭运动的认知边界被倒推回来时，自然会经常发生故障。或者正如汤姆·沃尔夫在他的《太空先锋》(*The Right Stuff*) 一书第 10 章中描述的那样，悲观的观点是，"我们的火箭总会爆炸"。每当你探索一个边界时，你有时会站在这一边，有时又会站在那一边。如果你刚好站在边界上，那么你站在两边的时间可能各占一半。从这些结果来看（在火箭工程领域可能是"失败"，但在整个科学领域则只是"结果"），通过细致的工程设计，你尽力确保在未来选择正确的一边:你的火箭不会爆炸,你的科学结论不出错。但科学这项事业的本质意味着,你不得不冒这个风险。这是你在搞清楚边界在哪里时必须要冒的风险。

科学文化的哪些方面可能会驱使研究人员站在错误的一边,得出虚假的结论和无法再现的结果呢?

发表偏倚是指已发表的文献并不能公平地反映已经开展的所有科学工作。这意味着大量的科研成果被"束之高阁",它们未被发表,也少有人知,慢慢被时间腐蚀,或者在无人问津的硬盘里积满灰尘。这些成果被雪藏,并不是简单的随机选择,而是经过各种力量筛选的结果(第3种暗数据:局部选择案例)。一种力量是期刊追求惊人的、新颖的结果的倾向。一个实验如果得出意想不到的结果,就更能激发人们的兴趣;而对于另外一些实验,人们可能只会说:"啊,是啊,这和我想的一样。"

这种"文件抽屉"效应刺激了《无显著差异期刊》的创刊。"显著性"是一个统计学术语,我们稍后将进行更详细的探讨,但粗略地说,显著结果是指,如果某个假设是真实的,那么这样的结果不太可能发生,因此,显著结果可能导致人们对该假设的真实性产生怀疑。相反,无显著性结果是符合假设的结果:如果假设是真的,这个结果就是你期望得到的结果。《无显著差异期刊》只出版得出无显著性结果的研究,目的是传递"一种认识,即并不是只有得到显著结果的研究,才能对正在进行的学术研究提供有价值的见解"。[14](顺便说一句,还有一本《不可再现结果期刊》,创立于1955年,但那是一本科学幽默杂志。[15] 不要把二者搞混了!)

为什么对新颖性和非常规的偏好会导致不可再现的结果呢?极端

的、反常的或异常的数值很可能暗含着真实的潜在现象：比如，也许这种药物真的比其他药物有效得多，也许这种合金的反应程度远远低于预期。但这些数值也可能纯粹是由随机波动引起的。实验条件的偶然巧合（药物或合金中的杂质；心理实验参与者受到天气影响等）或简单的测量误差，都可能导致虚假的高值或低值。毕竟，正如我们看到的，没有什么测量是绝对准确的，没有两个实验装置或样本是完全相同的。

因此，当研究工作被重复实现时，不太可能出现相同的偶然性结构或测量误差。平均而言，正如我们在第 3 章中探讨回归均值时所看到的，我们应该预料到后面的重复实验会得出不那么极端的数值。如果异常结果消失了，那么我们不应该感到惊讶，我们应该预料到，正如约安尼季斯所说，"很多声称的研究结果往往都是错误的"。用我们的话来说，异常的极端值是由一种暗数据（虚假的测量误差）导致的，这扭曲了基础值。

科技期刊编辑偏爱令人兴奋的结果，这种倾向只是最终节点。在论文发表这个科研链条的前期，作者不太倾向于提交发表可能性很低的论文，这造成了有趣而且令人惊讶的结果。

在拥有高影响因子的知名期刊（例如《自然》和《科学》）上发表文章意味着巨大的声望。（影响因子通常被视为表明期刊重要性的指标。该指标基于期刊上文章被引用的次数，也就是业界对它们的关注程度。）研究人员更倾向于向高声望的期刊提交引人注目的"突破性"结果，而不是提交相对平淡无奇的结果，仅仅因为他们知道这种期刊更愿意发表前一种结果（第 4 种暗数据：自我选择）。反过来，这意味着，这些期刊倾向于给予更令人兴奋的研究进展更多的发表机会，这也是它们一开始获得高声望的原因之一（第11种暗数据：反馈与博弈）。但是，根据刚才我们讨论的均值回归现象，越显著的结果越有可能不可再现。此外，为了提高在这些地方发表文章的概率，研究人员可能更愿意"改动"其研究工作的精确细节。（正如我们稍后将看到的，在合法的数据选择和欺诈性的数据选择之间，往往只有细微的分界线）。言下之意是，声望越高的期刊，越有可能出现更多的欺诈结果。

令人惊讶的结果似乎是，在权威期刊上发表的研究结果更不太可能是真的。这确实是许多作者发现的问题。费里克·方和他的同事报告："在期刊的影响因子和因欺诈与涉嫌欺诈和误差而被撤回的论文数量之间，发现了非常明显的相关性。"[16]

有一种开玩笑似的说法：要想避免把论文发表在虚假结果率高的地方，你应该回避高声望的期刊。这一切都太混乱了！但我们也应该记住，因果关系的方向很难确定。顾名思义，高知名度的期刊拥有更广泛的读者群，所以，它们的论文自然要接受更加严格的审查，这意味着，有问题的结论更容易被查出来，即使其潜在的出错概率并不会比其他期刊更高。

如果创新性研究成果的公布必须基于一项以上研究，也就是说，如果在成果发布之前进行独立的再现实验（回想布鲁斯·布思的"潜规则"），问题就会得到缓解。例如，在制药行业，提交监管审批的药品必须有多个临床试验作为支撑。但在其他情况下，尤其是在学术研究环境中，优先发布是衡量业绩的一个关键指标。自己耽搁太久，别人就可能抢先发布，研究人员不愿意冒这个风险（回想一下莱纳斯·鲍林抢先发表核酸结构论文的情况）。虽然存在被发现有缺陷的风险，但是，公布一个可能是重大突破的研究成果显得更为重要。

追求创新性发现的压力导致研究人员会以多种不同方式查看数据，或者将数据集拆成各种不同部分进行查看，直到发现重要的东西。例如，在比较两组患者时，我们可能会测量每个患者的100个特征，然后比较两组患者每个特征的平均数，一次比较一个。如果仅仅因为测量过程中的随机误差，导致两组患者至少在部分特征上没有出现实质性差异，那么这也是很令人惊讶的。这个过程有时被称为 p 值篡改。

这个奇怪的名字来自统计学。

我们需要认识到，如果以足够多的方式来观察数据，尤其是大型数据集，那么我们肯定会发现一些非常规的模式，而这种发现仅仅是偶然获得的，即使在数据背后并没有真正的关系。例如，如果涉及的变量非常多，那么在任何有限的数据集中，仅仅因为随机性和测量性误差，就有可能存在一些呈现高相关性的数据组，即便背后的真实变量之间并不存在相关性。如果涉及的对象很多（例如涉及很多人），那么很可能会有一些小团体，虽然是偶然出现的，但具有惊人的相似性。

举一个意义不大但简单明了的例子，假设我们用随机选择数字的方法，生成一个 1 000 位数的字符串。以下是这个字符串的前 30 个数字：

678941996454663584958839614115

现在，我们可以在这 1 000 个数字中寻找子串，它由 10 个连续出现的相同数字组成。如果不成功，那么我们可以去寻找由 9 个连续数字按顺序排列而成的序列（123456789）。如果再次失败，那么我们可以寻找像 2323232323 这种两个数字交替出现的数字序列。如果还是失败了……最后，只要我们继续尝试足够多的方案，就可以在这个数据中找到一些特定结构。但现在的问题是，我们发现的异常结构，并不代表任何真实的东西。如果我们重复进行这种操作，随机再生成另外 1 000 个数字，就没有理由认为我们会在其中发现同样的异常构造。这种发现是不可再现的。

经济学家罗纳德·科斯简明扼要地概括了这种情况，他说，如果你折磨数据的时间足够长，它们就会招供。但与其他通过酷刑获得的供词一样，它们未必是真实的。在我们的例子中，1 000 个数字是随机生成的，任何结构都没有隐藏的实际含义。

P 值篡改的概念是对这种情况的总结。我们首先指出，科学研究的一个基本工具是显著性检验。这是检验假设或猜想的规范化统计过程。一开始，我们要计算样本的汇总统计值。比如，我们可以选择使用平均数、中位数或方差来汇总样本，采用哪种方法取决于我们对数据的哪一方面感兴趣。现在，如果我们再抽取一个样本，那么它的汇总统计值很可能与之前的不一样。事实上，如果重复抽取样本，我们就会得到一个样本统计值的分布。统计方法使我们能够计算出当假设条件为真时这种分布的形态。

然后，通过比较这种分布和汇总统计的实际观测值，我们可以看出，在假设为真的条件下，预期得到的汇总统计样本至少和实际观测中获得的数值一样极端的概率有多高。汇总统计值至少和实际观测值一样极端的概率，被称为显著性检验的 p 值。如果这个值非常低，比如 p 等于 1%，就意味着，如果我们的假设是正确的，那么样本值等于实际数据或比实际数据更极端的概率，在 100 次中只有 1 次。这表明，要么我们的假设是正确的，只是发生了一个非常偶然的事件，要么假设本身就是错误的。

我们很容易把 p 值和传统的阈值进行比较。若分析产生的 p 值不大于某个阈值，则结果在该阈值水平上被认为具有统计学意义。例如，如果我们选择 5% 作为阈值，那么，如果 p 值等于或小于 5%，我们就可以说结果"在 5% 的水平上是显著的"。

这里有一个例子。假设一枚硬币质地均匀，也就是说，抛这枚硬币时，出现正面的概率是一半。为了验证这一点，我会抛很多次，看看正面朝上的比例是多少。在这枚硬币质地均匀的条件下，我预计在所有次数中大约有一半是正面朝上的。我预测正面和反面的出现次数不会完全相等，出现正面的概率和 50% 有细微的差异。但是，因为这是一枚质地均匀的硬币，所以我预测实验结果不会出现特别极端的差异。显著性检验会告诉我们，在硬币质地均匀的情况下，我们预期的差异等于或大于实验中真实差异的概率是多少。显然，如果假设为真，那么这种极端结果不太可能出现，因此，如果它真的出现了，我们可能就会怀疑这个假设本身是不是有问题。例如，将一枚质地均匀的硬币抛 100 次，出现正面的次数大于等于 90 的概率极小（这个概率就是 p 值）。所以，我们抛 100 次硬币，如果出现正面的次数为 90，我们就可以怀疑这枚硬币不是质地均匀的。

顺便说一句，p 值是一个被严重误解的概念。人们常常认为它是当假设为真时的概率。其实不然。假设或真或假，而 p 值只是告诉我们，如果假设为真，那么得到某些极端结果的概率是多少。

所以，这就是 p 值。但是，"篡改"又从何说起呢？

这个词来源于一种误导性的操作，即在不考虑测试次数的情况下进行大量的显著性检验，我们很容易看出为什么这是一个问题。假如我们测试100项无关联的假设，但是我们并不知道所有假设都是正确的。假设我们把这100个假设中的任何一个的p值设定为2%，这么低的p值可以使我们怀疑这个假设。单独来看，对于任何一个显著性测试来说，这都是完全合理的。这意味着，如果某个假设为真，那么我们错误地对其提出怀疑的概率只有2%。但是在100项这样的测试中，每一个都是在2%的水平上进行的，结果表明，其中至少有一个假设被质疑的概率是87%。你更有可能判定，至少有一个假设是值得怀疑的，尽管它们全都是正确的。回想一下关于折磨数据时间足够长的评论！如果你隐藏了实际上开展了100项测试的事实，把它当作暗数据处理（第2种暗数据：未知的缺失数据），那么结论可能是非常具有误导性的。

这种错误在科学文献中一再出现。1987年，一项随机试验调查了四大医学期刊，发现："在74%的试验项目中，至少存在一个有缺陷的对比试验，在60%的试验中，至少存在一个受到多重比较统计问题干扰的重点对比试验。在所有被判定为包含有缺陷的对比试验的试验项目中，没有一个讨论多重比较问题对其结论的潜在影响。"作者想表达的意思是，这些研究项目没有考虑到多重统计测试，因此极有可能出现假阳性。我们希望从这项研究之后，这类问题会有所减少，但事实表明，人们并没有充分认识到这一点。[17]

关于这个问题，克雷格·贝内特和他的同事著有一篇经典的论文，即《死亡大西洋鲑鱼的物种间换位思考神经关联：关于正确的多重比较校正的探讨》，但其内容要比标题有趣得多。[18]这项研究观察了已死亡的鲑鱼大脑的磁共振成像扫描结果，当时"一系列描绘人类在社交场景中的照片，被出示给死鲑鱼……试验要求鲑鱼判断照片中的人类个体正在经历什么样的情感"。关于死鲑鱼的大脑对这些照片会有什么反应，你或许已经得出自己的结论。但是磁共振成像扫描是由大约 13 万个元素（这种元素被称为体素）组成的，每一个元素都有很小的概率显示出脑电活动，这纯粹是由设备中随机的背景噪声导致的，而不是死鲑鱼大脑中细胞的真实回应。现在，虽然每个体素显示虚假信号的概率都非常小，但是体素的总量非常大。这些大量的微小概率加在一起，就会汇聚成一种压倒性的可能性：这些体素中至少有一个甚至更多可能会发生脑电活动，从而造成这种表象，即鲑鱼大脑中的一些神经元出现放电现象，尽管鲑鱼实际已经死亡。贝内特等人确实从一些体素中发现了明显的信号。他们总结道："要么是我们误打误撞地在已死亡的鱼类认知方面得到一个相当惊人的发现，要么是我们的统计方法不对。我们能从这些数据中得出死亡的鲑鱼正在参与换位思考任务的结论吗？当然不能。通过对死鱼认知能力的控制，我们彻底排除了这种可能性。"

贝内特的论文获得了 2012 年搞笑诺贝尔奖。这个奖项用来表彰"起初让人觉得好笑，接下来会促使人们思考的成就"。

这让我想到一个笑话。A 告诉 B，他费了很大力气也无法复制 B 的结果。"我一点儿也不惊讶，"B 说，"我做这个试验的前 100 次也没能得到这个结果。"

塞尔吉奥·德拉·萨拉和罗伯托·库贝利[19]引起了人们对另一种 p 值篡改案例的关注，在这个例子中，兰德尔·斯旺森和同事报告了美国驻哈瓦那外交官可能遭受的脑损伤，据说这些外交官接触过"与听觉和感觉现象有关的某种未知的能量来源"。[20] 斯旺森等人的结论是："这些人似乎持续遭受了广泛的大脑网络损伤，但没有相关的头部创伤史。"

但是他们是怎么测试的呢？斯旺森论文补充部分的表2描述了他们对37项神经心理学测试结果的观察，表格的脚注上写着"粗体表示异常或低于40%"。这似乎意味着，任何人在任何一个单项测试中，只要得分低于分数分布的40%的人，就会被归为"不正常"。德拉·萨拉和库贝利就是这么解释的。但如果这37项测试是完全相关的（对任何一个被选定的人都给出相同的结果），就意味着只有60%的人会在所有测试中得分高于40%的阈值，从而被归为正常人。在另一个极端下，如果测试分数是完全独立的，它们之间没有相关性，那么，通过一个简单的计算可以知道，在所有测试中，1亿个人中只有不到1个人属于正常人。从表面上看，斯旺森等人似乎在尽力表明，至少有一些人的大脑受到了损伤。正如德拉·萨拉和库贝利指出的那样，选择一个更加严格的标准来判定异常状况，比如5%，会比他们使用的40%要好得多，但关键的问题是，37项测试中任何一项的分数低于阈值都被算作异常。

顺便说一句，这样就没有误解了：这些都不意味着这些人没有遭受脑损伤。这仅仅意味着，我们几乎肯定能得到一些人确实受到伤害的结论，而且可以通过一群健康人得出这样的结论。

然而，有时我们确实希望考察数据集的不同方面。例如，我们可能在一个比较两组患者的临床试验中，测量了患者100个不同的特征，我们想知道它们在哪些方面有所不同。（如果你愿意花费相当大的成本来开展这样一个试验，那么同时测量很多东西是有意义的。）

幸运的是，我们也掌握了一些工具，以应对p值篡改，并降低因多重测试而产生虚假的、不可再现的结果的风险。最早的方法是邦费罗尼校正，可以追溯到20世纪30年代。这种方法调整每个单独测试项目的p值，以使其与进行测试的总次数相适应。特别是，如果我们控制100个测试中的每一个，使每一个测试的p值都为0.1%（错误地否定一个真实假设的概率是千分之一），而不是2%，那么，若所有假设都为真，则其中至少有一个达到显著性水平的概率只有10%，而不是87%。也就是说，如果100个假设都为真，那么其中至少有一个被认为为假而受到否定的概率只有10%。这更容易令人接受。

在过去二三十年中，人们已经开发出了一些更强大的工具，用以控制多重测试问题。其中许多都是对邦费罗尼校正方法的扩展和完善，例如，控制试验进行的顺序。但约阿夫·本贾米尼和优素福·霍赫贝格的工作取得了一个重大进步。他们把注意力从p值（在假设为真的情况下，得出错误结论的概率）转移到了"错误发现率"上。错误发现率是指，在被标记为错误的假设中出现误差的预期比例。可以说，这是更具相关性的衡量标准。它告诉我们，当我们得出假设为假的结论时，我们会犯错的概率。

除了p值篡改，无法重复试验结果的另一个更基本的原因在于，试验条件存在潜在差异。科学文献中对试验的介绍必须尽量简短，在过去，这主要受到学术期刊版面费的限制，尽管在互联网时代，这一点已经不是大问题了。这意味着，论文很少详细描述研究过程的具体细节。再说一次，因为科学研究处于知识的边界地带，所以任何对试验的细微改变都会对结果产生很大的影响。

还有一个导致错误结果的原因是根据已知结果提出假设，这是一种有害的做法。

用于验证一个假设的数据正好是提出该假设的基础，就是根据已知结果提出假设。如果你看到一个数据集，从中发现某些东西，进而形成一种想法，那么，使用同一个数据集再来验证这个想法是否正确是不公平的。很明显，这些完全相同的数据对该假设形成质疑的概率非常小！例如，如果我观察到，A 海滩的 1 000 粒沙子的平均重量大于 B 海滩的 1 000 粒沙子的平均重量，那么我当然可以推测，一般来说，A 海滩的沙子比 B 海滩的沙子重，但我很难用同样的 2 000 粒沙子的重量来检验这个假设，因为这些数据肯定会支持这个假设。这个假设必须通过另一个独立的数据集来验证。我们要研究那些以前没见过的数据，也就是以前的暗数据。

请注意，筛选、检查和分析数据，以查看它们是否包含有价值的特性，这是完全可以接受的。这种"探索性"调查，是产生新假设、提出新想法和发现以前未被认识的现象的一种重要方法（实际上，也是基本的方法）。但是，同样的数据不能再次用于检验那些想法的正确性。

要求研究人员在收集数据之前先陈述他们的假设，可以减少根据已知结果提出假设的现象。一些科学期刊正考虑朝这个方向发展，只要保证事先提出假设，并且试验设计和方法符合严格的标准，那么，无论试验结果如何，论文都可以发表。

## 隐瞒事实

正如我们看到的，科学本质上是一种自我修正的过程。基本论点总是在预测和数据的比较中得到验证，结果是不符合事实的理论假设迟早会被推翻或修改。但是，那些最终被证明是错误的理论，在科学的自我修正本质发挥作用、对真相进行更准确的描述之前，往往会在一段时间内得到数据的支持。

我们已经注意到，这种情况发生的一个明显方式是初始数据有问题。也许观察结果并未达到可以推翻一个理论的精确程度，也许数据存在扭曲和误差，也许它们在某种程度上是不完整的。在本书中，我们已经看到了足够多的例子，它们都说明了阴影是如何投射到数据上的。但有时，扭曲和误差可能是人为的，也就是说，数据可能具有欺诈性。

在前面的章节里，我们曾考察金融和其他类型的欺诈。从某种意义上说，在金融等领域出现欺诈并不奇怪，因为从中获得的收益是显而易见的。但科学研究通常不是一条通往巨大财富的道路。在很多人心中，科学的形象是客观无私的研究人员（有可能穿着白大褂）所追求的东西，这些研究人员只关心真理，不受世俗的影响。不幸的是，这个形象并不反映现实。毕竟，科学家也是人，他们也会和其他人一样受到利益和动机的影响。和其他人一样，金钱、权力、尊重和同行敬佩对科学家来说都非常重要。和其他人一样，科学家也可能受到贪婪、傲慢和嫉妒的驱使。

但金融与科学之间还有一个关键区别：欺诈性金融交易可能永远不会被发现，但错误的科学论断最终一定会被驳倒。这就体现了科学自我修正的本质。那么，发布最终会被驳倒的虚假论断又有什么意义呢？

一种可能性是，这个理论实际上有可能不会被驳倒。虽然猜测并不是成功的科学研究的合理方法，但确实有人会幸运地做出正确的猜测。另一种可能性是，某种理论可能在骗子的有生之年都不会被戳穿，甚至还可能持续几个世纪。这可能会诱使一些确信自己理论正确的人调整甚至编造数据，以使其更好地符合自己的理论，他们希望不会有人发现自己造假。很多伟大的科学家都曾被指控在数据上有可疑行为，其中包括罗伯特·密立根、路易·巴斯德、约翰·道尔顿、格雷戈尔·孟德尔，甚至伽利略和牛顿。我们将进一步探讨密立根的案件，因为他的笔记本保存至今，上面记录的数据可以用来判断案件中的指控。其他案件中，保留下来的数据极少，只有依靠详细的法庭统计工作才能查明。

这里最有趣的一点是，前面提到的那些人，确实被认为是"最伟大的科学家"。从一定程度上说，这是因为后人和重复他们试验的人支持他们的结论。若非如此，他们可能会被视为不可靠的人，被扔进历史的垃圾箱。这看起来不太公平！

即使一种理论建立在具有欺骗性的数据基础上，而且最终被证明是不正确的，欺诈也可能不会被发现。科学的本质意味着会有许多失败的理论，这些失败的理论最初似乎与数据相符，但后来由于重复性试验无法再现其结果，开始露出马脚。但是，除非有理由回过头来重新检查历史数据（假设仍然能够得到它们），否则，理论的失败通常会被认为是由数据测量不准确、概率变化或其他一些缺陷导致，而不是由科学家的不诚实导致的。

然而，有时候，欺诈确实会被发现，即使过了很长一段时间。当欺诈被发现时，辉煌的职业生涯在一瞬间崩塌。常见的模式似乎是这样的：一个人先编造一个小小的谎言，尝到甜头之后，便会制造更大的骗局。这些欺骗事件日积月累，直到最后某次欺骗被发现，这会促使人们对数据和试验进行回顾和进一步考察。此后不久，整座大厦就倾塌了。

西里尔·伯特爵士是一位非常杰出的心理学家：1968年，美国心理学协会授予他享有崇高声誉的爱德华·李·桑代克奖，这是该奖项第一次颁给非美国籍的科学家。但是，在他1971年去世后不久，人们开始怀疑他在智力遗传方面的研究工作。当时，利昂·卡明注意到，伯特不同试验中的一些相关系数（表明两个变量的相关程度），小数点后三位数都是相同的。如此精确匹配的概率是非常小的。一些权威人士认为，伯特施行了欺诈，尽管也有一些人士指出，不同的研究人员都获得了相似的相关系数值。阿瑟·詹森声称："在伪造数据方面，但凡有一点儿统计学常识，都不可能连续三次报告完全相同的相关系数值（0.77），更何况伯特掌握很多高端统计方法。"[21] 这个论据很有意思。它表明，如果想要进行科学欺诈的话，那么任何人都应该把事情做得很明显，因为没有人相信你会如此愚蠢。我不确定这是不是一个合理的策略。还要注意的一点是，这种辩护成立的前提依赖于证据的缺失：伯特的所有笔记都被烧掉了，因此，没有人可以检查这些系数，也没有人可以看到得出这些系数的数据是否真的存在。

最初的步骤可能是毫无异议的。所有科学家都必须在某种程度上对哪些数据可以被接受、哪些数据应该被拒绝做出主观判定。毕竟，如果你发现有人在称体重时穿着厚厚的长大衣，或者在测量身高时穿着鞋子，那么你可能会觉得，把这些数据排除在分析之外是有道理的。但是，如果体重秤没过多久就坏了，导致你怀疑之前测量的数据的准确性，或者你不记得是否曾要求受试者在测量身高时脱掉鞋子，那么，你又该怎么办？这些疑点是否意味着你应该否定这些试验？事实上，不同的研究人员可能会做出不同的决定。

科学造假并非新鲜事物。计算机先驱查尔斯·巴贝奇在他1830年的经典著作《英国科学衰落的反思及其原因》（*Reflections on the Decline of Science in England, and on Some of its Causes*）第6章第3节中说："科学领域更容易遭到冒充者的侵占；我觉得，所有真正珍视真理的人，都应该感谢我。通过揭露一些追求虚荣者的行骗方式，仅仅把他们的行骗伎俩公布出来，我就可以震慑未来的骗子……在科学中有几种一直在实施的不合理规则，除了这些规则的发起人，很少有人知道它们，也许可以使这些不太好理解的东西被更多普通人理解。这些可以归类于恶作剧、伪造、剪辑和加工。"[22] 它们代表着数据暗化的不同方式，下面，就让我们详细了解每一种方式。

**恶作剧**

恶作剧就是通过编造数据（第14种暗数据：编造与合成的数据）（或者，就像我们将要看到的那样，即使是化石、骨头，甚至完整的动物等实际物体）使人们以为一些并不存在的东西真实存在，意在等真相被发现后，让这些受愚弄的人难堪。这是一种科学恶搞。

科学恶搞的目的，似乎往往是嘲笑某个浮夸的目标。例如，18世纪初，维尔茨堡大学医学院院长约翰·巴塞洛缪斯·亚当·贝林格致力于收集化石。有人把一些特别的化石带给他看，有些化石明显是动物或植物化石，还有一些化石上面有恒星和行星的形象，后来，竟有一些化石上面刻着神的名字，这给他留下了深刻的印象，他甚至为此出版了一本关于这些化石的书。他确信，这些石头上的刻痕，进一步证明了人是由神创造的。这就是典型的证真偏差！

某一天，恶作剧的始作俑者，贝林格的同事、维尔茨堡大学地理和数学教授J.伊格纳茨·罗德里克和私人顾问、图书馆长约翰·乔治·冯·埃克哈特，认为事情有点儿过头了。于是，他们告诉贝林格这是个恶作剧，之所以恶搞他，是因为他太自负了。但是，贝林格并不相信他们。相反，他怀疑他们想剥夺他这个学术发现的荣誉。他最终接受这个事实，是因为看到一块石头上刻着自己的名字。贝林格起诉了他们，这起诉讼毁掉了罗德里克和埃克哈特的事业。

还有一个类似的例子，但这个例子没那么严重。两个男孩想捉弄达尔文，他们把甲虫的头、蝴蝶的翅膀和蚱蜢的腿粘在蜈蚣身上，然后问他能不能认出这是什么。达尔文仔细地瞧了瞧，停顿了一会儿，问他们抓到它时它是否在嗡嗡作响。当男孩们给出肯定的答案时，达尔文已经知道这是个骗人的把戏，于是说它是嗡嗡虫。

通过编造数据，恶作剧的实施者掩盖了真相，用虚假数据代替真实数据，从而遮盖了真实数据的样子。

最近的一个恶作剧已经成为一个经典例子，它完全跳过了数据这个步骤，直接进入论文发表阶段。为了检验后现代主义杂志《社会文本》的理性与严谨性，物理学家艾伦·索卡尔提交了一篇毫无意义的文章，题目为《超越边界：通向量子引力的变换解释学》(*Transgressing the boundaries: Toward a transformative hermeneutics of quantum gravity*)。[23]《社会文本》是一本"涵盖广泛的社会和文化现象，将最新的解释学方法应用于整个世界"[24]的杂志。这篇论文在没有专家评议的情况下被接受并发表了，这时索卡尔透露这只是一个恶作剧。虽然这种恶作剧会让被恶搞的人感到不舒服（回想一下之前说过的贝林格），但是它如果能揭示假象或糊涂的思维，就是有用的："许多人文和社会科学的研究人员写信给索卡尔……感谢他所做的一切。"[25]

值得一提的是，索卡尔式的恶作剧在现代出现了一个转折点，即付费出版期刊。和其他行业一样，科学出版也受到了网络的巨大影响。过去，研究人员或图书馆会订阅期刊，这些订阅构成了期刊商业模式的基础。然而，互联网出现之后，人们免费将自己的论文上传到网站上，因此科学出版界需要采取一种不同的商业模式。这种模式仍处于某种变化过程之中，但已经出现了一种重要模式：作者在论文发表时支付费用，然后论文对所有潜在读者免费开放阅读。不幸的是，这一过程有一个副作用，只要付费，运营商们就会肆无忌惮地让"期刊"发表任何东西，无论文章多么荒谬且具有欺骗性。有很多这样的出版物被曝光，在这些出版物中，人们依照索卡尔的思路，故意提交一些毫无意义的荒谬论文，看看是否会被采用，以此嘲笑这些期刊。

特别值得一提的是约翰·博安农的例子，他以奥科拉福·科邦的名义，以虚构的瓦西医学研究所为单位，向304家期刊提交了同一篇论文的不同版本。[26]博安农表示："任何具有中学以上化学知识和理解基本数据图表能力的审稿人，都能立刻发现此文的缺点。它的试验存在无可救药的缺陷，其结果是毫无意义的。"但是"一半以上的期刊采用了这篇论文，并没有注意到它致命的缺陷"。

另一个例子是戴维·马齐埃和埃迪·科勒的论文，这篇论文最初被提交给一个会议，后来被一本杂志采用（显然没有任何审稿程序）。[27]这篇论文只是重复了一句话：把我从你的邮寄名单中删掉。至于论文的标题，你很可能猜得到。

这种试图证明某些期刊肤浅的尝试，可能面临重大阻碍。在撰写本文之际，波特兰州立大学哲学助理教授彼得·博戈西昂因为参与合著一系列论文而面临被解雇。这些文章中有 7 篇论文被期刊接受,在论文中他讽刺了学术研究水平,目的是"看看这些被我们称为'申冤型研究'的学科是否受到了政治激进主义的损害。这种政治激进主义允许将偏见和个人观点洗白,使之被视为知识"。理查德·道金斯和斯蒂芬·平克为他进行辩护。[28]

数据伪造

数据伪造类似于恶作剧,只不过骗局不是做局者故意暴露的。犯罪者隐瞒了真实数据的情况,用假数据代替它们,使之转变为暗数据。我们在第 2 章中讨论的"臆答",即在调查和普查过程中编造数据,就是一个例子。

最著名的案例就是"辟尔唐人"。1912 年,律师兼业余考古学者查尔斯·道森写信给他的朋友阿瑟·史密斯·伍德沃德,后者当时是伦敦自然历史博物馆的地质资料部保管人。道森告诉伍德沃德,他在东塞萨克斯郡辟尔唐附近的砾石层发现了一块古老的人类头骨。于是,二人一起继续调查,道森发掘出一块下颚的碎片,上面还有一些牙齿。他们把这些碎片和头骨碎片拼凑在一起,并用黏土复制出模型,结果表明,他们发现了早期类人猿和人类之间缺失的进化环节的样本。

这一发现使人们极为兴奋,同时也引起了不小的争议。有人说这两块骨头来自不同种类的动物。动物学家马丁·欣顿确信这是一个骗局,他甚至试图揭穿行骗者。他把一枚类人猿的牙齿磨平,使之与伍德沃德用黏土制成的牙齿相匹配,并把它秘密放入砾石层内。

事情完全按照他的计划发展,这颗假牙被发现了。然而,不幸的是，这个发现不但没有揭露道森的骗局，反而被认为是证明道森的重大发现的又一项证据。欣顿下定决心不放弃，他从已经灭绝的大象的标本上取下一根腿骨，把它打磨成板球棒的形状，然后又把它埋在了辟尔唐。但即便如此还是没能成功。道森和史密斯·伍德沃德在《地质杂志》上发表了一篇关于他们最新发现的科学论文。他们写道："在过去的一段时间里，我们花了很多时间来研究辟尔唐的砾石层，围绕之前勘探区域的边缘展开细致的工作……然而，发现很少……没有发现人类的遗骸，但能弥补许多失望的是，我们发现了一块骨头，这块骨头显然是由人工雕刻的，非常独特，值得特别关注。"

有趣的是人们如何进行自我欺骗。作为证真偏差的绝妙例子，道森和史密斯·伍德沃德评论道："这块骨头是在一英尺深的地下被发现的，它被埋在深色的熟化土壤中……把土壤冲洗掉之后，没在标本上留下任何污点，那上面牢固覆盖着一层浅黄色的砂黏土，这与砾石层底部的燧石层非常相似。因此，这块骨头不可能埋在熟化土壤中太长时间，几乎可以肯定，它是工人们从邻近的洞里挖砂砾时，与其他无用的残骸一起被扔到那里的。"[29]

这篇论文对这件人工制品的性质及其制作方法进行了相当细致的科学研究，随后引发了一场讨论，其中包括以下评论：

G. F. 劳伦斯先生说："这个工具的样子好像一根棍棒。"

W. 戴尔先生说："骨头上的工具标记与他收藏的骨头上的人工刻痕具有类似特征，那块骨头是在南安普敦码头挖掘时在泥炭中发现的，和新石器时代的石锤有一定关联。"

雷金纳德·史密斯先生说："……祝贺发现者，你提供了一个新的有趣的问题，它最终会被巧妙地解决。"（确实如此！）

F. P. 曼内尔先生说："……在他看来，像辟尔唐人这样原始的生物，能够制造和使用任何工具，都是非常了不起的。"

在科学造假方面，辟尔唐人肯定是其中一个成功案例，因为直到40多年之后，这些被发现的骨头才被确认为猩猩的下颌骨、黑猩猩的牙齿以及人类头骨碎片的组合。这让人想起那个关于达尔文的骗人把戏。人们的主要怀疑对象是道森。事实上，根据考古学家迈尔斯·罗素的说法，道森私人收藏中的一些其他物件也是赝品。[30]

考古学和古生物学的造假，不会直接影响人类的福祉。但是研究人员约翰·达西的造假可能会产生这样的影响。达西曾在佐治亚州最大的医院格雷迪纪念医院担任首席住院医师，之后进入哈佛大学，并于1981年获得教员职位。但是，就在这一年，达西的一些同事对他实验室结果的准确性产生了怀疑，对于他实验数据的调查随之启动。经过广泛调查，美国国家卫生研究院得出结论，他实际上没有进行相关实验，数据全是他编造出来的。比起耗费心血和时间做实验，简单地编造数字要容易得多！

不幸的是，这样的例子还有很多。在问题暴露之前，心脏病专家鲍勃·斯卢茨基的杰出研究获得了极高的推崇。最终，加利福尼亚大学圣迭戈分校委员会得出结论，斯卢茨基以各种方式歪曲和伪造数据。[31] 医学研究员乔恩·苏伯德曾在权威医学期刊上发表关于肿瘤学的论文，但是后来被揭露其在《柳叶刀》上发表的一篇论文中涉及的900名患者的数据全部是编造的。美国科研诚信办公室断定，癌症研究人员阿尼尔·波蒂博士对虚假数据（包括声称33名患者中有6名对药物达沙替尼有积极反应,但实际上只招募了 4 名患者,其中没有一个人给予反馈)的采纳构成了学术不端行为。

在 2017 年报道的一个案例中,中国科技部发现 486 名研究人员存在学术不端行为,就涉及的人员数量来讲,这很不寻常。[32] 他们利用暗数据的方式,并不是编造或修改实验中的原始数据,而是付钱给评审人员,让他们对自己提交的论文做出有利评论,或者在杂志编辑就论文的优点征求意见时,提名他们心目中的评审人员。

这种情况还在持续。如果你想进一步探索,那么可以关注美国科研诚信办公室,它监测着美国公共卫生服务研究的诚信情况,并列出案例摘要。[33] 但造假并非仅仅出现在医学研究领域。物理学家扬·亨德里克·舍恩把一组数据当作不同实验生成的结果并多次发布。荷兰社会心理学家迪德里克·斯塔佩尔为许多研究编造了数据,这导致他的 58 篇论文被撤回。

科学造假背后的信念是,编造与你喜好的理论相匹配的数据,要比收集数据容易得多,也便宜得多(而且,这些收集到的数据实际上可能并不支持你的理论)。但是,事实证明,想要编造看起来够真实的数据,其实也不是那么简单。

如果一个实验中的所有测量结果都相同,那么事情会简单得多,但其实,所有真实的数据都有其随机性的一面。在物理实验中,对质量、电荷或压力进行非常精细的测量,通常会由于背景条件的波动而导致数值随机分布,尽管人们希望它们会分布在测量对象的真实值周围。测量某个人群中的人的身高,会得到一个数值分布,因为每个人的身高都不一样。同一种类的植物,每一株产出种子的数量和重量也不尽相同。因此,我们如果想编造一组看起来真实的数据,就要使数据看起来具有随机性。

然而，人们根本不擅长编造看起来令人信服的随机数据，也就是没有内在模式的数据。例如，如果你让人随机生成一串数字（例如26217833383774811256……），他们倾向于频繁地给出同一个数的组合（比如333、77和11等）、数字的升序或降序组合（如654和4567）、数字的重复序列，或其他类型的模式。事实上，我们在第1章遇到的伯尼·麦道夫给出了太多的数字8和6的组合（在他的财务报表和他编造的高尔夫球成绩中都是这样）。

当然，一切都取决于欺诈者的狡猾程度。有着丰富统计知识的人掌握了把假数据从真实数据中区分出来的各种方法，因此，他们会努力使假数据在这些方面与真实情况匹配。或者，他们可能会从其他地方复制数据，甚至更狡猾地在复制的数据中加入一些小的随机变化。这些都让我怀疑，有些时候，做实验可能会比耗费那么多精力去伪造令人信服的假数据更容易一些！

**数据剪辑**

数据剪辑就是对数据进行调整，使其更好地符合理论。巴贝奇形容这是"从那些离平均数最远的观测值中，这里剪掉一点儿，那里剪掉一点儿，并把它们粘在那些离平均数较近的观测值上"。如果能利用合适的技巧做到这一点，就可以在保持平均数不变的同时，给人一种数值的波动范围以及测量的不确定性比实际情况小的印象。

实际上，利用一些可靠的统计技术可以做到这一点。而且，在某些情况下利用这些技巧，可以限制过高的值或过低的值（有可能是虚假的）对研究的不利影响。其中，缩尾调整法（Winsorizing，以查尔斯·P. 温莎命名）用距离平均数一定距离的数值来代替极端观测值。例如，距离平均数超过两个标准差的值可能被认为是不可靠的，并被替换为距离平均数两个标准差的值。所得数据的平均数比原始数据平均数的变化幅度要小，但我们必须注意，数据已被修改。如果不说明你对数据做了什么，就意味着你在掩盖真相。注意，这种方法并没有把你剪下的数据碎屑粘贴到其他数值上！

在巴贝奇的戏剧化版本中，数据剪辑是为了实施骗局，人们从一个大数据集中大规模地移动数据或复制数据。就像简单地伪造数据一样，这样可以节省很多精力。在我调查过的涉嫌欺诈的案件中，我曾看到经过这样处理的数字型数据。但在我看来，这种情况最常发生在图像和照片上，图像被描述为某种事物，但事实并非如此。

我还看到更高水平的数据剪辑。提交给高质量科学期刊的论文要经过一个评审过程，在这个过程中，论文会被发给其他一些研究人员进行评论，评论内容包括是否认为这些研究是准确的、规范操作的，是否具有足够的重要性、值得发表。如果评审人员指出文章描述的研究存在问题，作者就会修改它，使其模棱两可，这样其他评审人员（和读者）就无法发现任何错误，然后他们再把论文提交给另一个期刊。

例如，统计测试或建模过程的有效性可能基于经数据检查不那么可靠的假设，这可能会使结论失去效力。我遇到的一个案例给出了数据样本的平均数和中位数，但它们的相对值会让人担心出现分布偏斜问题，这将使论文后面部分的统计分析无效。我在评审人报告中提出这个问题之后，文章作者没有进行其他分析以应对这种情况（这可能会改变他们的结论），而是将论文中提到的中位数删掉，然后把论文提交给另外一个期刊。对他们来说，很不幸的是，另外一个期刊的编辑们又把它寄给了同一个评审人!

数据加工

数据加工的目的是让数据看起来更准确、更可信,方法是进行多次观测,从中选择出那些最符合理论的数据。巴贝奇说:"如果做了 100 次观测,加工者还不能从中挑出 15 个或 20 个能用的结果,那么他也太不走运了。"这种策略类似于 p 值篡改。

一个最著名的加工指控案件是诺贝尔奖获得者罗伯特·密立根犯下的。然而,更深入的调查表明,并非所有的事情都像表面上看起来的那样:确实存在一些暗数据,但并不是加工造成的。

1923 年,罗伯特·密立根获得诺贝尔物理学奖,获奖的部分原因是他对电子电荷的测量。密立根最初与博士生合作,但后来独自一人完成了一系列实验,其中包括平衡带电水滴和带电油滴的下落速度与电场的作用力。通过测量液滴的最终速度,他确定了重力何时会被空气黏度平衡,这使得他能够算出液滴的大小。当电场打开时,对速度的进一步测量使得密立根能够测定液滴上的电荷。通过许多次这样的实验,他测出了可能存在的最小的电荷——电子的电荷。

对我们来说,关键在于,密立根在他 1911 年发表于《物理评论》的论文中说:"这是在目前的安排下观测到的唯一具有如此规格的液滴,因此它们代表了常规的观察结果,而不是选定的观察组……同样需要注意的是,这不是一组选定的液滴,而是在连续 60 天的实验中的所有液滴,在这段时间里,仪器被拆了好几次,又重新安装起来。"[34] 这句话非常清楚地告诉我们:不存在数据选择(无论是有意识的还是潜意识的)造成的失真(第 3 种暗数据:局部选择案例),不存在变为暗数据的数据。

密立根说的话本应是事实，但对他的笔记本进行检查后发现，这些并非全部数据。论文报告了 58 滴的测量结果，而他的笔记本上则记录了 175 滴的测量结果。这看起来像是一个明显的加工案例——甚至可能是欺诈。至少在威廉·布罗德和尼古拉斯·韦德看来是这样的，他们在《背叛真理的人们：科学殿堂中的弄虚作假》一书中对此做了描述。这本书的书名说明了一切。[35]

然而，物理学家戴维·古德斯坦的深入研究表明，密立根对数据的操纵远不止眼前见到的这些。在影响油滴运动的三个因素中，有两个是众所周知的，即重力和电场。但是，空气黏性对密立根研究的水滴那么小的物体的影响就没那么明显了。考虑到这一点，也为了对自己的测量结果有把握，密立根不得不进行多次实验，以改进和完善他的测量程序。而在这个阶段的测量结果，并没有被包括在内，即使这些测量结果符合他的想法。古德斯坦引用密立根的话说，一个被排除在外的这种测量结果"完全没错，这是我有史以来获得的最好的数据"。[36]

密立根放弃一些测量结果的原因还不止于此。有些液滴非常小，受布朗运动的影响很严重；有些测量对象太大，下降得太快，无法精确测量。因此，密立根认为不应该把它们包括进来。正如我们之前看到的，这是所有研究人员都不得不做出的决定。如果在进行一个精确度很高的测量时，有人撞到了实验台，你就可能会排除这个测量结果。如果你在向混合物中添加化学物质时滑了一下，那么你也可能会忽略这次结果。与生活的所有方面一样，在完全的光明和彻底的黑暗之间，存在灰色地带。

巴贝奇列举了恶作剧、数据伪造、数据剪辑和数据加工，但还存在其他类型的科学不端行为，如剽窃，即隐瞒一件作品的真实来源，使其来源成为暗数据，并将其冒充为自己的作品。通常，只需采取逐字逐句的文本复制形式，甚至仅仅简单地改一下论文的标题和作者，就重新提交发表！现在，人们已经开发出检测这种问题的软件，只需将提交的论文与已发表的文献进行比对即可。所以，现在抄袭别人的作品比过去更加危险了。

学术不端行为显然会损害机构的声誉。这意味着机构可能想淡化事态，甚至隐瞒这些案例。但是，隐瞒学术不端行为，后来发展成了公共事件，更具破坏性。因此，各机构通常都会设立独立的调查小组，负责调查此类指控。我在好几个小组里任职。

## 撤回

我们已经看到，科学上自我修正的标准方法就是重复试验，即开展更多研究，比较数据与理论。但也存在其他机制。如果在发表的论文中发现错误，那么作者和期刊编辑可以撤回文章，承认其没能呈现应该呈现的内容。这可能并不意味着论文出错了，也可能仅仅是论文没有充分证明其结论。如果发现欺诈或虚假陈述等情况，那么论文也会被撤回。

R. 格兰特·斯蒂恩与同事最近对 PubMed（一个生命科学和生物医学出版物数据库）索引出版物的调查显示，撤回率"近年来急剧上升"，令人震惊的是，"自 1975 年以来，由于学术欺诈……撤回率估计增加了 10 倍"。[37] 如果这听起来像是对科学和科学家的可怕控诉，那么让我们看看这一数据的背景。近几十年来，论文发表数量也有非常可观的增长，1973—2011 年，在 PubMed 上索引的期刊文章有 2 120 万篇，其中有 890 篇因欺诈而被撤回。这相当于每发表 23 799 篇文章，就有 1 篇被撤回，看起来不是很糟糕。斯蒂恩等人评论："1973—2011 年，包括 1973 年和 2011 年在内，发表率的变化更大……超过因为欺诈……或者因为错误造成的撤回率变化。"但他们补充："在这段时间内有些时期，撤回率似乎在加速。"其中一个复杂之处在于，撤回必须是回顾性的，编辑们可能会回溯过去，撤回在更遥远的过去发表的论文。但我们必须认识到，已撤回的论文可能只是已发表的劣质论文的冰山一角。毫无疑问，还有许多其他论文值得撤回，但成了漏网之鱼。

顺便说一下，对潜在的欺诈者来说，存在一个窍门。（我有点儿犹豫是否要说出这个窍门，但最后还是决定，应该诚实地展示全局的情况，并且，这也体现了本书的宗旨：不隐瞒信息。）众所周知，阅读不知名期刊的研究人员很少，而由于读者人数越少，欺诈就越不可能被发现，这就意味着，包含虚假内容的论文发表在没有名气、读者较少的期刊上，被揭穿的可能性更小。当然，虽然这有助于提升作者的发表率，却对引用率没有帮助。引用率是指其他作者承认该论文对自己研究成果产生影响的次数。

在第 3 章中，我们看到，自 2000 年以来，美国自闭症的确诊率急剧上升，这至少部分归因于人们对自闭症的认识有所提高。同理，这也可能是科学论文撤回率上升的部分原因：也许部分归因于编辑、评审人员和读者提高了发现欺诈和错误的意识和警惕性。科学欺诈的增多也可能出于同样的原因，可能仅仅是因为人们对此类事件更加警觉，所以发现和报告了更多类似事件。最近，这些备受关注的案件无疑提高了人们对欺诈的潜在危险的认识，使人们产生了到处都存在欺诈的印象。[38]

## 出处和可信度：谁告诉你的？

在过去几年里，一种特殊类型的暗数据成为新闻热点，这类暗数据就是所谓的虚假事实或假新闻（第 14 种暗数据：编造与合成的数据）。维基百科将假新闻定义为"一种由故意的错误信息或骗局组成的黄色新闻或宣传"。黄色新闻是 19 世纪末威廉·伦道夫·赫斯特和约瑟夫·普利策在报纸大战期间创造的一个术语，描述的是夸张和哗众取宠的故事。它源于一个漫画人物，即"黄色的小孩"，他穿着黄色的睡衣出现在普利策的《纽约世界报》上。赫斯特的回应是在他的《纽约新闻报》上创造了另一个"黄色的小孩"。假新闻可能不是数字形式的数据，但它们仍然可以被归为一种暗数据类型———些你认为自己知道的事情，其实并不是你以为的那样。如果达到故意为之的程度，就构成了一种欺诈。

区分真理与谎言的问题，从人类诞生之日起就一直是个困扰。这是一个无法严格较真的问题。但是在数据领域，有一个有用的方法，就是坚持追问数据来自何处，坚持追问是谁收集或报告了这个数据。或者，就像我在一篇关于这个话题的文章中写的那样，当有人给你某个数据时，你应该坚持追问数据的出处，要求对方回答这个问题：这是谁告诉你的？[39] 如果对方无法提供出处，那么你可以对该信息的真实性得出自己的判断（除非，在某些情况下，信息来源可能意味着风险）。实际上，这意味着所有报纸和网站，所有记者和政客，都应该说出他们是从哪里得到信息的。那样你就能核查它，你可能不想核查或没有时间去核查，但至少你具备核查的能力。虽然这种方法无法克服所有挑战（克服所有挑战可能是一种过高的期望），无法阻止有人故意通过信息的选择来支持信息发布者的立场，但它仍然会有帮助。

透明这个词经常被当作应对暗数据问题的部分答案，至少在产生欺诈和欺骗的暗数据形式下，情况是这样的。背后的理念是，如果信息被公开，人们就会很容易地看到正在发生的事，因此可以亲自看清究竟发生了什么，欺诈也就没那么容易发生了。这就是我们以前看到的"提高透明度"原则。很多西方国家在各个层面都相当重视这种开放，并鼓励政府公布其交易细节。例如，英国《地方政府透明度准则》称："透明是地方问责制的基础，是给予人们所需的工具和信息、使他们能够在社会中发挥更大作用的关键。数据易得性还可以为地方企业、志愿者和社区部门、社会企业开辟新的市场，帮助其开展服务或管理公共资产……本政府认为，原则上，地方当局持有和管理的所有数据都应提供给当地人民，除非存在特定的敏感问题。"[40] 它还说："这一准则确保当地人民现在能够看到和获取的数据包括……钱是怎么花的……资产使用情况……决策过程……以及对当地人来说很重要的事务。"例如，大曼彻斯特郡坦姆赛德区每个季度都会公布超过500英镑的支出项目的详细信息。[41] 这些详细信息包括供应商、部门、商品或服务的详细说明、金额、日期和其他事项等。

然而，在个人层面上，事情似乎在朝相反的方向发展。人们越来越重视隐私的保护，提高个人数据的保密性或不可知性越来越重要。因此，我们在第2章中提到的欧盟《通用数据保护条例》于2018年5月25日生效。它为存储和使用个人数据的各类组织规定了义务，并增加了个人对其数据以及如何使用这些数据方面的权利。个人数据是指能够从中辨认出活着的某个人的各方面数据。《通用数据保护条例》要求相关组织解释它们收集和使用数据的原因，并要求得到个人明确和自由的许可（或者其他正当理由，比如法律要求，或为了挽救某人的生命）。个人有权访问这些数据，并有权要求更正、删除数据或将其传输给另一个数据控制者。同样值得注意的是，此类法律规范确实对处理大量个人数据的企业造成了相当大的制度性管理障碍。

顺便说一句，我对"透明"一词的解释，就是人们谈论数据透明性时通常采用的意思：人们可以访问数据。但是还有另一种解释。如果你的视线能够穿过某个东西，甚至根本没注意到它，它就是透明的。窗户和眼镜片就是这种透明的东西。然而沉痛的事实是，许多最有效的欺诈和骗局都基于这个概念：事情发生时你没看到它们，一切看起来都很好，直到你注意到一个异样的地方，顷刻之间，一切都结束了。就数据而言，"透明"在这个意义上与"暗"有着令人担忧的相似性。

本章进一步探讨了如何认识以及克服暗数据的挑战，特别是在科研调查背景下。我们研究了将理论与数据进行比较的概念，研究了由于缺乏数据而产生的错误，研究了欺诈性滥用数据和人工捏造数据，研究了只关注集合中的最大值，研究了进行大量搜索并放弃异常现象的问题，并且探讨了"大多数科学发现都是错误的"这个说法。我们还研究了探明数据来源的普遍原则——坚持追问这个问题：这是谁告诉你的？

本书第一部分探讨了暗数据导致问题的各种方式。在第二部分，我们将考察如何检测暗数据、如何进行相应的调整以及如何在实际情况下对暗数据加以利用。

# 第二部分
# 阐明和使用暗数据

# 第 8 章 处理暗数据：让光照进来

Dark Data

## 希望

我们已经看到,暗数据的产生有多种原因,虽然我们可能知道自己看到的数据具有潜在的误导性,但我们可能完全没有意识到我们并没有看到事物的全部。我们也发现这种无知造成的后果可能很严重,我们不仅会在财务方面遭遇损失,还可能丧失生命。这听起来不太美好!

我们该怎么办呢?在这一章,我们考察一些方法,运用这些方法,我们可以透过暗数据的阴影,辨识出隐藏其间的东西。还有一些方法,可以让我们在不确定到底缺失了什么的情况下,也能解决问题。本章会概述一些理念、工具、方法和策略,引导我们找到正确的答案,即使我们被无知的阴影笼罩。本章主要讨论数据缺失的各种情况(例如,第 1 种暗数据:已知的缺失数据,第 2 种暗数据:未知的缺失数据,第 3 种暗数据:局部选择案例,第 4 种暗数据:自我选择,以及其他情况),在本章的最后,我们将简要讨论虽然看得见但具有潜在误导性的数据（例如，第 10 种暗数据：测量误差与不确定性，第 9 种暗数据：数据汇总，第 7 种暗数据：因时而变）。然而，不管问题的起因是什么，解决问题的关键都是保持警惕，即意识到什么会出错。在数据本身无法提示异常情形的情况下，这一点尤其重要（例如，第 15 种暗数据：推理僭越数据，第 12 种暗数据：信息不对称，第 8 种暗数据：数据定义）。希望本书中的诸多例子，连同暗数据类型列表，能帮助你保持这种警惕状态，所以你知道，至少有一些事情需要时刻关注。

但在我们深入了解细节之前，需要强调一个非常重要、非常基本的问题，那就是，暗数据并非数据的理想状态。当数据不正确时，情况显然是这样的，但"缺失"一词也隐含了这层含义：它代表这样一种观念，即你希望得到更多数据，但是因为一些差错而没有得到。尽管下面这些方法或许可以解决由数据不正确和不完整造成的问题，但最好还是保证数据的准确性和完整性。这意味着，无论是在设计数据收集方案时，还是在实际收集数据时，我们都应尽一切努力避免数据错误和数据不完整。

但如果达不到这一点，那么我们又该怎么办呢？

## 在已观测数据与缺失的数据之间建立关联

在收集完整数据的策略不可行的情况下，处理暗数据的关键就是了解数据缺失的原因。特别是，我们需要探究数据（无论是不是观测到的数据）之间的联系，以及是否缺失了某些项目。如果运气好，我们就可能知道缺失的项目具有什么类型的数值，而这反过来又能让我们知道如何弥补缺失。

这一切的出发点是一种非常有用的分类,这是由美国统计学家唐纳德·鲁宾在20世纪70年代提出来的。[1]这种分类区分了已观测数据和缺失数据之间三种不同的关系类型。让我们从一个例子开始。

身体质量指数(体重指数)是一种测量人体组织质量的标准化方法。通过测量指标,将人分为体重不足、正常体重、超重或肥胖等不同类型。该指数的定义为,体重(单位:千克)除以身高(单位:米)的平方。体重指数大于或等于30为肥胖,体重指数大于或等于25且小于30为超重。有证据表明,与其他类型的人相比,肥胖人群患2型糖尿病、冠心病、中风、骨关节炎、某些癌症、抑郁症和许多其他疾病的风险会更高。因此,人们对节食减肥很感兴趣。

在一项关于这种节食减肥的研究中,研究人员每星期进行一次观测,连续观测6个月以了解在这段时间里人们的变化。观测指标包括体重、皮肤褶皱厚度以及体重指数,但在此处我们只关注体重指数。

然而,在这项研究中,并不是每个人都坚持了6个月,因此,那些中途退出的人,就没有最终测量值。问题是,我们是否可以忽略那些中途退出的人——忽略他们的暗数据,只分析那些既有初始值又有最终值的数据?我们在第2章中已经讨论过一些关于中途退出的问题,因此,毫无疑问,你会意识到答案很可能是否定的,我们不能简单忽视那些中途退出的人,下面让我们更详细地探讨背后的原因。

在这个节食减肥研究中,中途退出的人分为三种。第一种人退出减肥计划是因为他们没能坚持下去,觉得很尴尬,无法重返减肥小组。第二种是那些体重变化不明显的人,特别是那些刚开始没有明显超重的人,他们发现自己的体重并没有下降多少,于是慢慢失去动力。随后，他们中的一些人也退出了。第三种人是出于与减肥无关的原因而退出的，比如，有些人因为换了工作而搬走了，有些人因为太忙而没时间去诊所。

对于第一种人，退出的概率和他们继续留在研究中会被记录下来的体重指数之间具有明显的关系。他们没能坚持这个计划，意味着他们减重的速度可能没有达到应有的标准，或者他们甚至增重了。鲁宾将这种情况称为"不可忽视的缺失"(有时称为"知情的缺失")，在这种情况下，数据缺失的概率，与它们被观测到（如果被观测到的话）时的数值有关。显然，这种情况很难处理，因为缺失的暗数据可能不同于那些仍在试验中的人的观测数据。

对于第二种类型的退出者（一开始没有显著超重、因为失去动力而退出的人）来说，他们退出的概率与测量的数据（他们最初的体重指数）之间存在联系。尽管我们没有观测到这些人的最终体重指数，但我们确实知道他们已经退出了，我们也知道他们的退出与我们测量过的数据有关。鲁宾称这些为"随机缺失"的观测结果。此类"缺失"的关键在于，有迹象表明，事情正在出错，或者有可能出错。

最后，第三种人是那些退出原因与本研究无关的人。对这些人来说，无论是他们退出前的测量值，还是他们在不退出的情况下本应得到的测量值，都与他们的退出没有任何关系。鲁宾称这类情况为"完全随机缺失"。

对非统计学人士来说，鲁宾的术语可能不太容易记住，所以我对这三种类型的数据缺失机制进行了重新命名：

我把不可忽视的缺失称为不可见依赖型数据，简称UDD型。这里，观测值缺失的概率取决于未被观测到的值。在这个例子中，体重指数最终值缺失的概率取决于体重指数最终值有多高，此项数值较大的人返回试验接受测量的可能性更低。

我把随机缺失的数据称为可见依赖型数据，简称SDD型。这里，观测数据的缺失概率取决于已被观测到的数据。在这个例子中，体重指数最终值缺失的概率取决于体重指数初始值，体重指数初始值较低的人更可能退出。

我把完全随机缺失的数据称为非依赖型数据，简称NDD型。这里，观测值缺失的概率完全不依赖于研究关注的数据，无论是已被观测到的还是未被观测到的。在本例中，最终体重指数缺失的概率与数据中的任何其他值都不相关，无论是其他已观测到的值，还是在没有退出的情况下本应观测到的值。

我们需要做些什么来应对数据缺失的情况呢？在面对这个问题时，鲁宾分类的优点就变得显而易见了。最简单的数据缺失机制是最后一种类型，我们就从这种类型开始。

在理想情况下，在6个月的研究结束时，每个人都会有一个最终测量值，就像他们会有初始测量值那样。因此，我们所要回答的问题就是：如果忽略那些中途退出的人的实验结果，会对结论造成什么影响。现在，那些NDD型退出者的退出原因与研究项目无关。没有理由认为这些退出者会与那些被测量的人有什么系统性的不同。事实上，这就像一开始选取了一个较小的样本。平均来说，在分析中忽略他们未被测量的体重不会影响结果，因此，我们可以忽略这些人。这是一个特别直截了当的情况，而且可能是不多见的。在这种情况下，暗数据无关紧要。

事情要都是那么简单就好了。

鲁宾的第二种类型，SDD 型案例，更加微妙。这些人是否退出，取决于他们的体重指数初始值。初始值较低的人更可能退出，从而没有留下最终值的记录，相反，初始值较高的人不太可能退出。

这里需要注意的重要一点是，这种类型的数据缺失不会扭曲体重指数初始值和体重指数最终值之间的关系。对于任何给定的初始值，最终值都可能会减少一些，因为有些观测值缺失了。但是，已观测到的那些值将准确地体现出具有该初始值的人体重指数最终值的分布。这意味着，我们可以只使用观测到的值，来估测初始值和最终值之间的关系，而且不会给我们对这一关系的理解造成误导。然后，我们可以利用初始值和最终值之间的这种估测关系，依次给出各初始值的体重指数最终值估计值。

最后，我们来看鲁宾的第一种类型，UDD 型案例。这些确实很难对付。数据之所以缺失，是因为那些体重指数值"本来会有"，当然，实际上，我们并不知道。它们的缺失不是随机的，也不是由其他观测值的大小导致的。估测这些值的唯一方法是从其他地方获取信息，或者对这些值的缺失原因进行假设。

下面来看另外一个例子。

社会统计学家凯茜·马什描述了一个由 200 对夫妻组成的随机抽样数据集，样本来自 1980 年英国的成年人口。[2] 我们的任务是用这个样本来估计当时英国已婚女性的平均年龄。检查马什的数据后发现，有些数值缺失了，一些已婚女性的年龄没有被记录下来。问题是，这些暗数据是否会影响数据分析，以及是否会使我们可能得出的结论失效。正如在体重指数的例子中一样，答案取决于数据缺失的原因。

未被观测到的已婚女性年龄值可能属于NDD型，这些数据缺失的概率，与观测到或未观测到的任何数据都没有关系。

未被观测到的值也可能属于SDD型，其中已婚女性年龄缺失的概率可能取决于我们看到的其他数据。简单起见，在这个SDD型案例中，我们假设已婚女性是否透露她的年龄仅仅取决于其丈夫的年龄，而非任何其他变量。因此，举例来说，丈夫年龄较大的已婚女性透露自己年龄的概率是丈夫年龄较小的已婚女性的一半。这需要假设我们知道丈夫的年龄值。

未被观测到的值还有可能属于UDD型。其中已婚女性年龄缺失的概率仅仅取决于自己的年龄本身。这样说并不牵强：至少在过去的西方世界，有一种社会习俗认为，询问女性的年龄是不礼貌的，女性往往不愿意透露自己的年龄。以下是短篇小说《红娘》中的一段话，出自英国作家萨基在1911年出版的《克洛维斯编年史》(The Chronicles of Clovis) 一书：

"危机来了，"克洛维斯回答，"她突然说起一种理论，熬夜对人不好，希望我每天凌晨1点钟之前回房间。想象一下那种事情，上次过生日的时候，我才18岁。"

"准确地说，是上上次你过生日。"

"哦，那不是我的错。只要我母亲一直保持37岁，我就不会长到19岁。一个人必须注意外表。"

这种社会习俗可能是数据缺失的原因：也许年长的女性不太愿意回答这个问题。

处理第一种情况，即 NDD 型，是一件简单的事。因为缺失的观测结果与任何实际数据值都没有关系，所以我们可以忽略这类已婚女性年龄缺失的夫妇，直接依据其他夫妇的年龄估算出英国已婚女性的平均年龄。这样做意味着样本小于我们所希望的 200 个年龄数据，但这并没有给我们的估算带来任何偏差或系统性失真。当然，如果缺失的数据过多，导致样本数量急剧减少，那么我们基于这些数据得出的任何结论都是高度不确定的，但这是另外一回事了。

SDD 型的情况又如何呢？在这种情况下，已婚女性说出自己年龄的概率取决于其丈夫的年龄，因此我们可能会得到一个已婚女性年龄的扭曲样本。例如，我们可能会发现，倾向于和大龄男性结婚的大龄女性的年龄，在样本数据中不具有足够的代表性。我们如果忽略这种可能性，就会低估已婚女性的平均年龄。

但这也再次向我们展示了应对这个问题的方法。诚然，对于任何年龄段的男性来说，并非所有人的妻子都愿意说出自己的年龄，那些确实说出了自己年龄的女性只是这个年龄段所有男性的妻子群体的一个随机样本（我们假设她们是否说出自己的年龄只取决于其丈夫的年龄）。这意味着，这些说出自己年龄的已婚女性的平均年龄，可以用来估计特定年龄段所有男性的妻子的平均年龄。这再次意味着，我们可以用我们现有的丈夫和妻子的年龄数据组，来研究夫妻年龄之间的关系。我们一旦估测出这种关系，就可以用它来探讨所有已婚女性的预期年龄，无论她们的丈夫处于哪个年龄段。现在，估测所有已婚女性的总平均年龄变得很简单：我们只需利用那些说出自己年龄的已婚女性的准确年龄和那些不愿说出自己年龄的已婚女性的估计年龄，就能简单计算出所有已婚女性的平均年龄。

最后一种情况是UDD型。如果一位已婚女性年龄缺失的概率仅仅取决于其年龄本身，比如，年长的已婚女性往往不愿透露年龄，那么我们又会得到一个扭曲的年龄样本。现在我们无法忽略不完整的年龄数据组，就像我们在NDD型和SDD型案例中所做的那样。毕竟，对于任何特定年龄段的已婚男性来说，没有给出年龄的已婚女性往往比那些给出年龄的已婚女性更老，我们也没有掌握每一个数据的来源。任何忽略了这种扭曲的分析都可能造成严重误导。在这种情况下，在UDD型数据缺失情况下，我们需要到别处寻找解决办法。

大部分关于如何处理缺失数据的早期研究是由经济学家进行的。这也许是符合人们预期的：经济学是一门特别棘手的学科，因为人不是被动的测量对象。人会对测量情况做出反应，甚至拒绝被测量。尤其是，他们可能会根据自己的答案拒绝回答问题。

美国经济学家詹姆斯·赫克曼在20世纪70年代开展的研究"发展了选择性样本分析的理论和方法"，为此获得2000年诺贝尔经济学奖，这一事实说明了暗数据在经济学中的重要性。"选择性样本"是不掌握全部数据的另外一种说法，即只掌握从全部数据中选择出来的样本。赫克曼的方法被称为"两阶段"法，或者有时也被称为"赫克基特"法。它处理SDD型数据的办法是这样的：首先为导致数据缺失的过程建立一个模型，然后对它进行调整，使其适用于一个总体模型——同凯茜·马什案例中使用的方法类似。在赫克曼的案例中，他对工作时间和市场工资等因素很感兴趣。他曾使用的一个现在已成为经典的例子是女性的工资收入，这与其他变量相关，但是，如果她决定不就业，那些相关变量就会缺失（这对男性也同样适用）。

事实上，在第 2 章研究财务指标时，我们已经遇到了经济方面的例子，特别是 SDD 型数据缺失的案例。例如，道琼斯工业平均指数是 30 家美国大型上市公司的个股股价之和除以道指除数的结果。但公司不断变化，自 1896 年推出以来，道琼斯指数的成分股已经发生了 50 多次改变。尤其是，当某个公司出现财务困难或经济形势发生变化时，它们就可能会从指数中被剔除。这意味着道琼斯指数不能代表美国公司的整体业绩，而只代表那些业绩非常好的公司的业绩。正是因为业绩恶化或经济形势变化迹象的出现导致了该指数剔除某个公司的决定，所以这种数据是 SDD 型的。

同样，标准普尔 500 指数由 500 家市值较高的公司股票的加权平均数构成，如果其中某个公司与其他公司相比表现不佳，该公司就会被标准普尔 500 指数剔除。剔除哪些公司的决定必须基于剔除前可获得的数据来做出，因此，被剔除的公司的数据，即指数计算中缺失的数据，也可以归为 SDD 型。

作为最后一个财务指标例子，我们在第 2 章中看到，幸存者偏差不仅影响道琼斯指数和标准普尔 500 指数，还影响对冲基金指数。巴克莱对冲基金指数是基于巴克莱数据库中对冲基金的净收益来计算算术平均数的。但是，如果某只基金的业绩恶化到需要关闭的程度，该基金就会被剔除。在关闭之前的几个月里，业绩恶化应该是显而易见的，因此，这些数据也可能是 SDD 型的。

## 识别数据缺失机制

由于不同类型的数据缺失需要不同类型的解决方案，因此 NDD 型、SDD 型和 UDD 型的分类非常有用。当然，这意味着我们需要能够识别任何特定数据缺失问题的类型，如果我们弄错了，我们的结论就可能是错误的。在关于已婚女性年龄的例子中，如果我们错误地进行 NDD 型数据缺失假设，认为已婚女性年龄的缺失概率与她自己的年龄或其丈夫的年龄没有关系，我们就可能会被误导。同样，如果我们确信缺失的数据属于 SDD 型，但错误地假设已婚女性是否透露年龄完全取决于其丈夫的年龄，我们就会再次得出错误的结论。这并不奇怪。任何分析都会假设数据是如何产生的，如果这些假设是错误的，那么得出的结论自然也可能是错误的。但这也意味着，我们希望尽可能地对我们的假设有把握，如果可能，要找方法来测试和验证它们。为此，人们探索了各种方法。

也许，最基本的策略是利用你在相关数据领域内的专业知识。例如，如果在你工作的领域中，人们对数据特别敏感，那么你可能会怀疑缺失的数据属于 UDD 型——关于可卡因的使用的调查问题，与公共交通的使用的相关问题相比，更可能属于 UDD 型。

一般来说，同一主题的其他研究，或相关领域的研究，可能会解释数据为什么会缺失。利用这种方法，哈佛大学统计学家孟晓犁对数据缺失影响结论的情况进行了漂亮的量化。[3] 他把衡量估测值准确性的指标分解为若干部分，其中一部分是某个值是否缺失与该值本身的大小之间的相关性。然后，他描述了如何从其他数据源（比如其他地方的类似问题）那里获得这种相关性数据的参考。

调查数据缺失原因的一个更积极的方法是尝试收集一些缺失的数据。我们将在下一节详细探讨这种方法。

有时，可以使用统计测试。例如，我们可以根据已婚女性是否透露年龄，将已婚男性分成两组。这两组已婚男性的年龄分布形态的差异表明，数据缺失很可能不属于 NDD 型。美国统计学家罗德里克·利特尔，研究如何处理数据缺失的权威专家之一，开发了一种通用的统计测试方法，以确定多个变量中的数据缺失是否属于 NDD 型。[4] 判定数据缺失是否属于 SDD 型的统计检验也被开发出来了，但是，它们对关于模型的任何假设都很敏感。这意味着，如果你的基本模型在数据上是错误的，那么，你的结论也可能是错的。同样，这也不足为奇。

我们已经了解了识别数据缺失的机制，尤其是数据因为本应存在的数值而缺失的程度，对于避免误导性结果非常重要。有时候，数据缺失情况明显适用于某种数据缺失类型，但在其他时候，我们也可能会遇到不同类型的混合。这三种不同的类型并不是互斥的，其中一些数据缺失属于 NDD 型，并不意味着其他数据缺失不属于 UDD 型。尽管如此，我们如果能够以这种方式对数据缺失进行分类，就能很好地处理数据缺失的难题。

了解了 NDD、SDD、UDD 三种数据缺失类型，我们就可以开始探索处理暗数据的实用方法了。在下一节中，我们将从一些简单的、被广泛使用的方法开始，但我必须指出，这些方法也常常具有误导性。

## 利用已有数据开展工作

识别数据缺失机制为我们处理这些问题提供了有力抓手，但它显然要求我们达到相当复杂的理解层次，因此，各种简单的方法也经常被采用。这些一目了然、直截了当的方法，通常通过统计软件包而得到广泛应用。不幸的是，"简单"、"一目了然"和"直截了当"并不一定意味着有效。让我们看看其中一些方法及其属性，并了解它们与UDD、SDD和NDD分类的关系。

表6显示了一个节食减肥研究开始时收集的数据类型的小样本。"NA"表示该单元格中的数据没有被记录。

表6 节食减肥研究数据样本

| 年龄 | 身高（厘米） | 体重（千克） | 性别 |
|---|---|---|---|
| 32 | 175 | NA | 男 |
| NA | 170 | 90 | 男 |
| NA | 180 | NA | 男 |
| 39 | 191 | 95 | NA |
| 53 | NA | 86 | 男 |
| 38 | NA | 90 | 女 |
| 61 | 170 | 75 | NA |
| 41 | 165 | NA | 女 |
| NA | 158 | 70 | 女 |
| 31 | 160 | NA | 女 |

完整案例分析

首先，我们可以只使用表中那些完整的行，也就是那些所有特征的观察记录都完整的行。我们如果相信这些暗数据属于NDD型，这就是有意义的，这种方法通常被称为完整案例分析。但是，你如果浏览一下表6，并试图这样做，就会立即发现一个缺点，即表中所有行都至少缺少一个值。如果删除数据不完整的行，我们就完全没有数据了！

这可能是一个特别极端（而且，我得承认，这是人为的）的例子，但即使在不那么极端的例子中，这种方法也意味着显著减少样本容量。虽然我们可能很乐意在 1 000 份记录的基础上得出结论，但是，仅在其中 20 份记录的基础上这样做，我们可能会感到不放心。即使数据属于 NDD 型，而且 20 个被完全观测的记录能够恰当地代表潜在人群，从如此小的样本中产生的变异也会使我们对任何结论的准确性感到不放心。

当然，如果暗数据不属于 NDD 型，那么，即使样本容量的小幅减少也可能意味着我们的数据集被扭曲了。

**利用所有可用的数据**

第二个简单的方法是使用我们拥有的全部数据。例如，有 7 行记录了年龄，因此我们可以使用这 7 个值来估计平均年龄。再说一次，如果数据属于 NDD 型，年龄缺失的记录与其他记录没有某种形式的差异，就是没问题的。但如果缺失的数值确实与其他数据有所不同，我们就可能会被误导。例如，如果表 6 中缺失的年龄值属于年龄较大的人，那么这种方法意味着我们会低估样本的平均年龄。

这种方法还会导致另一种复杂的情况。不同记录缺失的数据不同：有些记录缺失年龄，有些记录缺失体重。也就是说，如果我们采用这种方法，那么我们对平均年龄和平均体重的估测是基于不同的人群来进行的。如果体重较重的人的体重值容易缺失，而身高较矮的人的身高值容易缺失，那么，这种方法可能给人形成一种错误的印象，即这个人群是由又瘦又高的人组成的。事实上，这种方法甚至可能导致矛盾。例如，如果我们研究变量组之间的关系，我们就可能会发现，年龄和体重的相关性与年龄和身高的相关性意味着体重和身高之间存在相关性，而这个相关性与根据体重和身高直接计算的结果相矛盾。这会让我们左右为难。

数值缺失模式

第三种方法是根据缺失的特征值的种类，对数据记录进行归类。例如，我们可以将那些体重值缺失的人和体重值未缺失的人分开，单独进行分析。事实上，在表 6 中有 5 种不同的数值缺失模式：体重缺失、年龄缺失、体重和年龄都缺失、性别缺失和身高缺失。显然，在这个容量只有 10 的样本中，每一种数值缺失模式的记录并不多（事实上，分别是 4 个、3 个、1 个、2 个和 2 个），但是对于较大的样本，我们可以单独分析每一种模式里的记录。这种方法可以与三种数据缺失机制中的任何一种联合使用，但是要将所有的结论汇集起来、形成有用的总结，可能会比较困难。而且，在大的数据集中，实测变量的种类很多，所以可能会出现很多种数值缺失模式。

如果数值的缺失是因为其实际上并不存在，这种方法就特别有意义。例如，如第 2 章所述，如果调查中的"配偶收入"因为受访者没有配偶而缺失，这种情况就有意义。很明显，我们将处理两种不同的受访者——有配偶（并给出具体值）的受访者和没有配偶的受访者的数据。然而，如果"配偶收入"的缺失是因为被调查者拒绝回答或忘记回答，这种方法就没什么意义了。

这个例子也显示了为不同类型的缺失值设置不同代码的重要性。NA 可以掩盖很多过错，但这种简单的对"未知"数据的分类可能毫无意义。

**坚持不懈与黄金样本**

在前面的章节中，我们看了许多案例中的数据缺失的情况。数据之所以缺失，可能是因为人们拒绝回答调查中的问题，可能是因为筛选程序已经辨识出他们可能不会患上某种疾病，可能是因为某个数据连接程序将不同数据库强行匹配到一起，也可能出于各种其他原因。如果那些没有提供数据的人能够被辨识出来（也许是因为他们满足某些标准，或者只是因为存在一个清单，比如，调查中的抽样范围，上面列出了给出回应和没有给出回应的人），那么一种非常简单的方法就是跟踪那些（或其中一些）有数据缺失的人。如果有效地做到这一点，就可以克服任何数据缺失机制所造成的难题。

事实上，这是调查工作中广泛采用的一种方法，通常是多方协同努力，力求联系到无回应者。如果为了获得访问机会而多次回访，就可能针对被调查者的特征与试图采访被调查者的次数之间的关系建立模型。然后，运用这种关系就可以得到无回应者的结果。

这种使用附加数据的方法有不同的表现形式。下面是前面曾提到的一个例子。

在第 2 章中，我们简要考察了消费者银行或者个人银行业务中的暗数据，这里讨论的银行是我们几乎每天都会打交道的那种银行。我们看到，建立针对所有潜在申请人的模型是多么困难，因为可用的数据通常是被扭曲的样本。例如，我们从来都无法知道，那些没有得到贷款的不成功的申请人在获得贷款后会出现什么后果（会违约吗？）。在消费银行业中，"拒绝推理"这个术语用来描述试图推断这些被拒绝者的行为的方法。这些被拒绝者与获得贷款的接受者形成对比。（过去，消费信贷行业并不为人所知，因为它们巧妙地选择术语掩盖了这

234　　暗数据

个业务。因此，我们有"被拒绝者""次级申请者"甚至"柠檬"等术语。）拒绝推理是插补的特例，后者是处理缺失值的一种非常普遍的基本方法，这将在本章后面讨论。

我们对推断这些未观测到的结果感兴趣的原因有很多。第一个基本原因是想看看我们的筛选申请人的方法好不好，例如，是否拒绝了许多实际上并不会违约的申请人；第二个原因是想建立更好的模型，从而更准确地预测新申请者违约的可能性。毕竟，如果我们的模型仅仅基于先前获得贷款的那一部分人群，那么当它被应用于全体申请人时，可能会产生很大的误导。这是第1章讨论过的一个问题。

未获得贷款的人究竟会有怎样的违约率？为了回答这个问题，我合作的一家银行获得了他们所谓的"黄金样本"。这个样本中的人本来应该被拒绝，因为他们不符合银行先前发放贷款的标准。他们被认为具有很高的违约概率，但银行仍然随机接受了他们中的一小部分人作为样本。因为，只要给这些人贷款，就可以获得这方面的信息。这个方法使该银行能够针对那些有可能拖欠贷款的人建立一个更好的模型，从而优化放贷对象方面的决策。

不幸的是，我们不可能总是抽取另一个样本，来弥补总体中的缺失部分，但有时候，我们对分布的总体形态应该是什么样会有一个大致的概念，也许是从其他类似的问题（例如，相似国家的人口年龄分布）中得来的，或从理论观点（例如，基于灯泡工作原理给出的灯泡寿命分布形态）中得来的。在这种情况下，我们只要知道选择标准，就可以使用我们实际观察到的部分数据分布来估计整体分布情况，从而估测其特征，比如平均数。下一节将对这一想法进行重点阐述。

## 超越数据：如果你先死怎么办？

我们经常会感兴趣的是，在某一特定事件发生之前，既往的情况还能维持多久。例如，我们可能想知道，某个人会在这个工作岗位上干多久，一桩婚姻会持续多久，或者一台发动机在出故障之前能正常工作多久。在手术中，有时需要使用降压药来降低病人的血压，但医生希望手术之后血压尽快恢复正常。因此，知道需要多长时间来恢复常态，以及所花费的时间是否与手术期间的血压水平有关系，是很重要的。更普遍地说，在医疗保健领域，我们可能感兴趣的是，距离某人死亡、疾病复发或器官衰竭还有多长时间，等等。

这类问题称为生存分析问题。生存分析问题有着悠久的历史，特别是在医学领域。它与精算工作中的生命时间表以及制造业中的可靠性分析方法等问题密切相关，前者涉及一般人的寿命有多长，后者涉及物体在出故障之前能维持多久。

Ⅲ期前列腺癌患者的例子可以很好地说明预测存活时间的困难。Ⅲ期意味着癌细胞已经扩散到附近组织。为了确定两种治疗方法中哪一种对延长寿命更有效，研究人员将患者随机分成两组，分别采用不同的治疗方案，并比较两组患者的平均存活时间。但不可避免的是，一些患者会存活很长时间，也许是几十年，我们不想等到几十年之后才知道哪种治疗方案更好。因此，这项研究可能会在所有患者死亡之前终止。这意味着，我们将无法知道那些超过观测终止日期的患者的生存时间，这意味着这些数据是缺失的。而且，其他患者可能会死于其他原因而不是Ⅲ期前列腺癌。对这些患者来说，在因癌症而死亡之前还能存活多久的数据也是缺失的。和以往一样，还有一些患者可能因为与研究无关的原因而退出。他们的存活时间又是一个暗数据。

很明显，如果忽略那些我们无法得到真正存活时间的患者，我们就可能得出具有严重误导性的结论。例如，假设其中一种治疗方法非常有效，除了两个患者，其他所有接受这种治疗的患者都在研究终止之后死亡。如果忽略这两个患者以外的所有患者，我们就会大大低估这种治疗方法的有效性。

然而，尽管我们无法得到那些在研究终止后依然活着的患者，或者那些死于其他原因的患者，以及那些由于其他原因而退出研究的患者的存活时间，但是，我们知道他们停止测量的时间点。这些时间被称为"删失"时间，而这样的删失意味着，我们知道患者进入研究的时间点和他们可能死于Ⅲ期前列腺癌的时间点之间的间隔，比他们参与研究的时间长。

在1958年《美国统计学会会刊》发表的一篇非常重要的论文中，爱德华·卡普兰和保罗·迈耶讨论了如下问题：鉴于一些人的存活时间比观测时间长这个事实，如何估测人们的存活时间会超越某个给定时间点的概率。[5]乔治·德沃尔斯基在一份报告中说明了这篇论文的重要性，他指出，卡普兰和迈耶的这篇论文在有史以来被引用次数最多的论文中排名第11。[6]由于已发表的科学论文超过5 000万篇，因此这是一个很大的成就。

有时候，我们不满足于仅仅估测人们比任何给定时间活得更长的概率。例如，我们可能需要估计平均存活时间。存活时间的分布通常呈正偏态，这意味着，较短时间周期比较长时间周期更常见，较短时间周期的记录可能会有很多，但超长时间周期的记录可能很少。统计学家用"有一条长尾巴"来描述这种分布特征。考虑到正偏态分布中的前几个值可能比大多数值大得多，所以，将其从分析中剔除可能会对平均数的估测产生巨大影响。想一想测算美国人民平均财富时把比尔·盖茨和其他亿万富翁排除在外的情况，结果肯定会被严重低估。就存活时间而言，这可能意味着，忽略那些存活时间最长的人，显然会使任何结论都遭到严重扭曲。

那么，我们能对这些问题做些什么？

抽取一个额外样本是一种理想做法，但是抽取在因前列腺癌而死亡之前就退出研究的那些人，是不可能的。例如，我们无法跟踪那些死于其他原因的人，去看看如果他们没有死于其他原因（这又是反事实），那么他们在死于前列腺癌之前还能活多久。

因此，我们必须采用其他方式，来对那些无法追踪的情况分布进行建模。一个常见的方法是假设存活时间的总体分布遵循某种熟悉的形态。这个假设可能基于过去的经验和对其他疾病的观察。为了说明这一点，一个常见的假设是存活时间服从指数分布。这是一组特殊的正偏态分布，其中大多数取值偏小，只有极少数取值非常大。选择使用这组分布中的哪一个，可以凭借观察到的存活时间来确定，前提是删失时间必须超过退出研究的实际观测时间。

虽然这种方法在许多情况下可能是合理的，但千万不要忘记，我们的假设（服从指数分布）是合适的。根据以往经验，如果假设不符合现实，结论就可能是错误的。

生存分析将死于给定原因的人的已知存活时间和其他人的存活时间超过特定时间这一已知事实结合起来。如果我们能估计出其他人的存活时间，就能简单地概括出所有人的存活时间，即观测到的时间加上估测的时间。这个想法使我们找到了一种处理数据缺失的非常普遍的方法，即插补。这是下一节的主题。

## 超越数据：插补

处理不完整数据的一个常见想法是，通过插入任何缺失值的替代物，来补齐这些数据。这种方法称为插补。因为它使数据恢复完整，所以我们一旦估算出缺失的数值，就不必担心任何漏洞，从而可以继续以任何方式分析数据。例如，一旦插入表6中缺失的年龄值，我们就可以非常简单地计算出样本中10个人的平均年龄。然而，这种方法听起来有点儿可疑，像是在编造数据。除非我们想被指控欺诈，否则，我们需要仔细检视我们的做法。此外，若未观测值属于NDD型，则是一回事，但如果它们属于SDD型，或者更糟，属于UDD型，就是另一回事。如果缺失的值属于SDD型，那么我们会希望依据已观测数据的各个方面得出估算值。但如果缺失的值属于UDD型，那么已观测到的数据对我们估算插补值很难起作用。并且，若插入不合适的值，则可能导致总体结果具有误导性。

估算缺失值通常可以简化分析的一个原因是，许多统计方法都是建立在数据的平衡性和对称性之上的。例如，一家注塑型塑料汽车零件制造商想知道，在模具中，温度、压力和时间这三个因素在何种水平上的组合，能生产出质量最高的产品。这需要测试两种不同水平的温度、压力和时间。（事实上，他们尝试了两种以上的水平，方便起见，我在这里只取两种，并且给这两种水平命名为每个因素的高水平和低水平）。每个因素有两种不同水平，一共有8种组合：三个因素都在高水平；前两个因素在高水平，第三个因素在低水平……以此类推。制造商对这8种组合中的每一种都开辟了专门的生产线，每一个生产线都生产出了成品零件，我们可以评估其质量。在这样的实验中，如果三个因素的每一种组合都生产出相同数量的零件，就可以使用简单的数学公式来给出结果。但是，如果不同的组合生产出不同数量的汽车零件，分析就困难多了。特别是，假设最初的设计目的就是达到这样的数量平衡的情况，每种因素组合都生产出相同数量的零件，但是其中一些数值缺失了（例如，突然停电，打断了某些流水线的生产流程），然后数量就会失去平衡。这会使分析变得更加复杂，我们需要进行更复杂的计算。很明显，插入替换值以重新平衡数据的想法非常有吸引力。

对缺失的观察值进行数据插补是有用的，但是很明显，如果使用不同的插入值并重复这个操作，我们就会得到不同的结果（记住"编造数据"这个短语）。由于插入数值的目的只是简化计算，而不是扭曲结果，因此，我们可能会尝试寻找合适的插入值，用基于平衡的完整数据的简单计算替代基于不完整数据的复杂计算。

这是一个很有吸引力的想法，在一些简单情况下，这是可行的，但事情似乎陷入了循环：如果事先不进行充分计算，那么我们如何找到那些不会影响结果的关键插补值？稍后我们会回到这个问题上来，我们将看到对这个问题的深入研究会进一步深化我们对数据运行机制的了解。然而，首先，我们要更深入地研究基本的插补方法。

### 平均插补

一种常见的插补方法是用记录值的平均数代替缺失值。因此，我们可以用7个已知值的平均数，去替换表6中年龄一栏的3个缺失值。

事实上，这种非常简单的方法在许多数据分析软件包中都是现成的。但毫无疑问，你已经对处理暗数据的简单方法产生了某种怀疑，并且正在思考这种方法可能存在什么问题。我们经常会遇到这样一个可能的问题：如果缺失的数值与其他数值相比，具有某种程度上的系统性差异，那么，用其他数值的平均数替换这些缺失值就会产生误导。例如，如果缺失的3个人的年龄比其他7个人的年龄大，那么，用其他7个人的平均年龄来代替这3个人的年龄，可能不是一个好主意。因此，如果缺失的数据属于NDD型，那么这个解决方案没问题，但如果不属于NDD型，就会有问题。

然而，使用平均数进行插补还有一个问题：对所有缺失值进行测量，发现它们实际上是相同的。但是这种极端情况通常不太可能出现。这意味着，对所有缺失值插入相同的值，会使"完整"数据人为地同质化。例如，如果我们在表6中对年龄做了这样的处理，那么通过这种方法得到的完整年龄值样本的方差（一项衡量数值差异度的指标），可能会小于所有年龄都是观测值时的实际方差。

末次观测值结转

表6中缺失的数值似乎没有任何模式，只是偶然缺失了。相比之下，正如我们所看到的，我们经常发现人们会随着时间的推移而退出，因此，在退出的时间点之前，每条记录都是完整的，而退出之后，它的所有记录值都缺失了。关于这种情况，第2章中的图4为我们提供了一个非常明显的例子。

当这种退出模式出现时，我们可以使用末次观测值结转的特定插补方法。该方法是这样操作的：将患者的缺失值替换为离这个值最近的前一个记录值。注意，这种方法基本上假设了在测量记录值的时间点和缺失值出现的时间点之间，情况没有发生变化。这是一个相当勇敢（"勇敢"只是鲁莽的一种委婉说法）的假设。你可能会问自己这种方法是否明智，要知道，之所以随着时间的推移而进行重复观测，原因就是我们认为事情会随着时间而改变。

因此，末次观测值结转方法受到以下批评，也是不足为奇的：

- 如果要给痴呆症研究中最不恰当的一项分析技术颁奖，那么"末次观测值结转"将是最终的赢家。[7]
- 即使不是完全的似是而非（貌似正确，实际上是错误的），所有使用末次观测值结转的分析，其准确性也都是可疑的……末次观测值结转不应该在任何分析中使用。[8]
- 末次观测值结转和平均数替换，都错误地提高了估测的表面精确度，因为它们没有考虑到数据缺失所产生的不确定性，并且通常会给出有偏差的结果。[9]
- 在统计上使用末次观测值结转方法是违背原则的，因为该假设的合理性具有偶然性。[10]

鉴于这些评论，你可能要犹豫是否应该使用末次观测值结转了。

**根据其他变量进行预测**

到目前为止，我们考虑的插补方法都很简单：使用已观测数值的平均数，或者使用同一对象、患者的先前的值。然而，一个更为精妙的方法是，建立缺失值变量与其他变量之间的关系模型，然后利用其他变量的观测值来预测缺失值。该模型可以建立在其他变量的所有观测值都存在的基础上。事实上,我们在研究 SDD 型数据缺失的定义时,就已经遇到了这种想法。

例如,在表 6 中,有 4 行记录中既有年龄值又有体重值。与这 4 组数据相对应的点如图 6 所示。我们可以利用这些来建立一个年龄和体重之间的关系的简单统计模型。图中的直线可能是一个合适的模型,它捕捉到这样一个事实:对于这些数据来说,年龄较大的人可能体重较轻。(在现实生活中,我不建议你把模型套用在 4 个点那么小的样本上!)然后,我们可以用这个模型来预测记录中处于相应年龄值的人所缺失的体重值。例如,表中第 8 行描述的人的年龄为 41 岁,但她的体重值缺失了。根据这条线,根据我们的关系模型,她的体重可能在 91 千克左右。

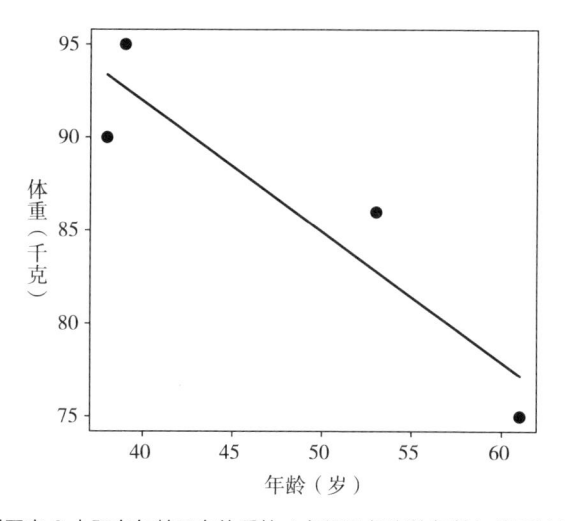

图 6 利用表 6 中既有年龄又有体重的 4 行记录得出的年龄与体重的关系模型

这实际上只是对插入已知体重数据的平均数的思想的扩展,但使用了更复杂的统计模型，利用了表中提供的其他信息。由于它使用了更丰富的信息（年龄的数值，而不仅仅是体重的数值），所以该方法的结果可能会比仅仅使用平均数的结果更好。特别是，如果体重值的缺失属于 SDD 型，其缺失概率仅仅取决于年龄，这种方法就是合适的。但如果数据缺失属于 UDD 型，该模型就有问题。尽管如此，事实证明，这种建模和预测方法包含了一种非常强大的思想的种子，我们稍后将继续讨论。

**热卡填充**

另一种基于观测值的简单插补方法叫热卡填充。为了找到某部分记录中缺失值的替代值，我们可以将这部分记录与具有共同记录值的其他记录相匹配。然后，随机从最匹配的记录中选出一个，并将该记录中的值填充到原记录的缺项上。例如，在表 6 中，第一个女性的缺失值是身高。将这一行与其他行的数据进行比较，我们发现另外两行（分别为 41 岁女性和 31 岁女性）与这名 38 岁、身高未知的女性情况相差不多。所以我们从中随机选择一个，将其身高值插入这名 38 岁女性的 NA 中。这两名女性的身高分别为 165 厘米和 160 厘米。我们如果选择 41 岁女性，就会把 165 厘米这个值插入这名 38 岁女性缺失的身高值上。

这种方法的名称起源于使用打孔卡储存数据的年代，在过去，它的应用很广泛。它的吸引力在于简单明了，不涉及任何复杂的统计数据，只需要计算数据记录之间的相似度。然而，这取决于你如何定义"相似度"：在相似度的测量中，你将选用其他哪些变量（是否把所有变量都用上）？你如何把这些变量结合起来，得出一个整体的衡量标准？另外，其中一些变量是否应该被视为比其他变量更重要、权重更大？

### 多重插补

我们已经看到，插补方法存在一个明显的问题，使用不同插补值进行重复操作，会产生不同的结果。但事实上，这一点正好可以为我们所用。

每个完整的数据集都表示一个可以观察到的可能的数据结构。从这个完整数据集中计算得出的汇总统计代表了在数据完整的情况下可能得出的值。这意味着，如果多次进行插补操作，利用不同插补值，我们就会获得一个汇总统计值的分布，每个值对应一个可能的完整数据集。我们可以从这个分布中估算出各种参数，比如汇总统计的不确定性或方差。也就是说，现在，我们将获得一个衡量标准，它能够衡量采用不同可能值的确信度，而不仅仅得到一个"最佳估计值"。

这种重复插补的方法被合理地称为多重插补。它已经成为解决数据缺失问题的一个被广泛应用的工具。

### 迭代

我们已经研究了一些用替代值置换缺失数据的简单方法，例如，用变量观测值的平均数替代。我们还研究了使用其他实测变量来估测缺失值的更复杂方法。这种使用估计的关系模型从同一记录上的观测值中推测缺失值的想法，催生了迭代这个强大理念，其基础是似然定律。

对于任何给定的数据集,以及可能生成这些数据的机制的假设统计模型,我们可以计算出从该模型中生成此类数据集的概率。似然定律表明,在两个统计模型中,我们应该选择生成这些数据的概率较高的那个。更普遍地说,如果对于一组数据,我们有几种或多种甚至无限种可能的解释,那么该原则认为我们应该选择产生这组数据的概率最高的那种解释。迭代法可以帮助我们在 NDD 型或 SDD 型数据缺失情况下找到这种模型。

我们首先用初始替代值插补缺失值。(不管用什么方法,我们都能得到一些初始值,哪怕是随机猜测的值。)然后,我们使用已被补齐的完整数据集(实测值加上替代缺失值的插补值),运用最大似然估计法来估测变量之间的关系。接下来,我们使用这些被估测出来的关系模型,推算缺失值的新替代值。然后,我们再使用这些含有新替代值的完整数据集,估测出进一步的关系模型……一轮又一轮,循环操作。在某个确定的一般性条件下,每一步操作中替换值的变化会越来越小,这样得出的变量之间的最终估测关系,就是给出最大似然模型的那些关系。

这种一轮又一轮的循环,为缺失的数据项找到替代值,然后使用补齐的数据来估测变量之间的关系,进而可以为缺失的数据项再次生成新的替代值,是一种强大的思想,并在历史中得到反复验证。但是,在 1977 年发表的一份开创性的论文中,三位统计学家,阿瑟·登普斯特、南·莱尔德和唐纳德·鲁宾(最后一位统计学家我们已经提到过),把这些想法结合在一起,形成了一种不凡的综合方法。这种方法展示了这些想法的共性,并赋予它们一种更加抽象的形式,使其能对其他情况进行更加广泛的概括。他们的这个方法被称为 EM

算法（最大期望算法），其中 EM 代表"期望最大化"。这个名字指的是每个循环中有两个步骤：首先，为每个缺失项算出一个"期望"值，然后，使用补齐的数据集，估测出变量之间的关系。每个循环中的第二个步骤被称为"最大化"，因为它将这种可能性进行了最大化。

事实上，登普斯特、莱尔德和鲁宾表明，没有必要为了寻找缺失项的替代值而进行过于深入的计算。需要做的只是对可能产生缺失值的数据分布进行建模。我们在研究生存分析时提到过这个概念，我们并未试图估测那些观察期结束后仍然活着的人的存活时间，而是使用了他们的存活期超过观察期的概率。

EM 算法越来越强大。自从登普斯特和他的同事介绍了该算法基本的两步循环的抽象内容后，这个基本思想就逐步扩展开来，而且常常以各种意想不到的方式展现出来。此外，该算法得到了多种形式的扩展。例如，该算法已经发展出一些修正模式，在这些修正模式中，"期望最大化"不再需要循环运转那么多次，就能使替代缺失项的插补值（以及变量之间的关系）基本不再改变，也就是说，使过程收敛到最佳（在最大似然性意义上）模型上。

EM 算法的抽象表述也使人们有了更加深入的见解。例如，在第 1 章中，我曾提到，一般来说，一个群体的任何未知特征都可以被认为是某种缺失值，因而也就是暗数据。这是一种非常强大的思想。潜在的特征可能只是一个简单的值（比如一个群体的平均身高），但在涉及以复杂方式相互关联的多个未被观测到的假设变量时，情况可能复杂得多。一个典型的例子是运动物体的精确位置从未被观测到过，仅有的坐标值也受到了测量误差的影响。在许多情况下，潜在的暗数据不仅仅是没被观测到那么简单，它们本质上是不可观测的。它们是隐藏的或"潜在的"（因此属于潜在变量模型）。但这并不意味着不能对它们有所了解，这确实就是统计方法的全部目的。应用于数据的统计工具，其数据来自潜在现实，而这些统计工具就告诉了我们一些关于这个潜在现实的事情：数据把光照射到它上面。

本章探讨了如何分析数据，以及如何对这些数据的产生过程有更好的了解，即使存在暗数据。我们研究了一系列通用方法，从简单地处理可用数据，到舍弃任何不完整的数据记录，直到运用各种插补方法去确定那些缺失数据项本来该有的值。我们还研究了一个描述缺失数据结构的重要分类，即这些数据是否与已观测到的数据存在某种关系。我将这三种数据缺失类型称为 NDD、SDD 和 UDD，这种分类将增进我们对暗数据处理工作的理解。在下一章中，我们将改变思路，看看如何真正利用暗数据。特别是，我们将从回顾之前遇到的一些想法开始，看看如何从不同的视角来审视它们，揭示这些想法赖以实现的暗数据机制。但首先，我们先来概括性地探讨一下我们看得见，却具有欺骗性的数据。

## 错误数据

到目前为止，本章的重点都是缺失的数据。但正如我们所看到的，数据也可能以其他方式成为暗数据，比如第 10 种暗数据：测量误差与不确定性，第 9 种暗数据：数据汇总，第 7 种暗数据：因时而变。考虑到这些因素，我们将从一个更高水平的视角来审视暗数据，并且用三个基本步骤来处理它们，即预防、检测和纠正。

预防

要想预防数据错误，首先要知道会发生什么样的错误，然后设置系统，在收集数据时防止这种错误发生。当然，之所以"知道会发生什么样的错误"，很可能是因为它们是你曾经犯过的错误，或者更好的一种情况是，你曾看到别人犯过这个错误。（我曾经听到一个人在离开单位时对一名主管说："谢谢你给我这么多机会，让我从你的错误中吸取教训。"）

我们如果直接将数据输入数据库，就可以在输入时进行简单检查。例如，如果需要输入出生日期，那么机器只需检查输入内容是否为符合日期格式的数据。然而，有时还需要注意其他情况。我听说过一个案例，在一个数据集中出现了一个奇怪的出生高峰：1911年11月11日。原来，出生日期必须是以"日/月/年"格式输入的6位数字，而程序员知道人们有时会键入00/00/00，以避免提供自己的生日。因此，他们进行了相关设置，如果输入6个0，计算机就会拒绝这个日期，并要求人们重试。那时，那些非常不愿意填写出生日期的人就会尝试他们能想到的下一个最简单的操作——输入6个1，这就生成了一个非常显眼的出生日期：1911年11月11日。

数据冗余可用作防止错误的一般方法。这主要涉及以多种方式输入数据（或者至少是数据的某些方面）。一种常见的方法，特别是在临床试验研究中，是双数据输入系统。在这种系统中，数值由两个不同的人各自独立地复制并输入（例如，将数据收集表中的数据输入计算机）。这两个人在同一个地方犯同样错误的概率很小。

另一种冗余方法是输入一串数字，并且同时输入它们的和。然后，计算机将数字相加，并将其结果与输入的和进行比较。数字串中任何一个数值出错，都意味着这两个和不相等（除非，在某些非常罕见的情况下，两个错误相互抵消）。关于这种"数字校验"的想法，还有一些非常复杂的版本。

检测

1911 年 11 月 11 日的例子和在数据输入阶段防止错误发生的数字校验相当于错误检测。数据错误可能会被检测出来，因为它们与其他数据点上的数据或预期的数据不一致。在人类身高数据库中，10 英尺 5 英寸这样的数值会立即引起我们的怀疑，因为从来没有人长到这么高，这可能是在输入 5 英尺 10 英寸这个数据时产生的错误（虽然我们不能假设情况就是这样的，但理想情况下我们会返回数据源进行检查，尽管这并不总是可能实现的）。

即使存在逻辑不一致，也可以据此检测到错误。如果一个家庭中的孩子数量与他们在年龄列表中给出的年龄数量不匹配，就有问题了。从统计数据的不一致性中，也可以发现错误。一个 4 英尺高、体重 400 磅的人可能会引起人们对数据的怀疑，尽管有些人身高为 4 英尺，也有些人体重确实为 400 磅。

统计检测异常现象的一个更复杂的例子出现在本福特分布中。对这种分布（有时也称为"定律"）的首次描述，似乎出现在 1881 年，由美国天文学家西蒙·纽科姆最先提出。他在工作中会用到对数表。这是个写满数值的表，它能使大数字之间的相乘运算更加快捷，在计算机时代之前被广泛使用。纽科姆注意到，表的前几页比后几页被翻得更破。将近 60 年之后，物理学家弗兰克·本福特重新发现了这条定律，他通过一项广泛的研究揭示了大量数字列表中的相同现象：排在前面的数值的使用频率总是比排在后面的数值高。

那么，本福特定律到底是什么呢？

首先，我们需要定义一个数字中最有意义的那个数字，基本上是第一个数字。例如，在1 965这个数字中，最有意义的那个数字是1，在6 009 518 432这个数字中，最有意义的那个数字是6。现在，在一个数字集合中，你可能会期望每一个数字（1、2、3……9）成为最有意义的数字的概率是相同的。也就是说，你可能期望，在1、2、3……9这几个数字中，每个数都有大约1/9的概率成为一个数字的首位数字。但奇怪的是，在很多自然形成的数字集合中，1、2……9这几个数字成为一个数字的首位数字的大致概率并不相同。相反，1在数字第一位出现的概率为30%，2在数字第一位出现的概率为18%，以此类推，9在数字第一位出现的概率为5%。事实上，有一个精确的数学公式可以描述它们的这种分布，这就是本福特分布。

为什么会出现这么奇怪的反直觉现象，其中自有合理的数学原因，但在这里，我们不去深究。[11]对我们来说，必须要注意的重要一点是，如果数据偏离了本福特分布，那么可能值得检查一下，看看是否发生了什么有趣的事情。事实上，法务会计专家马克·尼格里尼已经开发了基于本福特分布的工具，用来检测财务和会计记录中的欺诈行为。这里有一个总的观点。用于检测由错误引起的数据特异性的工具，也可用于搜索由欺诈引起的特异性，即其中的真实数字被故意隐瞒了。在第6章中，我曾提到，反洗钱条例要求，1万美元或以上的支付款项必须向监管机构报告。犯罪分子试图克服这一障碍，将其转移的款项分成若干刚好低于这一数字的数额。但是，如果以9开头的数字（例如9 999美元）过多，就会因为背离本福特分布而暴露出来。

我花了很多时间和消费银行合作，帮他们开发检测工具，用以发现信用卡账户中的潜在欺诈。许多这种类型的工具的原理都是寻找具有特异性的数据，这些数据可能是由错误引起的，但也可能是欺骗的迹象。

关于错误检测，还有最后一点要注意，也就是说，你永远不能确定已经检测出了所有错误。错误的存在（有时）是可以被证明的，但错误的不存在无法被证明。正如我们之前看到的，虽然数据出错的方式可能有无数种，但对它们进行检测的方式只有有限的几种。然而，帕累托定律无疑是适用的，这种定律认为，对于大多数错误我们只需付出相对较少的努力就可能发现，但这也意味着其中存在一个收益递减的规律。如果你付出一定努力，发现了50%的错误，那么，再次付出同样的努力，你可能会检测出剩余错误中的50%，再次付出同样的努力……但你永远也检测不出全部错误。

纠正

处理暗数据的第三个环节，在预防和检测之后，则是纠正。你一旦发现一个数字是错的，就需要确定它的正确值应该是什么。如何纠正错误、是否有可能纠正这个错误，取决于你对真正应该存在的数值的了解和对该项错误种类的一般性洞察。第4章中小数点错位的例子说明，我们对数据的一般认知以及过往错误的经验意味着正确值应该是什么，这通常是相当明显的。同样，根据一个表中的记录值，某个骑自行车的人以每小时150英里的速度行驶，而这张表中其他所有人的记录值都在每小时5英里到每小时20英里之间，这表明，根据上下文，也许真实的记录值是每小时15英里。但是我们必须非常谨慎，不要轻易调整数据：2018年9月，自行车赛冠军丹尼丝·米勒-科热内克创造了每小时183.942英里的陆地自行车速度纪录。如果不能回到原始数据源并重复测量，那么即使可以确定记录值是错误的，我们也无法知道真实的数据究竟是什么。

  关于数据错误的最后一个普遍观点是，计算机的力量已经打开了一个个令人惊奇的数据和认知新世界。得益于现代计算机，真正庞大的大数据集正在被收集、存储和处理。这些数据集带来了巨大的机遇。但恰恰是这种计算能力意味着一种根本上的遮蔽。尽管它能让我们从数据中看到肉眼无法识别的事物，但计算机必将成为我们和数据之间的中介。对我们来说，计算机也隐藏了数据的某些方面。

# 第 9 章 从暗数据中获益：重构问题

Dark Data

**隐藏数据**

表面上看，暗数据似乎只有缺陷。诚然，谨慎是这本书的主基调。但是，我们如果知道自己在做什么，而且小心谨慎，就可以利用暗数据来获益。也就是说，我们可以通过一些方法，反向利用暗数据所隐含的模糊性，获得更深入的理解，做出更好的预测，选择更有效的行动方案，甚至更加节约成本。实现这些的主要方法是，策略性地忽略部分数据，故意将它们置于阴影之中。

在这一章中，我们开始探究这个理念，首先，我们要对一些熟悉的统计概念进行重构。也就是说，我们要以非标准化的方式看待它们，从主动隐藏信息或数据的视角看待它们。事实上，我们首先要研究的常见概念都是我们在前面章节中提到过的。之后，在本章的后面，我们将从一些新的暗数据视角，来研究更先进的统计思想和方法。

这种非标准化的视角可以通过从有限总体中抽取样本的案例得到

基本说明。特别是在第 2 章，我们考察了调查抽样的方法，并研究了受访者不回应带来的暗数据挑战。然而，调查其实是最常见、最直接的利用暗数据的方法之一。调查通常被准确地描述为采用全部人口中某个（随机）子集的值。但是，另外一种看待它们的方法是，人们正是以抽取样本的方式舍弃、忽略或暗化了其他剩余的数据。毕竟，抽取 10% 的样本进行分析，就相当于忽略剩下的 90% 的样本。一般的想法是这样的：当我们处理一个数据样本时，我们可以将这个操作视为选择该样本，也可以将其视为舍弃其余的部分，并把舍弃的部分当成暗数据。

注意，随机选择（或者至少是"概率抽样"）在这里很重要。以任何其他方式进行选择，都可能出现本书中描述的各种问题。使用随机选择意味着，缺失的数据要么是 NDD 型的，要么是 SDD 型的，我们在第 8 章中已经看到，这些类型的暗数据是可以处理的。

## 对自己隐藏数据：随机对照试验

选择要分析的样本，也就是选择要舍弃的样本，是利用暗数据的最基本方法。另一种重要方法也是在第 2 章中讨论过的方法，即随机对照试验。举一个简单的例子，假设我们希望确定针对某些疾病提出的新疗法是否优于标准疗法。正如我们所看到的，基本的方法是，给每个患者随机分配两种治疗方案中的一种，然后比较两组的平均治疗效果。

随机分配具有一种内在公平性。它让分配活动超出人为选择的领域，使这个过程变得不透明并且不可人为操纵，因此也就摆脱了人为故意或者无意识偏见的影响。这种做法功效显著,历来受人推崇。

很明显,给病人随机分配不同治疗方案的想法是非常强大的。这基本上意味着,我们可以非常确信,任何测量到的组间差异都是由于治疗方案本身而非其他因素引起的。或者,换一种说法,它打破了因果关系:它告诉我们,引起任何差异的原因都不可能是人与人之间已经存在的差异。通过打破某些因果关系,它意味着,结果的差异必须由其他差异(比如,人们接受的不同治疗方案,而不是他们的年龄、性别或其他因素)来解释。

但是,也许仅仅进行随机分配还是不够的。如果研究人员能看到病人被分配了哪种治疗方案,那么即使这种分配是随机的,他们也可能面临操纵事物的诱惑。你可能会对接受无效安慰剂的病人感到抱歉,因此给予他们更多的关照。或者,你如果知道一个病人接受了某种治疗方案,而不是另一种,就可能会更严格地掌握因为产生副作用而将病人撤出的标准。

如果将病人的组别信息隐藏起来,就可以克服这个困难。因为如果这样做,那么病人和治疗医生都不知道哪些病人接受了哪种治疗方案。以这种方式隐藏小组标签被称为"盲化",就是使他们成为字面意义上的暗数据。

例如,在两种药物的对照试验中,可以给每个药物分配不同的代码,而医生并不知道每个代码对应哪种药物。如果药物包装相同,那么除了包装上的代码标签,医生不会知道其他任何关于治疗方案的信息,因此也不会(有意识或潜意识地)对那些接受特定药物治疗的患者给予更有利的关照。事实上,这种做法同样适用于数据分析员,他们可以看到每个病人所接受的治疗方案对应的代码,但是,并不知道该代码实际上代表哪种治疗方案。

只有在完成试验并对数据进行分析之后,可识别每位患者接受哪种治疗的代码才能对外公布。只有这样,才有可能比较出哪种治疗方案更加有效。(如果中途出现严重的副作用,那么这种代码遮蔽安排随时可以解除。)

## 可能发生的事

我们已经看到,随机试验背后的基本理念是利用暗数据将个体分配到不同的治疗组。这使我们能够探究某个没有发生但本可能发生的情况,即反事实。另一种调查没有发生但本可能发生的情况的方法是模拟。在模拟中,我们创建一个机制、系统或流程的模型,利用该模型生成合成数据,以查看该机制、系统或流程在不同的环境、条件、时间下的表现。从存在但尚未被观测到的意义来看,我们这样得到的数据并非暗数据。但换个角度来看,从虽然事实上未被观测到,但如果情况发生变化就能被观测到的意义上来说,这些数据又是暗数据,比如未婚者配偶的收入,或者一个癌症晚期却因其他原因死亡的患者本来可能因癌症病发而死亡的时间,再或者,由随机测量误差不同导致的不同取值。

模拟是一种非常强大的工具,现在被广泛应用于许多领域,从金融系统,到核武器政策,再到环境污染和人类行为研究。确实,模拟是一种非常强大的工具,一些科学界的哲学家甚至把它描述为一种推动科学发展的新途径。但是,为了使事情更容易被理解,让我们先看几个非常简单的例子。

萨梅尔·纳西夫在他的《真实的外科医生》一书中，描述了一个医学模拟实例。纳西夫的研究动机来自哈罗德·希普曼一案，后者是英国有史以来杀人最多的连环杀手。希普曼是一名家庭医生，他因杀害 15 名病人而被定罪，但据信，在 25 年的时间里，他杀害了 250 多个人。纳西夫想知道，在严密监控的英国国家卫生服务医院里，是否也会发生类似事件。为了探究这个想法，他调取了两位同事的真实医疗记录，随机将其中一些结果进行了调换，把成功记录换成了不成功记录，这样会使病人死亡的概率看起来呈上升趋势，与希普曼案例里的情形差不多。也就是说，他制造出一些暗数据来阐明，像希普曼这样的人在英国国家卫生服务医院实施犯罪，会发生什么样的事情。纳西夫的研究显示了这种方法的威力："实验的结果非常显著……哈罗德·希普曼医生 25 年来一直未被发现……而在我们的实验中，麻醉师约翰在 10 个月后被查出来，而外科医生史蒂夫暴露得更快，他在 8 个月内就被查出来了。"

也许，更常见的模拟应用是飞行模拟器这样的机器。它们用于训练飞行员，受训者可以在模拟条件下经历极端和意外的情况，而不会有真实的飞机坠毁危险。同样，这些人为的情况代表了有可能会出现的各种数据。

为了更详细地探讨这个理念，让我们来看一种比较容易得出数学结果的模拟情景，即抛硬币行为。

运用一些统计学基本知识，我可以计算出将一枚质地均匀的硬币抛 10 次，正面朝上的情况少于 5 次的概率：正面朝上为 4 次的概率，加上正面朝上为 3 次的概率，再加上……这样一直加到正面朝上为 0 次的概率。总概率为 0.377。这一切都没问题，但是要想做这个计算，需要运用统计学的二项分布原理。然而，还有一种替代性方法，可以让我们估测出这一概率。我们可以抛一枚硬币 10 次，实际看一看正面朝上的情况到底出现多少次。但这个操作只做一遍是不够的，正面朝上的次数要么小于 5，要么大于等于 5，所以，这样我们只能给出一个"是"或"否"（二选一）的答案，无法估测出正面朝上少于 5 次的情况出现的概率。我们要多次重复抛 10 枚硬币的操作，看看正面朝上少于 5 次的情况所占的比例是多少。事实上，为了得到一个准确的估计，我们需要多次重复这个操作（次数越多越好，第 2 章提到的大数法则告诉我们这一点）。但这一过程可能很快变得相当乏味。因此，我们在计算机上随机生成 10 个值，以此模拟抛硬币操作，每个数值或为 0 或为 1（0 对应反面朝上，1 对应正面朝上），它们出现 1 次的独立概率为 1/2，以此查看我们得到的"1"是否少于 5 个。然后我们重新做一次。一次又一次地反复操作。看看在这些次数里，正面朝上少于 5 次的情况会占多大比例。

我运行这个模拟程序 100 万次。在这 100 万次中，正面朝上少于 5 次的情况出现的比例是 0.376，与真实的概率值相差不远。值得一提的是这个过程中的"100 万"次。借助现代计算机的力量，模拟技术已经真正实现了。

这是一个直截了当的例子，一个我可以在笔记本电脑上运行的例子，一个我实际上知道正确答案的例子。另一个极端的例子，是基于大数据集，利用现在最强大的计算机，对天气和气候的演化进行模拟。这种模拟运用了极其复杂的影响气候的连锁过程的模型：由大气、洋流、太阳辐射、生物系统、火山活动、环境污染以及其他影响因素组合而成的模型。这些系统的反应性意味着它们会带来特殊的挑战：推动一个球，它会滚离你，但推动一个复杂的系统，它会以你意想不到的、不可预测的方式做出反应。正如在混沌理论中对混沌这个词的科学运用，很大程度上要归因于气象系统在根本上的不可预测性。描述这种复杂性的方程通常无法通过求解来获得清晰明了的答案，其中具有一种内在的不确定性。这时，可以用模拟来解决问题。反复从模型中生成数据，可以得出天气和气候的可能表现。这些模拟的结果，能使我们了解某种活动可能发生的范围，例如，洪水、飓风和干旱等极端事件出现的频率。这种模拟程序每运行一次，就会产生一些数据，这些数据本来可能出现，但我们实际上并没有看到它，因此会将其描述为暗数据。

经济学和金融学也采用同样的方法。正如你所料，现代经济的模型相当复杂。社会是由数以百万计的人组成的，所有人都与他人互动并朝着自己的方向用力，他们隶属于各种各样的社会结构，并受到外力的冲击。设计数学方程并求解，查看这些系统应该如何随着时间的推移而变化，显然是一项挑战。而模拟，通过生成在这样一个社会中可能出现的数据，能使我们探索这样的人群会发生什么样的变化，以及他们会如何应对贸易关税征收、战争爆发、恶劣天气等变化。

模拟也以更加微妙的方式应用于现代数据分析，特别是现代常常讨论的贝叶斯统计，本章后面会提到这个问题，这往往导致非常复杂和棘手的数学方程。找到这些方程的解是非常困难的，甚至是不可能的，因此，基于模拟的替代方法应运而生。也就是说，就像在气候预测的例子中那样，我们把方程作为一个模型，在假设该模型为真的情况下，查看其生成的数据。之后，和以前一样，我们一次又一次地重复操作，生成多个数据集，其中每个数据集都代表一种可能出现的情况。对这些数据集进行汇总，如计算平均数、偏差范围，或任何其他我们想要的描述性统计数字，就相对简单多了。这些数据告诉我们，结果可能具有哪些特征，它们出现的可能性有多大。这些模拟方法将贝叶斯统计从一个有趣的理论思想转变为一种有用的实践工具，它是支撑机器学习和人工智能工作的基础。

然而，重要的是要记住，根据定义，模拟数据来自潜在过程的假设模型，它们是人工合成的数据（第 14 种暗数据：编造与合成的数据），而不是来自真实过程自身。显然，如果模型是错误的，比如它不能很好地反映现实，那么模拟数据就可能无法很好地反映可能发生的事情。但是，我要再次强调，模型通常基于真实的数据。如果你对某件事没有很好地理解，那么你很可能会被引到错误的道路上。

## 复制的数据

正如我们在这本书中看到的，我们经常发现自己想要估测一些数值，这种数据没有或者无法被直接观察到。例如，我们可能只想根据患者的症状，来确定他们患的是两种疾病中的哪一种；或者，根据今年纽约地铁的乘客人数，加上我们对明年国民经济状况的预估，来预测明年纽约地铁的乘客人数；或者预测某人是否会拖欠贷款；或者预测一名学生会不会取得好成绩；或者预测一名雇员能否高效率地完成工作，等等。

这些情况的共同特点是，我们拥有一套描述先前例子的数据（如患有某种疾病的人、前几年的地铁乘客数据，或者以前有过贷款的人的行为）。对于这其中的每一个例子，我们不仅知道其结果（患哪种疾病，有多少乘客，贷款者是否违约），还知道相关的描述性特征（疾病的症状、出行方式、贷款申请表的详细信息）。我们可以利用这些既往数据，在描述性特征和结果之间建立关系模型。然后，运用该模型，我们仅仅根据描述性特征模式，就能预测出其他案例的结果。

这是一种基本结构、一个过去案例的集合，我们知道其特征和"结果"，希望用它来构建一个将特征与结果联系起来的模型，以便预测新案例的结果。这种结构无处不在。这些模型通常被称为预测模型，尽管"预测"可能只是像疾病案例中那样对未知疾病的判断，而不一定像在地铁例子中那样对未来进行预判。因为这些情形非常普遍，已经成为大量研究项目的焦点。众多不同建模方法已经被开发出来，它们具有多种多样而且各不相同的性质，其中一些方法适合某些问题，而另一些方法适合其他问题。

但这一切和暗数据有什么关系呢？对此，我们将用一个非常简单的例子和最基本的预测方法来说明。我们的例子是仅使用单一变量"年龄"来预测收入。为了构建一个可能的模型，我们把从一个人群样本中收集到的年龄数据和收入数据进行组对。这样，就可以用一个非常基本的方法来预测收入了。我们如果知道一个新人的年龄，就用其同龄人的收入来预测这个新人的收入。例如，如果我们想预测一个 26 岁的人的收入，而且在样本中有一个 26 岁的人，最简单的办法就是把这个 26 岁的人的收入当作预测值。如果样本中还有其他 26 岁的人，我们就会使用所有 26 岁的人的信息，采用他们收入的平均数。更普遍地说，平均数将提供更好的预测，因为它们不易受到随机波动的影响。这意味着，将所有 25 岁的人和 27 岁的人的收入包括进来也是有意义的，因为这些人的收入很接近 26 岁的人的收入，把它们包括进来会增加样本容量。同样，我们可能希望把 24 岁的人和 28 岁的人也包括进来，但是，因为这些年龄离 26 岁更远一些，所以给他们的数据的权重要相应减小一些。运用这种方法，即使在过去的样本数据中没有年龄正好是 26 岁的人，我们也能给出一个预测。

为了了解为什么这样会涉及暗数据，我们可以换个视角来看这个操作。为了预测 26 岁的人的收入，我们通过随机复制现有样本中的值，来创建一组新的数据。我们复制很多 26 岁的人的数据，对 25 岁的人和 27 岁的人的数据则复制得少一些，对 24 岁的人和 28 岁的人的数据复制得更少一些，以此类推。就好像我们本来拥有一个大得多的样本，其中大部分数据是以前没见过的。将我们创建的这些收入数据平均起来，就能对 26 岁的人的收入做出适当估计。

这个例子很好，但在现实生活中，事情通常复杂得多。通常情况下，我们不仅仅收集一个描述性特征（比如该案例中的年龄）的数据，而是同时收集几个或者很多特征的数据。例如，我们可以通过患者的年龄、身高、体重、性别、收缩压和舒张压、静息脉搏、一些病症和医学测试结果等来描述患者的特征，并希望以此估计出具有特定特征值的新患者康复的概率。按照前面的例子，我们将创建一个新的数据集，仍然采用之前的方式复制数据：对于那些与预测对象的特征值非常近似的人，我们就多复制他的数据，对近似度低一些的人，我们就减少相应的数据复制量。对于与预测对象的特征值完全不同的人（他们是男性而不是女性，是年轻人而不是老年人，他们表现出来的症状模式与我们想要预测其患病概率的人完全不同），我们可能根本不会复制其数据。我们一旦建成了这样一个复制的数据集，就只需查看其中的患者康复比例，这个比例就是我们要估测的康复概率。

这种通过策略性复制数据来创建更大、更相关的数据集的方法，也被用在其他方面。为了简化问题，我们会再次研究将对象进行归类的机器学习算法，就好像前面例子中对疾病的诊断或者确定贷款申请人是否会拖欠贷款（两个类别：会拖欠或者不会拖欠）那样。但是现在，我们将研究如何利用这种思想提高此类算法的性能。

通常，进行这种诊断分类的算法会出错：症状模式往往模棱两可，年轻的贷款申请人可能只有短暂的金融交易记录。改进这种算法的一个方法显然是找到以前分类错误的例子，看看我们是否能够以某种方式对其进行修改或调整，以改进其预测能力，使其能对更多的案例进行正确预测。其中一种方法是创建虚构数据，下面我们来考察这种情况。首先，我们要找到被错误预测的患者或贷款申请人（以此作为例子），在数据中添加这些案例的额外副本，也许要添加很多额外副本。现在，当我们调整模型的参数或结构来对这个扩展的数据集进行分类时，该模型将被迫更加注意它以前出错的地方。要理解这一点，可以想象一个极端情况，一个以前被错误分类的案例被复制了99次，这样，包括原数据在内，就会有100个完全相同的副本。之前，当我们错误地对这个案例进行分类时，分类错误仅限于一个版本。但是现在，因为这100个案例是相同的，所以会产生100个错误。如果通过我们的调整，能使这个案例以及它的99个副本回到正确的轨道，那么，分类方法的功效将会得到大幅提高。

简言之，将算法应用到这个新的数据集（在这个数据集中，原始数据通过以前被错误分类的数据的大量副本得到强化），以此实现对算法的修正，将产生一个新的算法版本，它能更准确地对那些以前被错误分类的数据进行分类。其中的原理是创建数据，将算法的"注意力"转移到我们期待的方向上。或者，正如我们可能想到的，使用那些本来可能出现的数据。

这个想法被称为提升算法。最初被提出时，这是一个革命性的概念，如今已被广泛应用于机器学习领域。事实上，本文撰写之时，在Kaggle等组织举办的机器学习竞赛中，提升算法的各种变体已经处于领先地位。（例如，一个叫作极限梯度提升的复杂变体算法表现得非常好。）

提升算法关注的重点是之前被错误分类的案例，因为很明显，这些案例需要得到额外关注，而为了确定估测值的准确性，另一种利用虚构数据集的方法已经被开发出来。这就是美国统计学家布拉德·埃弗龙发明的自举算法。（统计学家和机器学习专家擅长设计丰富多彩的名称以揭示概念的本质。）

下面我们来看看自举算法是如何工作的。

正如我们看到的，我们的目标通常是对某个数量的总体进行综合、汇总（例如，我们可能想知道平均数），但有些时候，要确定每一个个体的数据是不现实的。例如，我们可能想知道一个国家人民的平均年龄，但是这个国家的人口太多了，我们无法询问每一个人的年龄。有时候，"所有可能的测量"这个概念本身毫无意义。例如，我们不能无限次地重复测量一块岩石的重量。正确答案是只取一个样本（如只询问一部分人的年龄），只对岩石重量进行若干次测量，然后把样本的平均数当作我们的估计值。

现在，我们看到，样本平均数是有用的，它们确实让我们了解了总体值。但是，期望它们完全准确也是不现实的。毕竟，如果我们换一个不同的数据样本，如选择一组不同的人去问他们的年龄，或者选择岩石重量的一组不同的测量值，可能会得到不同的结果。我们会希望它们没有太大的区别，但期望它们完全一样则是不现实的。这意味着，除了平均数，我们还想测量平均数的精确度。我们想知道，如果抽取不同的样本，平均数的变化程度有多大，以及我们得到的样本平均数与真实值之间会有多大偏差。

对于平均数来说，只要使用一些众所周知的统计理论，就能很简单地对其变化幅度进行测量。然而，对数据的其他描述和汇总，特别是如果我们要做的事情远不止测算平均数那么简单，困难就大得多。这时，人工合成的暗数据可以再次派上用场。

如果我们能抽取很多样本（比如像前面的例子那样，重复抛10次硬币），就不会有什么问题：我们只需抽取样本，为每个样本匹配模型（例如，计算平均数或者进行更复杂的运算），然后查看不同结果之间有多大变化，就能知道它们有多大差别。但不幸的是，我们只有一个样本。

布拉德·埃弗龙的见解是，建议把我们拥有的某个样本当作总体来考虑。然后，基于从总体中抽取样本的相同理念，我们可以从该样本中抽取子样本（若允许每个数值被多次重复抽取，则每个子样本的容量都可以与原始样本相同）。事实上，正如我们可以（原则上）从总体中抽取大量样本，我们也可以从一个样本中抽取许多子样本。区别仅在于，我们实际上能够绘制这些子样本。对于每个子样本，我们可以匹配模型（例如，测算每个子样本中数值的平均数），然后，我们就可以看到这些平均数之间有多大的差异。这个想法基本上是通过样本和子样本之间的关系，来模拟总体和实际样本之间的关系。这就好像在创建样本的虚拟复制品一样，我们仿佛揭示出了大量迄今为止一直被隐藏的数据。"自举"这个词就是这么得来的,子样本从样本中产生的方式与样本从总体中产生的方式完全相同,所以,这就好像我们伸出手,"抓着自己的鞋带站起来"。

从这些研究如何使用模拟数据来帮助推断和预测的例子中可以看出,它们都是劳动密集型的操作。创建附近数据值的副本、复制被错误分类的案例、抽取数据的多重子样本(通常是数百个或更多),这些都不是轻易能完成的操作。或者,至少,如果我们以人工方式来进行,是很难轻易完成的。然而,幸运的是,我们现在生活在计算机时代。计算机可以在一秒钟之内轻松地进行重复计算。回想一下抛硬币案例中我运行程序抛10枚硬币100万次的操作。制造暗数据并加以利用等方法确实是计算机时代的产物。对此,我以前用过"革命性"这个词,这一点儿也不夸张。

## 想象的数据:贝叶斯先验性

当我们观察模拟数据时,假设我们对产生数据的底层结构、过程或机制具有正确的理解。这种置信程度往往是没有道理的。我们可能会对这个过程有所了解,但只有在非常幸运的情况下,我们才能确切地知道过程的每个方面。特别是,我们可能无法确定表征结构特征数据的精确值。

例如,我可能会相信英国男性人口的身高遵循所谓的正态分布,大多数人的身高都在平均数附近,很少有人过高或过矮,但我可能不知道这个平均数是多少。我可能比较确信它小于 6 英尺,更加确信它小于 6 英尺 1 英寸,甚至更加确信它小于 6 英尺 2 英寸,等等,但无论如何，毫无疑问的是，它必定小于7英尺。同样，我可能相当有信心它会超过5英尺6英寸，更有信心它会超过5英尺4英寸，非常肯定它会超过5英尺2英寸。在这里，我描述的是我对平均身高可能值的信念分布，也就是说，在任何给定范围内，我对平均身高的取值有多大把握。

这种信念分布来自某个地方，尽管我可能很难确切地说出它来自哪里。这可能是一种综合信息，包括我对过去遇到的人的身高的意识、对以前读过的研究的模糊记忆、对过去某人与我的交谈的遥远回忆，或者其他任何来源。尽管我几乎可以肯定自己无法确定这些数据并给出它们的值，但无论如何，它都相当于一个先前的数据集。它们是暗数据。

鉴于我们对人口平均身高的信念来源存在根本上的主观性和不确定性，我们可能会犹豫，是否能根据我们认为的平均数做出断言或决定。因此，我们希望收集数据，以增加客观性。这正是贝叶斯统计方法的作用。它从关于平均身高可能值的初始信念开始，将其称为我们的先验信念，然后，随着新的真实数据出现，对这些信念做出相应调整，从而产生我们的后验信念。例如，我们可以随机抽取100个英国人作为样本，测量他们的身高，然后用这100个人的数据来调整或更新我们对总体平均身高的初始信念。结果将是平均身高可能值的一个新分布，我们先前的信念分布向实测值靠近。如果我们的样本容量很大，那么这种变化几乎完全向着样本的方向转变。我们最初的主观信念几乎不会留下什么影响。这个更新或调整的过程采用了一个叫作贝叶斯定理的概率基本定理。用我们的术语来说，贝叶斯定理将未被观测的暗数据与实际观测数据结合起来，产生了关于平均身高可能值的新的信念分布。(顺便说一句，据英国国家统计局统计，英国男性的平均身高为 5 英尺 9 英寸。)

这里有一个例子。早在 17 世纪，研究人员就开始尝试确定光的速度：1638 年，伽利略断定它至少是音速的 10 倍；1728 年，詹姆斯·布拉德莱估计它是每秒 301 000 千米；1862 年，莱昂·傅科估计它是每秒 299 796 千米。我们可以将这些估测值以及其他估测值汇总，得出我们对不同可能值的信念的分布。详细的实验结果可能会缺失（成为暗数据），但信念分布保留了它们所包含的相关信息。19 世纪末，加拿大裔美国人、天文学家和数学家西蒙·纽科姆（我们在先前的本福特分布中提到过）进行了进一步的实验。他将自己在 1882 年 7 月 24 日至 1882 年 9 月 5 日的测量结果写成论文，发表在 1891 年美国航海年鉴办公室的《天文学论文》中[1]。纽科姆的详细测量结果可以与我们来自早期实验的信念分布中隐含的暗数据相结合，得到一个改进的分布。我们目前对光速的最佳估测是，在真空中，它是每秒 299 792.458 千米。

贝叶斯统计已经变得非常重要，它是统计推断的两大流派（或者说三大流派）之一。

## 隐私与机密保护

在本章，我们已经从暗数据的角度，而不是从实测数据的角度，研究了现有的统计程序和理论。这种看待事物的方式往往会带来新的见解。但是还存在一些利用暗数据的其他方法。事实上，正如我们将要看到的，隐藏数据是现代社会有效运转的核心：如果不隐藏数据，我们许多日常活动就无法实现。

在第6章，某种程度上还有第7章，我们看到了欺诈者是如何隐藏信息的。他们的目的是使正在发生的事情呈现一种虚假的表象，这种表象会让你相信自己可以从交易中受益，但事实上你会亏损；或者，他们的目的是隐瞒试验结果的真相。间谍也会做同样的事。他们的真实目标或真实身份，当然还有他们的真实行为，被隐藏在他们的目标（可能是某个政府或者某家公司）之外。间谍不想让对立方政府知道他们在干什么，所以他们努力隐藏自己的活动。同时，间谍试图发现并传递别人不想让他们看到的数据，即政府试图对间谍保密的数据。看起来这些都不算复杂，如果政府显然想要隐藏的数据遭到泄露，致使所有敌人都知道自己的实力从而不再妄想，那么，这在更高的层面上可能是有利的。然而还存在双重间谍，在这种情况下，人们可能很难搞清楚谁向谁隐瞒了什么。事情很快就会变得非常复杂！

但欺诈者和间谍并不是唯一想隐藏信息的人。你可能不希望你的医疗或财务记录变得尽人皆知。如果你生活中的某方面内容被公之于众，你可能就会感到尴尬。这是隐私的本质，《世界人权宣言》第12条一开始就写道："任何人的私生活……不得任意干涉……"

隐私本身有各种不同的定义。这是一种独处、不受打扰的权利；这是免受政府侵犯的权利；这是有选择地向世界展示自我的权利。这些高级的定义都很好，但是隐私和数据隐藏在更实际的生活中也很重要。你使用密码来保护你的银行账户、社交媒体账户、手机、笔记本电脑等。这意味着，你账户中的数据，对于那些你想对其保密的人来说，应该是暗数据。这也意味着，知道如何设置一个好密码是很重要的。

第9章　从暗数据中获益：重构问题　　273

令人担忧的是，大量的人仍在使用默认密码，比如"password""123456""admin"等。这让我想起一个笑话，有个人把他所有的密码都改成了"incorrect"（不正确的），这样，当他忘记密码时，系统就会提示"your password is incorrect"（您的密码是不正确的）。默认密码通常是购买设备时设备自带的初始密码，在安装设备时应该加以更改。黑客通常先尝试这些默认密码。黑客破解密码的一种更为普遍的基本方法是，尝试数十亿种不同的字符组合。利用计算机，这个过程能以每秒50万次的速度完成（请再一次想想我几秒钟内抛10枚硬币100万次的计算机操作）。黑客如果掌握一些关于你密码的信息，如密码只包含数字，就会大大加快破解速度。这就是建议你将大写字母、小写字母，以及数字和特殊符号都包含到密码中的原因。一方面，这样做会扩大字符的选择范围，大大提升黑客必须搜索的可能空间。只由10位数字组成的8位数密码，有$10^8$个，即这种密码有一亿种可能性。以每秒50万次的速度进行测试，意味着你可以在200秒（3分钟多一点儿）内完成所有的测试。另一方面，使用10位数字、字母表中的全部26个字母（包括大写字母、小写字母），以及12个特殊字符，这样组成的8位数密码的可能性为$74^8$，约为$9\times10^{14}$。按照每秒50万次的速度，搜索完所有这些密码需要2 850万年！

间谍活动和密码都与秘密编码及密码学密切相关，这是两个人之间交流信息，同时防止其他人知道的工具，使用密码的目的是把数据藏在暗处。事实上，这种想法不仅仅适用于间谍活动。例如，商业组织通常希望交换机密信息，银行需要知道没有人截获、篡改邮件或将其重定向，你可能希望确信你的电子邮件和其他通信信息只由指定的收件人读取，而不被黑客截获。

密码学，即编码的科学，已经成为一门先进的数学学科。现代密码的理论基础通常是公钥密码学。这是一个巧妙的数学解决方案，它使用两个数字"密钥"，其中一个允许人们对信息进行加密，另一个允许解密。第一个是公开的，任何人都可以对信息进行编码；第二个则是保密的，只有知道密码的人，也就是只有那些拥有密钥的人，才能解码信息。

与密码学相关的公共问题、社会问题和伦理问题可能很深奥。虽然许多合法交易的安全性依赖于加密，但非法交易也可能利用这种加密，例如罪犯或恐怖分子的通信。苹果公司多次收到美国法院的请求，要求披露一些被锁定的苹果手机上的信息。在一个案件中，美国联邦调查局要求苹果公司解锁一名犯罪嫌疑人的手机，他参与了2015年12月加利福尼亚州圣贝纳迪诺的恐怖袭击，这次犯罪活动导致14人丧生。但这样的要求引发了人们对"个人隐私不可侵犯的边界在哪里"这个问题的广泛质疑。在这个例子中，苹果公司拒绝解锁，为此安排了听证会，但在听证会举行之前，美国联邦调查局找到了一个可以解锁手机的第三方，因此撤回了解锁请求。隐私、保密、获取手机上的暗数据，这是一个漫长而没有止境的故事。

国家统计局是官方统计机构，负责收集和整理该国所有人口的数据，然后对其进行分析，以了解人口情况，从而制定有效的社会和公共政策。这些机构在公布汇总统计的同时，要对微观数据中的个人细节保密。例如，你希望自己国家的统计局既能够提供工资水平分布和不同疾病的患者人数信息，又不泄露你个人的工资或过往病史。这可能导致微妙的隐私问题。特别是，如果提供了一小部分人的信息，就有可能据此确定该群体中的个人情况。例如，公布50~55岁、居住在某个邮政编码区域内男性的信息，可能会大大缩小信息指向的范围。在最坏的情况下，符合某个群体定义条件全部内容的，可能只有一个人。

为了解决这些微妙的问题，国家统计局和其他机构开发了一种用于保密数据的工具，以便在公布有关人口信息时，不泄露任何个人隐私。例如，如果对标准的交叉分类会指向一小部分人（例如，居住在某个城镇、年收入超过 100 万英镑的人），那么可以把交叉分类的这个单元与邻近的单元进行合并（例如，那些住在当地城镇群、年收入超过 10 万英镑的人）。

国家统计局用来隐藏数据细节的另一种方法是随机扭曲或干扰数据。比如，可以在表中的每个计数项目中随机添加一个合适的数字，这样就可以在不泄露真实、准确数字的情况下进行发布，还可以很好地反映全局的情况。事实上，我们完全有办法做到这一点：在干扰所有组成数字的同时，准确地反映全局的各个方面（例如，总体的平均数、不同组的数字分布）。

第三种方法是对真实数据的分布和特征建模，然后，如前面所讨论的模拟方法那样，使用该模型生成具有相同属性的合成数据。例如，我们可以计算出总人口的平均年龄和年龄分布，以及年龄分布的一般形态，然后据此生成具有相同的平均数、分布和分布形态的人工数据。这样，真实数据就完全隐去了，但是（一定程度上）可以从合成数据中生成与真实数据相匹配的汇总统计。

数据也可以是匿名的，也就是说，将那些可识别的个人身份信息销毁。例如，将姓名、地址和社保卡号码等从记录中删掉。匿名化的缺点是，我们可能会失去任何重新识别某一条记录的所有者的潜在可能性。因此，在临床试验记录中，可以通过去掉姓名、地址以及类似数据来保持匿名性，但如果在未来某个时候，发现某些患者处于严重的风险中，回到原始记录中识别出他们的身份就非常重要。无论如何，对于许多企业来说，保存能够识别个人身份的信息记录，对其经营活动是至关重要的。

在这种情况下，我们可以用所谓的"化名"。化名用代码取代真实数据，而不是简单地销毁可识别的信息。例如，可以用随机选择的整数替换姓名（例如，将"戴维·汉德"替换为"665347"）。将记录身份与代码的匹配信息的文件保存起来，这样在需要的时候，就可以找出某个人的身份。

事实上，在统计局使用的匿名化的正式定义中，通常会有一个条款，提出类似于匿名化过程的措施应该保护"个人身份不被任何合理手段重新识别"。但正如第3章所述，因为数据集可能会与其他数据集相关联，所以，很难保证百分之百的匿名性。正如我们看到的那样，数据集的相互连接蕴含着改善人类状况的巨大潜力。例如，将食品购买模式与健康数据联系起来，将会产生有价值的流行病学见解。将学校和学院的教育数据与税务局的就业和收入数据联系起来，将为制定公共政策提供极为有用的信息。这些类型的数据连接不是假设性的，而是在全世界范围内，越来越多的机构正在广泛进行的活动。但是，只有在数据库中包含的数据的隐私性和机密性得到保护的前提下，这种模式才能取得成功。我们在第4章中曾经提到英国管理性数据研究网络，他们运用"可信第三方"的方法连接数据，克服了这种隐私性和机密性风险，这意味着，同时拥有身份标识符和其所连接的数据的特定持有者是不存在的。[2]对于两个数据集，该系统的工作方式如下：

（1）每个数据库管理者为其数据集中的每条记录创建唯一的ID（身份识别）。

（2）将这些ID以及与其相联系的可识别信息（如姓名）（除此以外不包含其他数据），通过一个安全连接发送给"可信第三方"，后者使用可识别信息匹配相应的ID。

（3）然后为每条记录创建一个连接ID。

（4）包含连接ID和每条记录唯一ID的文件被发送回数据库持有者。

（5）然后，数据库持有者将连接ID添加到其数据集中的每条记录上。

（6）最后，每个数据库持有者删掉可识别信息（如姓名），并将记录及其连接ID发送给研究人员，研究人员可以使用连接ID访问数据集，而不会知道任何一条记录的身份。

这个过程听起来很复杂，但它可以在连接两个数据集中的记录时非常有效地隐藏身份，并且确保连接后的数据集中不含身份信息。

尽管这样的连接操作对社会具有巨大的价值，但数据连接总是带有被识别的风险，如果数据可以与未来的外部数据集相关联，这些风险就会显著放大。（这在英国管理性数据研究网中是不可能的，因为所有的分析都发生在安全的环境中，不会连接其他数据源。）早期的一个著名案例描述了这一困境。

1997年，马萨诸塞州团体保险委员会向研究人员发布医院数据，以便开展改进医疗策略的研究。当时的马萨诸塞州州长威廉·韦尔德向公众保证，他们的隐私是受保护的，因为团体保险委员会已经从数据中删除了个人身份信息。

但是，韦尔德的讲话没有提到数据连接的可能性。拉坦娅·斯威尼，当时麻省理工学院的一名研究生，正在学习"计算披露控制"，这是计算机科学的一个分支，研究使数据保持暗化的工具和方法。斯威尼想知道，是否有可能从团体保险委员会的数据中识别出个人身份。因此，她决定从中搜索出韦尔德的个人数据。大家都知道，韦尔德住在马萨诸塞州剑桥市，那里只有7个邮政编码和5.4万名居民。斯威尼将这一信息与剑桥市选民名册中的数据进行了匹配，该名册只需20美元就可以买到。然后，她利用韦尔德的其他公开信息，比如他的出生日期和性别，将他的选民名册记录与医院记录进行比对，从而确定了他的医疗记录。为了论证这一点，她给韦尔德邮寄了一份记录副本。

事实上，这个例子有些特殊。任何数据集都可能包含某种程度上的异常个体，因此这种个体很容易被识别出来，但这并不意味着大多数人都可以被识别出来。在本例中，韦尔德是一个公众人物，关于他的许多信息都是公开的。此外，他能被识别出来，其实取决于选民名册的准确性。丹尼尔·巴思－琼斯对这个案例进行了详细研究，揭示了其不寻常的性质。[3] 尽管如此，这一例证仍然令人不安，因此最近的立法对此进行了调整，以加大重新识别身份信息的难度。

另一个早期比较有名的案例涉及门户网站和在线服务提供商美国在线于2006年公开发布的网络搜索数据。为了保持匿名性，美国在线删除了搜索者的IP地址（国际协议地址），并将他们的用户名用化名替代，在用户名出现时，用相同的随机选择标识符进行替换。在这个案例中，破解匿名信息的不是一名研究生，而是两名记者，他们很快将标识符4417749与居住在佐治亚州利尔本市的一名女性塞尔玛·阿诺德匹配上了。记者们利用她的搜索内容，比如为一位姓阿诺德的人搜索疾病信息、搜索与狗有关的材料等等，来缩小范围。

还有2006年臭名昭著的网飞奖例子。这个数据库包含了50万名网飞注册用户对电影偏好的比较评级。网飞公司拿出100万美元作为奖金，鼓励开发一种比现有的向用户推荐电影的算法精确10%的算法。同样，网飞公司删除了所有个人识别信息，并用随机代码进行了替换。这一次，来自得克萨斯大学的两位研究人员，阿尔文德·纳拉亚南和维塔利·什马托夫，破解了匿名信息。他们写道："我们可以证明，对于任何一个注册用户来说，他的对手只需要了解一点儿关于他的信息，就可以轻易地从这个数据集中识别出此人的记录。利用互联网电影数据库作为背景知识来源，我们成功地识别了一些已知用户的网飞播放记录，揭示了他们明显的政治偏好和其他潜在的敏感信息。"[4]

以上都是匿名数据被破解的早期案例。这类案例导致了相关法律的出台，以确保未来的数据集更加安全，并惩罚试图破坏数据匿名性的行为。但可悲的事实是，要么数据是完全暗化的，毫无用处，要么存在裂缝，光线可能会照进去。

## 从暗处收集数据

我们已经看到，当可识别个人信息的数据连接到其他数据集时，我们可以对其进行匿名化，但在此基础上，还可以再进一步。从数据被收集并用于计算之时起，就可以对其进行暗化。这样，从一开始它们就不会被实际观测到，但仍然能被用于得出新发现并提取数值。以下是操作方法。

首先，随机应答是一种收集敏感的个人信息（例如与不诚实行为有关的数据）的老方法。举个例子，假如我们想知道一个群体中偷过东西的人的比例是多少。若直接询问别人，我们很可能会得到虚假的回答，因为在这种情况下，人们可能会倾向于说谎和否认。于是，我们要求每个人抛一枚硬币（我们看不见这些硬币），并告诉他们：如果硬币正面朝上，那么他们必须如实回答自己是否偷过东西；但如果反面朝上，那么他们只需要简单地回答"是"。现在，如果一个受访者回答"是"，那么我们无法判断这个人是因为偷了东西，还是仅仅因为硬币反面朝上而这样回答。但我们会从中得到一些总体性认知。因为硬币正面朝上的概率是1/2，所以我们知道，回答"不"的总人数，只是那些真正没有偷过东西的人的一半。所以，把这个数字翻一番，就会知道到底有多少人真的没有偷过东西。用总数减去这个值，我们就知道有多少人偷过东西了。

英国东英吉利大学的戴维·休-琼斯用这种思想的一种变体方法，在15个不同的国家考察诚信状况。[5]他让人们抛硬币（他看不到结果），如果正面朝上，就奖励5美元。如果每个人都说实话，那么预计大约有一半的人会报告说抛出了正面朝上的结果。如果声称正面朝上的比例超过一半，就说明有人在撒谎。这就是休·琼斯用来衡量诚信度的方法。

随机应答是一种在收集数据时将其隐藏的方法。同样，在计算过程中，也有隐藏数据的方法。安全多方计算能从一个组中聚合信息，同时又不让其中任何一个成员知道任何其他成员的数据。这里有一个非常简单的例子。假设我想知道一群邻居的平均工资,但是,对于透露自己挣多少钱这件事,他们都很敏感。在这种情况下,我要求他们每人把自己的工资分成 a 和 b 两个数字,条件是 a 与 b 之和等于其工资。因此,收入为 2 万英镑的人,可能会将其分成 1.9 万英镑和 1 000 英镑,或者分成 10 351 英镑和 9 649 英镑,或者分成 2 英镑和 19 998 英镑,甚至分成 3 万英镑和 –1 万英镑。他们怎么拆分自己的工资都行,正数和负数都可以使用,只要这两部分加起来等于他们的工资就可以。然后,把所有的 a 部分发送给一个人,这个人把它们加起来,给出 a 的总和 A;把所有的 b 部分发送给另一个人(切记,是另一个人),这个人同样把它们加起来,得到 b 的总和 B。最后一步就是把 A 和 B 相加,用它们的和除以总人数,这样就得到了这群人的平均工资。注意,在整个过程中,没有人知道别人的工资。即使是做加法的人也不知道他们没看到的缺失部分(a 或 b)。

安全多方计算提供了一种方法,可以对来自某个群体的数据进行汇总,同时,该群体中的任何成员,或者任何其他人,都不会知道该群体中个体的数据值。但事实上,我们还可以更进一步。同态计算允许你加密自己的数据,使它们暗化,并让其他人在不知道数据或结果含义的情况下,分析你加密的数据并产生加密结果。然后,只有你,唯一知道如何解密加密值的人,才能解密分析结果。实际上,这种方法可以追溯到 2009 年 IBM 沃森研究中心的克雷格·根特里的一篇论文,但是这个思想可以追溯到 20 世纪 70 年代。[6]

为了解释这个思想,我们来看一个人为设计的简单例子——实际运用中的方法复杂得多。

假设我们想计算某个俱乐部成员的平均年龄，但是，我们没有一台强大的计算机来执行这项任务。我们想找一个拥有足够强大的计算机的人来执行这项任务，但又不想让那个人看到俱乐部成员的年龄。为此，我们首先要将每一个人的年龄加上一个不同的随机选择的数字，用这个办法来"加密"每个人的年龄。我们同时也将加进去的所有随机数字的平均数算出来。现在，我们将加密后的数字——原始数字和随机数字的总和发送给执行计算任务的那个人。对方把加密的数字加起来，然后把平均数发给我们。不难看出，如果从这个平均数中减去随机值的平均数，我们就可获得俱乐部成员的平均年龄。

显然，这是一个非常简单的例子，通常我们感兴趣的事情要比求平均数的要求高得多。

我们已经看到，数据可以在收集数据的人看不见它们的情况下被收集，我们也看到，数据可以在进行计算的人不了解其实际意义的情况下被分析。更普遍地说，这一章已经颠覆了暗数据的概念。通常，暗数据是问题的根源：它们隐藏了我们希望知道的东西，可能会导致扭曲的分析和误解。但是这一章介绍了隐藏数据可以在哪些方面发挥重要价值，以及如何利用它们改进估计结果、优化决策过程，甚至保护自己不受犯罪分子的侵害。

# Dark Data

第10章

暗数据分类：
走出迷宫之路

## 暗数据分类法

在这本书中，我们已经看到了许多暗数据的例子，研究了为什么这些数据是暗数据、数据被暗化的后果以及我们能做些什么来应对暗数据造成的困难。然而，情况往往很复杂，因为暗数据之所以成为暗数据有多重原因。下面是一个例子。

英国政府的行为洞察小组被媒体称为"助推小组"。这个小组致力于研究会对人们行为产生重大影响的战略性微小政策调整（助推）。该研究小组最近的一份报告称："几份报告和媒体文章指出，根据官方统计数据，在过去的40年里，英国的卡路里摄入量大幅下降。与此同时，我们看到人们在这段时间内的体重增加了。如果我们吃得变少了，那么体重是怎么增加的……一种回应是，体力活动水平肯定有所下降，导致我们消耗的能量大大减少。"[1]

这种可能性似乎存在，但有点儿奇怪。它假设，在摄入量减少的同时，运动量也在等比例甚至更大幅度地下降，这导致了体重增加。

然而，小组报告认为，这样的结论是不合理的，报告指出："这些报告提出的卡路里消耗水平太低，哪怕我们只进行最小限度的体力活动，这样的卡路里消耗量也无法使我们的体重保持在目前的水平上。"报告还说："这些卡路里摄入量的估计值低于通常所采用的每日建议摄入限量，对健康体重的人来说，男性为2 500千卡[①]，女性为2 000千卡。"研究小组提出，这个问题来源于一种暗数据。

食品采购水平是根据生活成本与食品调查估算出来的，卡路里摄入量是根据英格兰国家饮食和营养调查及健康调查估算出来的。助推小组的报告表明，这些调查低估了食物购买和卡路里消耗。关于生活成本与食品调查，报告指出，"相关研究预测，生活成本与食品调查未能捕捉到的经济活动百分比已从1992年的2%增加到2008年的16%左右"。该小组基于这一因素对生活成本与食品调查的研究结果进行调整之后发现，自20世纪90年代以来，食品消费一直在增加。至于国家饮食和营养调查及健康调查的数据，他们运用双标记水法进行了调整，这种方法被称为"测量能量消耗的黄金标准"。调整后的数据表明，"就总体人口来说，我们消耗的卡路里比官方统计数字多30%~50%"。

所有这些看起来都是一个典型的暗数据案例。卡路里摄入量并没有下降，看起来下降只是因为数据缺失或采用了具有误导性的数据。报告提出了5个原因，涉及各种各样的暗数据：

- 肥胖水平增加（因为肥胖者更有可能少报他们的摄入量，属于

---

[①] 1千卡=4 185.85焦。——编者注

第 11 种暗数据：反馈与博弈）；
- 减肥的欲望增加（因为这与少报行为增加相关，属于第 11 种暗数据：反馈与博弈）；
- 吃零食和外出就餐现象增加（第 2 种暗数据：未知的缺失数据）；
- 调查回应率下降（第 1 种暗数据：已知的缺失数据，第 4 种暗数据：自我选择）；
- （用来计算能量的）参考数据与食物的真实分量或真实能量之间的差异变大（测量误差隐藏真实值，属于第 10 种暗数据：测量误差与不确定性）。

助推小组的报告明确指出了产生暗数据的多种可能原因，但在许多情况下，多数原因的可能性不会那么明显。而且，厘清原因、采取适当的步骤来克服暗数据的风险，往往并不那么容易。

第一步，必须始终注意可能会出现暗数据。实际上，你的默认假设就应该是，数据不完整或不准确。这是这本书最重要的信息：对数据保持怀疑，至少在它们的充分性和准确性得到证明之前要保持这种怀疑。

第二步，你要能够识别那些特别容易受暗数据影响的情况，特别是那些隐形的暗数据正在扭曲所收集的信息的特定迹象，以及更普遍的潜伏着危险的情况。本书用两种方法帮助我们做到这一点。

第一种方法是运用整本书中的例子，它们对暗数据的产生方式进行了详尽的阐述，展示了一些你应该注意的具体情况。当然，还有无数的其他情况本书中没有说明，但希望这里提及的例子可以作为一个起点。

本书帮你识别特定危险情况的第二种方法就是对暗数据进行分类，这在第1章中介绍过，并且贯穿全书始终。为了便于识别，并使我们能在实际情况中加以运用，下面将对它们进行总结，并举例加以说明。

这些暗数据类型跨越了暗数据的"种类"空间，就像横坐标轴和纵坐标轴跨越了一张图片的二维平面那样。然而，与坐标轴不一样，我的暗数据类型并不能完全覆盖暗数据空间。首先，毫无疑问，肯定有一些数据缺失或不足的原因我没有在这里提到。其次，正如最后一节所讨论的情况那样，其他新型数据不断涌现，它们会属于新的暗数据类型。尽管如此，对暗数据类型进行列举的目的是提供一份包含部分危险因素的检查表，并且指出在任何数据集中、进行任何数据分析时都应注意的一般问题。但是，你要始终牢记，仅仅识别出一种暗数据类型，并不意味着其他暗数据类型不存在。

第1种暗数据：已知的缺失数据

这些数据就是拉姆斯菲尔德提出的"已知的未知"。它们在我们意识到数据有缺口的时候出现，隐藏了本来应当被记录的数据。例如，表1中市场营销数据中缺失的数值，或者受访者名单上不愿给予回应的人（不论是部分拒绝还是完全拒绝访问）。在后一种情况下，对这些拒绝的受访者，我们所知道的全部信息或许就是他们的身份信息。

第2种暗数据：未知的缺失数据

这些属于拉姆斯菲尔德说的"未知的未知"。我们甚至不知道我们缺失了一些数据。这类例子发生在网络调查中，对于哪些人将会回应调查，我们没有一份名单，因此我们根本不知道谁没有答复。挑战者号航天飞机的灾难代表了这种疏忽，因为参加电话会议的人并没有意识到他们遗漏了一些数据。

第3种暗数据：局部选择案例

采样标准选择不当，或者标准合理但应用不当，都可能导致样本失真。研究人员可能会选择相对健康的病人；调查人员可能会选择那些更同情被评估公司的人。在从大量案例中选择"最佳的那个"时，还会出现一个特殊的变体，因为在未来，随着均值回归发挥作用，结果很可能会让我们失望。同样，p值篡改和不考虑多重假设意味着科学结果可能无法再现。

第4种暗数据：自我选择

自我选择是第3种暗数据：局部选择案例的变体。当人们自己能够决定是否被包含进数据库时，这种暗数据就会出现。此类案例包括被调查者在选择是否回答问题时不做回应、患者自己决定是否将数据储存进患者数据库（选择加入和选择退出），以及在更广泛的情况下人们选择的服务（如银行或超市）。在所有这些例子中，包括在数据库内的数据与那些未被包括的数据都可能存在某种程度的系统性差异。

第5种暗数据：关键因素缺失

有时候，一个系统的某个关键方面完全没被观测到。这可能导致错误的因果关系，比如，冰激凌销售量增加之后，草地干枯。很明显，这里的因果联系链中缺少了天气数据，但是，这种关键环节缺失的情况并不总是那么明显。一个更难理解的例子是辛普森悖论，在这个悖论中，当整体比例上升时，所有组成要素的比例却在下降。

第6种暗数据：或可存在的数据

反事实数据是那些我们如果采取了其他行动，或者在不同条件、环境下进行观察就会看到的数据。来看一个例子，在临床试验中，每个病人只能接受一种治疗方法（或许是因为试验的目的是调查治愈这种病需要多长时间），因此，一旦病人被治愈，研究人员就不可能再回头去探究当初要是采取其他替代治疗方案可能需要多长时间治愈。另一个例子是未婚者配偶的年龄。

第7种暗数据：因时而变

时间可以用很多方式隐藏数据。例如，数据可能不再是对当前状态的准确描述，病例可能不会被观察到，因为它们出现在观察期结束之后；病例也可能会因为病情的性质发生变化而退出项目研究，等等。这类例子包括，在观察患者被诊断后存活时间的医学研究中，观察期终止于患者死亡之前，以及描述一个国家20年前人口状况的数据，这些数据对制定现行公共政策的价值可能很有限。

第8种暗数据：数据定义

定义可能不一致，可能随着时间的推移而改变，以更好地反映其目的和用途。这可能会导致经济（和其他应用类型的）时间序列问题，这些时间序列背后的数据可能不再被收集。更普遍地说，如果人们以不同方式定义某一概念，那么他们很有可能得出不同的结论。有一个例子是英国的犯罪统计，该数据通过查看警方记录和调查受害者两种方式采集，因为这两个数据来源对犯罪的定义不同。

第 9 种暗数据：数据汇总

根据定义，汇总数据意味着舍弃细节。如果只报告一个平均数，就不能揭示数据的范围，也不能揭示数据分布的偏斜度。平均数可能会掩盖其中某些值实际上差异非常大的事实。或者，在另一个极端，它也可能掩盖所有值都相同的事实。

第 10 种暗数据：测量误差与不确定性

测量误差会导致潜在真实值的不确定性。如果测量误差的范围等于或大于潜在真实值的取值范围，就很容易看到这一点，因为观测值可能会与实际值相差甚远。四舍五入、堆、天花板效应、地板效应以及其他测量问题都会给数据增加不确定性，从而使精确值变模糊。产生不确定性和不准确性的另一个原因是数据连接，在数据连接中，可识别信息可能会以不同方式进行存储，致使匹配过程容易出错。

第 11 种暗数据：反馈与博弈

当收集的数据值影响收集过程本身时，就会出现这种类型的数据，就像分数膨胀和股价泡沫一样。这意味着，这些数据是对潜在现实的扭曲。随着时间的推移，数据还可能会进一步偏离现实。

第 12 种暗数据：信息不对称

不同的数据集可能由不同的人持有，当一个人知道某件事而另一些人不知道时，就会产生信息不对称。比如内幕交易、阿克洛夫的"柠檬"市场以及由于对敌国实力不够了解而引起的国际冲突等。

第13种暗数据：故意屏蔽的数据

这种只选择部分案例的特殊数据尤其麻烦。当人们为达到欺骗或误导的目的而故意隐瞒或操纵数据时，这种数据就会出现。这就是欺诈。我们看到，它可以在很多情况下以很多种方式出现。

第14种暗数据：编造与合成的数据

编造数据的目的可能是有意误导，这种情况可能出现在欺诈中。但是，在模拟中也会出现这种情况，研究过程有可能产生的人工数据集会被生成；在其他一些应用中，数据会被复制，例如，在自举、提升和平滑等算法程序中。现代统计工具广泛使用了这种思想，但糟糕的数据复制也会导致具有误导性的结论。

第15种暗数据：推理僭越数据

一切数据集必定都是有限的。这意味着它们有最大值和最小值，超出这两个值则属于未知领域。要想对数据集中高于最大值或低于最小值的可能的值进行说明，就必须进行假设，或者从其他来源获取信息。在挑战者号的灾难中，发射是在温度低于以往任何环境温度记录的情况下进行的，这就是一个例子。

## 启示

在最近几个世纪里，文明的进步与数据科学发展同步，这么说并非夸大事实。毕竟,"数据"一词几乎与"证据"一词同义,而这正是带来最近几百年经济发展与社会发达的技术进步和启蒙运动的核心。

事实上,就像一直为现代工业发展提供动力的化石燃料一样,数据被称为"新石油"。与石油一样,那些能够有效控制和操纵数据的人也获得了巨额财富。更重要的是,数据也像石油一样,只有经过提炼(清洗和预处理)才能变得有用。对付暗数据污染就是这种清洗的一个例子。

但是,这个类比也比较牵强。不同于石油,任何人都可以使用,数据的价值取决于你想知道什么。此外,还有一点与石油不同的是,人们可以在不放弃该数据的情况下,对其进行出售或分发。事实上,数据可以被无限次地复制或再生产。当然,数据也可能是暗化的:你未掌握的数据可能会使你拥有的数据价值受到非常大的限制。除此之外,还有隐私和机密保护等问题,这是石油世界根本无法比拟的。数据不仅仅是另外一种商品,这也正是政府如此费力地解决数据治理和数据伦理问题的原因。

在很大程度上,数据革命是由观测数据推动的。正如我们在第 2 章中看到的,这些数据描述了某些过程的自然演化,它们没有受到任何明显的干预,特别容易暴露在暗数据的风险之下。观测数据常被拿来与实验数据做对比,后者控制了各种相关因素的水平。此外,大量的观测数据(往往属于新类型)正在从自动数据收集系统中产生,或者作为各种管理操作的副产品而生成。

"海量价格数据项目"给出了一个从新类型数据中获得洞察力的经典例子。斯隆管理学院的阿尔贝托·卡瓦洛和罗伯托·里戈本从网络上搜集了大量在线价格,并利用这些价格构建了通货膨胀指数。利用这一数据来源，他们展示了巴西、智利、哥伦比亚以及委内瑞拉的通货膨胀水平和传动机制的相似性。随后，他们进一步指出："相比之下，在阿根廷，网上的通货膨胀率与官方的通货膨胀率之间存在无法解释的差异。"[2] 似乎没有一个关于收集哪些数据或如何分析这些数据的简单解释能说清楚这种差异。卡瓦洛总结："相比之下，关于阿根廷的研究结果证实政府操纵了一系列官方通胀数据。阿根廷是唯一一个网上通胀率随时间推移与官方估计值严重偏离的国家。"

卡瓦洛和他的同事完全放弃了通胀指数的传统数据收集方法。正如我们在第 3 章中看到的那样，这涉及雇用研究人员到商店里搜集商品价格。这样做不仅贵，还慢。相比之下，海量价格数据项目能够生成一个可以每日更新的指数。

毫无疑问，这是一个巨大的大数据成功案例。但即便如此，事情可能也并不像最初看起来的那么简单。卡瓦洛和里戈本评论："我们……几乎只关注大型多渠道零售商，往往忽略了纯粹的在线零售商（如亚马逊网站等）。"[3] 他们指出，比起传统的价格指数方法，在线价格涵盖的零售商和货物品类要少得多，因此，有必要甄别数据是从哪些网站中收集的，很明显，那些较小的电商网点会从指数系统中消失，成为暗数据。此外，网上价格只是价格，并不表明每种产品的销售量。

问题的关键并不是这些是无法逾越的障碍。事实上，我们已经注意到了它们，可以努力克服它们。但是，关键在于它们隐含着暗数据，由海量价格数据项目构建的通胀概念与传统的定义有着微妙的不同。

网上收集的数据集中含有的暗数据还有可能带来更严峻的挑战。

例如，谷歌的搜索算法不断更新，使其更有效，但这些变化的细节，除了那些深度参与写算法的人，对其他人来说通常都是不透明的。最近的变化包括在排名时引入网页质量积分，将被认为具有操控性的网站的排名下调，使自然语言程序更好地匹配查询意图，对移动设备中界面友好的网页的排名上调，以及加强识别违反谷歌指导方针的网站。所有这些变化似乎都是合理而有益的，但是关键在于，它们改变了所收集数据的性质，也就是说，很难对这些在变化前和变化后收集的数据进行比较（第 7 种暗数据：因时而变）。特别是，经济和社会福利指标数据可能会变动，这种变动的发生不是因为潜在的社会现实改变，而是因为人们收集到的关于社会现实的数据发生了变化，即所谓的指标漂移。暗数据处在这些变化的根源上。

我们已经看到，成功案例都依靠数据集的相互连接，这种连接通过组合、融合或合并不同来源的数据来实现。这种操作的潜在威力是显而易见的，因为不同来源的数据很可能包含了研究对象不同方面的信息。最常见的例子是人，很明显，这些项目对理解并增进全社会的健康与福祉具有巨大作用。但数据连接操作中出现暗数据的风险也是非常真实的。数据库中的人口通常不能精准匹配（有些数据库包含的项目，其他数据库可能没有），因为数据存储方式不尽相同（约翰·史密斯、约翰·W.史密斯以及 J.W. 史密斯是同一个人吗？），匹配过程中经常出现错误，还有可能造成重复记录。

本书主要讲的是暗数据如何欺骗人类（以及我们该怎么办），但暗数据也可能欺骗机器。随着机器学习和人工智能的应用越来越广泛，我们会读到更多暗数据如何误导机器、导致错误甚至事故的案例。事实上，机器学习和计算机视觉中有一个被称为"马"的概念，这个概念是以"聪明的汉斯"命名的。

聪明的汉斯是教师威廉·冯·奥斯滕的一匹马，这匹马会做算术题。汉斯看起来能够进行加、减、乘、除，以及其他更复杂的操作，如看时间等，甚至能阅读和理解德语。冯·奥斯滕会问汉斯一个问题，要么把问题写出来，要么口头提问，因为汉斯不会说话也不会写字（还没有那么聪明），所以它会用蹄子踢出正确的次数，以此作为对问题的回复。

生物学家和心理学家奥斯卡·普蓬斯特1907年对汉斯进行了调查。他得出结论：虽然这不是骗人的，但汉斯其实并没有进行真正的计算。汉斯所做的只是从人类驯马师那里读取下意识的暗示线索，也就是说，计算数学题的其实是这个驯马师。有趣的是，那个驯马师并不知道自己提供了这些线索。这与扑克牌游戏有些相似。

关键问题是，汉斯做出的回应并非观众以为的那样是对数学问题的回应。机器也可能出现同样的情况：它们的分析、分类、决策等行为，可能基于输入数据中未经察觉的某些方面，甚至你并没有意识到的某些方面。在某些情况下，"对正确分类的输入图像的细微干扰，可能意味着它不再被正确分类"。[4] 利用自动算法的这一弱点，卡内基梅隆大学的研究人员开发出一种模式化的眼镜框，这种眼镜框在我们看来是正常的，但它会导致机器错误地判断戴眼镜的人是谁。[5] 令人不安的是，研究人员发现，这种混淆并不局限于特定的神经网络算法，而是这类算法的普遍问题。很明显，机器能看到我们没有看到的东西，同样明显的是，这些东西并不是我们感兴趣的部分。

正如我们在本书中看到的，暗数据会以无限种方式呈现。它们可能是偶然出现的，也可能是人为的：有时，人们试图采用某种特定方式呈现原始数据，以隐藏真相。小心谨慎或许有助于发现这种情况，一个普遍有用的方法是从不同角度看待数据。一种食物可能被描述为"90% 不含脂肪"，这可能听起来很神奇，但是，也许换一个实质上相同的说法，"10% 含脂量"，听起来就不那么奇妙了。同样，选择一种治疗方案或生活方式，可能会被说成能让你患某种疾病的风险减半。但是，如果数据显示所谓的减半只是将风险从 2% 降低到 1%，你可能就没那么感兴趣了。这两者都可能被认为是微不足道的。反过来看这些数字，可能会使这一概念更加清晰，会使人更容易明白：把避免某种疾病的概率从 98% 提升到 99%，也许不太可能激起人们的兴趣。

  未来显然是暗数据的一种来源。尽管各种先知、通灵者和预言家都有断言，但未来是一片未知的土地，意外事件总会撞上你，使你偏离自己预设的道路。无数的商业失败案例为此提供了翔实的证据。1998 年，对冲基金长期资本管理公司在俄罗斯意外拖欠国内本币债券的打击下，承受了巨大压力。长期资本管理公司的潜在倒闭危机可能会引发连锁反应，给整个金融市场造成巨大损失，这最终催生了一次有组织的大型救助举措。同样，瑞士航空此前被视为一家非常稳健的公司，20 世纪 90 年代末该公司开始实施"积极的借贷和收购战略"，2001 年纽约恐怖袭击事件导致经济触底，最终将其拖入债务困境。

  下面是最后一个非常典型的暗数据导致业务崩溃的案例。

  20 世纪 70 年代末到 80 年代，两个公司之间发生了一场所谓的视频格式大战：索尼的 Betamax 格式和日本胜利公司的 VHS 格式争夺市场。原则上讲，Betamax 是一种更优越的技术，它具有更高的分辨率和更高的图像质量，但是，VHS 赢得了最后的胜利。Betamax 虽然在技术上占优，但是成本过高，而且，至少在最初的一段时间，其录制时间限制在一小时以内。相比之下，一开始，VHS格式就能支持录制机器运行两个小时。最重要的是，好莱坞电影通常超过一个小时，这意味着，一个小时的录制时间会漏掉电影结尾的关键数据！索尼试图通过技术研发来延长录制时间，以应对这一弱点。但是，等到新技术面世时，已经太迟了，VHS已经获得了更大的市场份额。

我们正在进入一个充满风险的新世界。运用数据，我们可以增进理解，做出可靠的预测，以此改善人类的状况，这种改善的可能性空间非常大，仅仅受限于我们的想象力。但我们必须小心行事，因为每一步都可能遇见意想不到的、隐藏的陷阱。正如我在本书开头所指出的，我们不知道，也不可能知道我们所分析的数据的一切方面，不知道这些数据是从何处收集来的以及如何收集来的。更糟糕的是，我们不知道自己不知道什么。因为我们不知道的东西可能非常重要，所以，一个错误就可能导致我们出现认知误差和错误的预测，那可能会对我们的健康、财富以及福祉造成严重后果。对数据科学的热情是完全合理的，但必须用我们的小心谨慎予以中和。唯一的解决办法是了解风险并持续保持警惕。

有个老笑话，你可能听说过：醉汉在路灯下寻找钥匙，不是因为他的钥匙在那里不见了，而是因为只有那里有充足的光亮。这个笑话准确地概括了暗数据的风险。研究人员、分析师，甚至任何试图从数据中获取意义的人，如果只局限于自己所拥有的数据，其实就和那个醉汉一样。除非他们了解数据是如何产生的，以及可能会遗漏什么内容，否则他们将面临严重的风险：只看自己能看到的地方，而不看真正可能的答案所在地。但我们已经超越了一个简单的概念，即暗数据仅仅是原本可以被记录但没有被记录的数据。我们已经研究得相当深入，超越了已知的未知和未知的未知之间的区别。暗数据可以是所有这些东西，但也可以是不可能存在的数据，甚至是我们编造的数据。暗数据视角颠覆了人们看待事物的正常方式，当观测数据被嵌入包括暗数据的更广泛的语境中时，它就会带来简化和更深入的理解。

希望本书探讨的涉及暗数据的无数情况能够提高你对风险的意识，提高你对需要警惕什么的认识，提高你对识别、校正暗数据的方法的认识，这些方法能将路灯下面的光照到更远的地方。同时，也希望本书能帮助你认清一种形势：战略性地运用暗数据，通过阴影的投射，可以使事物更加明白，使我们的认知更加深入。

# 参考文献

### 第1章 暗数据：塑造世界的无形力量

1. https://blog.uvahealth.com/2019/01/30/measles-outbreaks/, accessed 16 April 2019.

2. http://outbreaknewstoday.com/measles-outbreak-ukraine-21000-cases-2019/, accessed 16 April 2019.

3. https://www.theglobeandmail.com/canada/article-canada-could-see-large-amount-of-measles-outbreaks-health-experts/, accessed 16 April 2019.

4. E. M. Mirkes, T. J. Coats, J. Levesley, and A. N. Gorban, "Handling missing data in large healthcare dataset: A case study of unknown trauma outcomes." *Computers in Biology and Medicine* **75** (2016): 203–16.

5. https://www.livescience.com/24380-hurricane-sandy-status-data.html.

6. D. Rumsfeld, Department of Defense News Briefing, 12 February 2002.

7. http://archive.defense.gov/Transcripts/Transcript.aspx?TranscriptID=2636, accessed 31 July 2018.

8. https://er.jsc.nasa.gov/seh/explode.html.

9. https://xkcd.com/552/; The Rogers Commission report on the *Challenger* disaster is available at https://forum.nasaspaceflight.com/index.php?topic=8535.0.

10. R. Pattinson, *Arctic Ale: History by the Glass*, issue 66 (July 2102), https://www.beeradvocate.com/articles/6920/arctic-ale/, accessed 31 July 2018.

### 第2章 探索暗数据：收集到的与没收集到的

1. D. J. Hand, F. Daly, A. D. Lunn, K. J. McConway, and E. Ostrowski, *A Handbook of Small Data Sets* (London: Chapman and Hall, 1994).

2. D. J. Hand, "Statistical challenges of administrative and transaction data (with discussion)," *Journal of the Royal Statistical Society, Series A* **181** (2018): 555–605.

3. https://www.quora.com/How-many-credit-and-debit-card-transactions-are-there-every-year, accessed 24 August 2018.

4. M. E. Kho, M. Duffett., D. J. Willison, D. J. Cook, and M. C. Brouwers, "Written informed consent and selection bias in observational studies using medical records: Systematic review,"*BMJ* (Clinical Research Ed.) **338** (2009): b866.

5. S. Dilley and G. Greenwood, "Abandoned 999 calls to police more than double," 19 September 2017, http://www.bbc.co.uk/news/uk-41173745, accessed 10 December 2017.

6. M. Johnston, The Online Photographer, 17 February 2017, http://theonlinephotographer.typepad.com/the_online_photographer/2017/02/i-find-this-a-particularly-poignant-picture-its-preserved-in-the-george-grantham-bain-collection-at-the-library-of-congress.html, accessed 28 December 2017.

7. A. L. Barrett and B. R. Brodeski, "Survivorship bias and improper measurement: How the mutual fund industry inflates actively managed fund performance" (Rockford, IL: Savant Capital Management, Inc., March 2006), http://www.google.co.uk/url?sa=t&rct=j&q=&esrc=s&source=web&cd=1&ved=0ahUKEwiavpGPz6zYAhWFJMAKHaKaBNQQFggpMAA&url=http%3A%2F%2Fwww.etf.com%2Fdocs%2Fsbiasstudy.pdf&usg=AOvVaw2nPmIjOOE1iWk2CByyeClw, accessed 28 December 2017.

8. T. Schlanger and C. B. Philips. "The mutual fund graveyard: An analysis of dead funds," The Vanguard Group, January 2013.

9. https://xkcd.com/1827/.

10. Knowledge Extraction Based on Evolutionary Learning, http://sci2s.ugr.es/keel/dataset.php?cod=163,accessed 22 September 2019.

11. M. C. Bryson, "The *Literary Digest* poll: Making of a statistical myth," *The American Statistician* **30** (1976):184–5.

12. http://www.applied-survey-methods.com/nonresp.html, accessed 4 November 2018.

13. Office for National Statistics, https://www.ons.gov.uk/employmentandlabourmarket/peopleinwork/employmentandemployeetypes/methodologies/labourforcesurveyperformanceandqualitymonitoringreports/labourforcesurveyperformanceandqualitymonitoringreportjulytoseptember2017.

14. R. Tourangeau and T. J. Plewes, eds., *Nonresponse in Social Surveys: A Research Agenda* (Washington, DC: National Academies Press, 2013).

15. J. Leenheer and A. C. Scherpenzeel, "Does it pay off to include non-internet households in an internet panel?" *International Journal of Internet Science* **8** (2013), 17–29.

16. Tourangeau and Plewes, *Nonresponse in Social Surveys*.

17. H. Wainer, "Curbstoning IQ and the 2000 presidential election," *Chance* **17** (2004): 43–46.

18. I. Chalmers, E. Dukan, S. Podolsky, and G. D. Smith, "The advent of fair treatment allocation schedules in clinical trials during the 19th and early 20th centuries," *Journal of the Royal Society of Medicine* **105** (2012): 221–7.

19. J. B. Van Helmont, *Ortus Medicinae, The Dawn of Medicine* (Amsterdam: Apud Ludovicum Elzevirium, 1648), http://www.jameslindlibrary.org/van-helmont-jb-1648/, accessed 15 June 2018.

20. W. W. Busse, P. Chervinsky, J. Condemi, W. R. Lumry, T. L. Petty, S. Rennard, and R. G. Townley, "Budesonide delivered by Turbuhaler is effective in a dose-dependent fashion when used in the treatment of adult patients with chronic asthma," *Journal of Allergy and Clinical Immunology* **101** (1998): 457–63; J. R. Carpenter and M. Kenward, "Missing data in randomised controlled trials: A practical guide," November 21, 2007, http://citeseerx.ist.psu.edu/viewdoc/download?doi=10.1.1.468.9391&rep=rep1&type=pdf, accessed 7 May 2018.

21. P. K. Robins, "A comparison of the labor supply findings from the four negative income tax experiments," *Journal of Human Resources* **20** (1985): 567–82.

22. A. Leigh, *Randomistas: How Radical Researchers Are Changing Our World* (New Haven, CT: Yale University Press, 2018).

23. P. Quinton, "The impact of information about crime and policing on public perceptions," National Policing Improvement Agency, January 2011, http://whatworks.college.police.uk/Research/Documents/Full_Report_-_Crime_and_Policing_Information.pdf, accessed 17 June 2018.

24. J. E. Berecochea and D. R. Jaman, (1983) *Time Served in Prison and Parole Outcome: An Experimental Study: Report Number 2*, Research Division, California Department of Corrections.

25. G.C.S. Smith and J. Pell, "Parachute use to prevent death and major trauma related to gravitational challenge: Systematic review of randomised controlled trials," *British Medical Journal* **327** (2003): 1459–61.

26. *Washington Post*, "Test of 'dynamic pricing' angers Amazon customers," October 7, 2000, http://www.citi.columbia.edu/B8210/read10/Amazon%20Dynamic%20Pricing%20Angers%20Customers.pdf, accessed 19 June 2018.

27. BBC, "Facebook admits failings over emotion manipulation study," *BBC News*, 3 October 2014, https://www.bbc.co.uk/news/technology-29475019, accessed 19 June 2018.

## 第3章 定义与暗数据：你想知道什么？

1. http://www.bbc.co.uk/news/uk-politics-eu-referendum-35959949.

2. Immigration figures, https://www.ons.gov.uk/peoplepopulationandcommunity/populationandmigration/internationalmigration/articles/noteonthedifferencebetweennationalinsurancenumberregistrationsandtheestimateoflongterminternationalmigration/2016, accessed 2 January 2018.

3. Office for National Statistics, "Crime in England and Wales: Year ending June 2017," https://www.ons.gov.uk/peoplepopulationandcommunity/crimeandjustice/bulletins/crimeinenglandandwales/june2017#quality-and-methodology, accessed 4 January 2018.

4. J. Wright, "The real reasons autism rates are up in the U.S." *Scientific American*, March 3, 2017, https://www.scientificamerican.com/article/the-real-reasons-autism-rates-are-up-in-the-u-s/, accessed 3 July 2018.

5. N. Mukadam, G. Livingston, K. Rantell, and S. Rickman, "Diagnostic rates and treatment of dementia before and after launch of a national dementia policy: An observational study using English national databases. *BMJ Open* **4**, no. 1 (January 2014), http://bmjopen.bmj.com/content/bmjopen/4/1/e004119.full.pdf, accessed 3 July 2018.

6. https://www.ons.gov.uk/businessindustryandtrade/retailindustry/timeseries/j4mc/drsi.

7. https://www.census.gov/retail/mrts/www/data/pdf/ec_current.pdf.

8. Titanic Disaster: Official Casualty Figures, 1997, http://www.anesi.com/titanic.htm, accessed 2 October 2018.

9. A. Agresti, *Categorical Data Analysis*, 2d ed. (New York: Wiley, 2002), 48–51.

10. W. S. Robinson, "Ecological correlations and the behavior of individuals," *American Sociological Review* **15** (1950): 351–7.

11. G. Gigerenzer, *Risk Savvy: How to Make Good Decisions* (London: Penguin Books, 2014), 202.

12. W. J. Krzanowski, *Principles of Multivariate Analysis*, rev. ed. (Oxford: Oxford University Press, 2000), 144.

## 第4章　非故意的暗数据：说一套，做一套

1. S. de Lusignan, J. Belsey, N. Hague, and B. Dzregah, "End-digit preference in blood pressure recordings of patients with ischaemic heart disease in primary care," *Journal of Human Hypertension* **18** (2004): 261–5.

2. L. E. Ramsay et al., "Guidelines for management of hypertension: Report of the third working party of the British Hypertension Society," *Journal of Human Hypertension* **13** (1999): 569–92.

3. J. M. Roberts Jr. and D. D. Brewer, "Measures and tests of heaping in discrete quantitative distributions," *Journal of Applied Statistics* **28** (2001): 887–96.

4. https://www.healthline.com/health/mens-health/average-weight-for-men.

5. B. Kenber, P. Morgan-Bentley, and L. Goddard, "Drug prices: NHS wastes £30m a year paying too much for unlicensed drugs," *Times* (London), 26 May 2018, https://www.thetimes.co.uk/article/drug-prices-nhs-wastes-30m-a-year-paying-too-much-for-unlicensed-drugs-kv9kr5m8p?shareToken=0e41d3bbd6525068746b7db8f9852a24, accessed 26 May 2018.

6. H. Wainer, "Curbstoning IQ and the 2000 presidential election," *Chance* **17** (2004): 43–46.

7. W. Kruskal, "Statistics in society: Problems unsolved and unformulated," *Journal of the American Statistical Association*, **76**, (1981): 505–15.

8. I have been unable to find a definitive origin for this law. In his 1979 Presidential Address to the Royal Statistical Society, Claus Moser ("Statistics and public policy," *Journal of the Royal Statistical Society, Series A* **143** (1980): 1–32) says it was devised by the UK's Central Statistical Office. Andrew Ehrenberg quotes it as Twyman's law without attribution in "The teaching of statistics: Corrections and comments," *Journal of the Royal Statistical Society, Series A* **138** (1975): 543–45.

9. T. C. Redman, "Bad data costs the U.S. $3 trillion per year," *Harvard Business Review*, 22 September 2016, https://hbr.org/2016/09/bad-data-costs-the-u-s-3-trillion-per-year, accessed 17 August 2018.

10. ADRN, https://adrn.ac.uk/.

11. https://adrn.ac.uk/media/174470/homlessness.pdf, accessed 24 August 2018.

## 第5章 方略性暗数据：博弈、反馈和信息不对称

1. https://eur-lex.europa.eu/legal-content/EN/TXT/PDF/?uri=CELEX:32004L0113, accessed 18 February 2019.

2. M. Hurwitz and J. Lee, *Grade Inflation and the Role of Standardized Testing* (Baltimore, MD: Johns Hopkins University Press, forthcoming).

3. R. Blundell, D. A. Green, and W. Jin, "Big historical increase in numbers did not reduce graduates' relative wages," Institute for Fiscal Studies, 18 August 2016, https://www.ifs.org.uk/publications/8426, accessed 23 November 2018.

4. D. Willetts, *A University Education* (Oxford: Oxford University Press, 2017).

5. R. Sylvester, "Schools are cheating with their GCSE results," *Times* (London), 21 August 2018, https://www.thetimes.co.uk/article/schools-are-cheating-with-their-gcse-results-q83s909k6?shareToken=0ce9828e6183e9b37a1454f8f588eaa7, accessed 23 August 2018.

6. "Ambulance service 'lied over response rates,'" *Telegraph* (London), 28 February 2003, http://www.telegraph.co.uk/news/1423338/Ambulance-service-lied-over

-response-rates.html, downloaded on 6 October 2018.

7. https://sites.psu.edu/gershcivicissue/2017/03/15/unemployment-and-how-to-manipulate-with-statistics/, accessed 6 October 2018.

8. https://www.heraldscotland.com/news/13147231.Former_police_officers__crime_figures_are_being_massaged_to_look_better_/.

9. J. M. Keynes, *General Theory of Employment Interest and Money* (New York: Harcourt, Brace, 1936).

10. BBC, 1 February 2011, https://www.bbc.co.uk/news/uk-12330078, accessed 18 August 2018.

11. Direct Line Group, 2014, https://www.directlinegroup.com/media/news/brand/2014/11-07-2014b.aspx, accessed 11 April 2014.

12. A. Reurink, "Financial fraud: A literature review," MPlfG Discussion Paper 16/5 (Cologne: Max Planck Institute for the Study of Societies, 2016).

13. R. Caruana, Y. Lou, J. Gehrke, P. Koch, M. Sturm, and N. Elhahad, "Intelligible models for healthcare: predicting pneumonia risk and hospital 30-day readmission," *Proceedings of the 21st ACM SIGKDD International Conference on Knowledge Discovery and Data Mining*, KDD '15, Sydney, Australia, 10–13 August 2015, pp. 1721–30.

14. Board of Governors of the Federal Reserve System, *Report to the Congress on Credit Scoring and Its Effects on the Availability and Affordability of Credit*, August 2007, https://www.federalreserve.gov/boarddocs/RptCongress/creditscore/creditscore.pdf, accessed 18 August 2018.

15. E. Wall, "How car insurance costs have changed," *Telegraph* (London), 21 January 2013, http://www.telegraph.co.uk/finance/personalfinance/insurance/motorinsurance/9815330/How-car-insurance-costs-have-changed-EU-gender-impact.html, accessed 19 August 2018.

## 第6章　故意的暗数据：欺诈与欺骗

1. V. Van Vlasselaer, T. Eliassi-Rad, L. Akoglu, M. Snoeck, and B. Baesens, "Gotcha! Network-based fraud detection for social security fraud," *Management Science* **63** (14 July 2016): 3090–3110.

2. B. Baesens, V. van Vlasselaer, and W. Verbet, *Fraud Analytics: Using Descriptive, Predictive, and Social Network Techniques: A Guide to Data Science for Fraud Detection* (Hoboken, NJ: Wiley, 2105), 19.

3. "Crime in England and Wales: Year Ending June 2017," https://www.ons.gov.uk/peoplepopulationandcommunity/crimeandjustice/bulletins/crimeinenglandandwales/june2017, accessed 31 December 2017.

4. D. J. Hand and G. Blunt, "Estimating the iceberg: How much fraud is there in the UK?" *Journal of Financial Transformation* **25**, part 1 (2009): 19–29, http://www

.capco.com/?q=content/journal-detail&sid=1094.

5. Rates of fraud, identity theft and scams across the 50 states: FTC data," Journalist's Resource, 4 March 2015, https://journalistsresource.org/studies/government/criminal-justice/united-states-rates-fraud-identity-theft-federal-trade-commission, accessed 19 August 2018.

6. B. Whitaker, "Never too young to have your identity stolen," *New York Times*, 27 July 2007, http://www.nytimes.com/2007/07/21/business/21idtheft.html, accessed 3 February 2018.

7. Javelin, 1 February 2017, https://www.javelinstrategy.com/coverage-area/2017-identity-fraud, accessed 3 February 2018.

8. III, "Facts + Statistics: Identity theft and cybercrime,"2016, https://www.iii.org/fact-statistic/facts-statistics-identity-theft-and-cybercrime#, accessed 3 February 2018.

9. DataShield, 14 March 2013, http://datashieldcorp.com/2013/03/14/5-worst-cases-of-identity-theft-ever/, accessed 3 February 2018.

10. A. Reurink; Chapter 5, Note 12.

11. https://www.sec.gov/news/pressrelease/2015–213.html, accessed 30 September 2018.

12. "Accounting scandals: The dozy watchdogs," *Economist*, 11 December 2014, https://www.economist.com/news/briefing/21635978-some-13-years-after-enron-auditors-still-cant-stop-managers-cooking-books-time-some, accessed 7 April 2018.

13. E. Greenwood, *Playing Dead: A Journey through the World of Death Fraud* (New York: Simon and Schuster, 2017).

14. *CBS This Morning*, "Playing a risky game: People who fake death for big money," https://www.cbsnews.com/news/playing-a-risky-game-people-who-fake-death-for-big-money/, accessed 6 April 2018.

15. M. Evans, "British woman who 'faked death in Zanzibar in £140k insurance fraud bid' arrested along with teenage son," *Telegraph* (London), 15 February 2017, https://www.telegraph.co.uk/news/2017/02/15/british-woman-faked-death-zanzibar-140k-insurance-fraud-bid/, accessed 6 April 2018.

16. S. Hickey, "Insurance cheats discover social media is the real pain in the neck," *Guardian* (London), 18 July 2016, https://www.theguardian.com/money/2016/jul/18/insurance-cheats-social-media-whiplash-false-claimants, accessed 4 April 2018.

17. P. Kerr, " 'Ghost Riders' are target of an insurance sting," *New York Times*, 18 August 1993, https://www.nytimes.com/1993/08/18/us/ghost-riders-are-target-of-an-insurance-sting.html, accessed 6 April 2018.

18. FBI (N.A.), "Insurance Fraud," https://www.fbi.gov/stats-services/publications/insurance-fraud, accessed 6 April 2018.

19. E. Crooks, "More than 100 jailed for fake BP oil spill claims," *Financial Times*

(London), 15 January 2017, https://www.ft.com/content/6428c082-db1c-11e6-9d7c-be108f1c1dce, accessed 6 April 2018.

20. ABI, "The con's not on—Insurers thwart 2,400 fraudulent insurance claims valued at £25 million every week," Association of British Insurers, 7 July 2017, https://www.abi.org.uk/news/news-articles/2017/07/the-cons-not-on—insurers-thwart-2400-fraudulent-insurance-claims-valued-at-25-million-every-week/, accessed 4 April 2018.

21. "PwC Global Economic Crime Survey: 2016; Adjusting the lens on economic crime," 18 February 2016, https://www.pwc.com/gx/en/economic-crime-survey/pdf/GlobalEconomicCrimeSurvey2016.pdf, accessed 8 April 2018.

## 第7章　科学与暗数据：科学发现的本质

1. J. M. Masson, ed., *The Complete Letters of Sigmund Freud to Wilhelm Fliess* (Cambridge, MA: Belknap Press, 1985), 398.

2. "Frontal lobotomy," *Journal of the American Medical Association* **117** (16 August 1941): 534–35.

3. N. Weiner, *Cybernetics* (Cambridge, MA: MIT Press, 1948).

4. J. B. Moseley et al., "A controlled trial of arthroscopic surgery for osteoarthritis of the knee," *New England Journal of Medicine* **347**, no. 2 (2002): 81–88.

5. J. Kim et al., Association of multivitamin and mineral supplementation and risk of cardiovascular disease: A systematic review and meta-analysis. *Circulation: Cardiovascular Quality and Outcomes* **11** (July 2018), http://circoutcomes.ahajournals.org/content/11/7/e004224, accessed 14 July 2018.

6. J. Byrne, MD, "Medical practices not supported by science," *Skeptical Medicine*, https://sites.google.com/site/skepticalmedicine/medical-practices-unsupported-by-science, accessed 14 July 2018.

7. T. Kuhn, *The Structure of Scientific Revolutions*, 2d ed. (Chicago: University of Chicago Press, 1970), 52.

8. J.P.A. Ioannidis, "Why most published research findings are false," *PLOS Medicine* **2**, no. 8 (2005): 696–701.

9. L. Osherovich, "Hedging against academic risk," *Science-Business eXchange*, 14 April 2011, https://www.gwern.net/docs/statistics/bias/2011-osherovich.pdf, accessed 12 July 2018.

10. M. Baker, "1,500 scientists lift the lid on reproducibility," *Nature* **533** (July 2016): 452–54, https://www.nature.com/news/1-500-scientists-lift-the-lid-on-reproducibility-1.19970, accessed 12 July 2018.

11. C. G. Begley and L. M. Ellis, "Raise standards for preclinical cancer research," *Nature-Comment* **483** (March 2012): 531–33.

12. L. P. Freedman, I. M. Cockburn, and T. S. Simcoe, "The economics of reproducibility in preclinical research," *PLOS Biology*, 9 June 2015, http://journals.plos.org/plosbiology/article?id=10.1371/journal.pbio.1002165, accessed 12 July 2018.

13. B. Nosek et al., "Estimating the reproducibility of psychological science," *Science* **349**, no. 6251 (August 2015): 943–52.

14. https://cirt.gcu.edu/research/publication_presentation/gcujournals/nonsignificant.

15. http://jir.com/index.html.

16. F. C. Fang, R. G. Steen, and A. Casadevall, "Misconduct accounts for the majority of retracted scientific publications," *PNAS* **109** (October 2012): 17028–33.

17. D. G. Smith, J. Clemens, W. Crede, M. Harvey, and E. J. Gracely, "Impact of multiple comparisons in randomized clinical trials," *American Journal of Medicine* **83** (September 1987): 545–50.

18. C. M. Bennett, A. A. Baird, M. B. Miller, and G. L. Wolford, "Neural correlates of interspecies perspective taking in the post-mortem Atlantic Salmon: An argument for proper multiple comparisons correction," *Journal of Serendipitous and Unexpected Results* **1**, no. 1 (2009): 1–5, http://docplayer.net/5469627-Journal-of-serendipitous-and-unexpected-results.html, accessed 16 August 2018.

19. S. Della Sala and R. Cubelli, "Alleged 'sonic attack' supported by poor neuropsychology," *Cortex* **103** (2018): 387–88.

20. R. L. Swanson et al., "Neurological manifestations among U.S. Government personnel reporting directional audible and sensory phenomena in Havana, Cuba," *JAMA* **319** (20 March 2018): 1125–33.

21. F. Miele, *Intelligence, Race, and Genetics: Conversations with Arthur R. Jensen* (Oxford: Westview Press, 2002), 99–103.

22. C. Babbage, *Reflections on the Decline of Science in England, and on Some of Its Causes* (London: B. Fellowes, 1830).

23. A. D. Sokal, "Transgressing the boundaries: Toward a transformative hermeneutics of quantum gravity," *Social Text* **46/47** (Spring/Summer 1996): 217–52.

24. https://read.dukeupress.edu/social-text, accessed 23 January 2019.

25. A. Sokal and J. Bricmont, *Intellectual Imposters: Postmodern Philosophers' Abuse of Science* (London: Profile Books, 1998).

26. http://science.sciencemag.org/content/342/6154/60/tab-pdf.

27. http://www.scs.stanford.edu/~dm/home/papers/remove.pdf.

28. https://j4mb.org.uk/2019/01/09/peter-boghossian-professor-faces-sack-over-hoax-that-fooled-academic-journals/.

29. C. Dawson and A. Smith Woodward, "On a bone implement from Piltdown (Sussex)," *Geological Magazine* **Decade 6**, no. 2 (1915): 1–5, http://www.boneandstone.com/articles_classics/dawson_04.pdf, accessed 7 July 2018.

30. M. Russell (2003) *Piltdown Man: The Secret Life of Charles Dawson* (Stroud, UK: Tempus, 2003); M. Russell, *The Piltdown Man Hoax: Case Closed* (Stroud, UK: The History Press, 2012).

31. J. Scott, "At UC San Diego: Unraveling a research fraud case," *Los Angeles Times*, 30 April 1987, http://articles.latimes.com/1987-04-30/news/mn-2837_1_uc-san-diego, accessed 4 July 2018.

32. B. Grant, "Peer-review fraud scheme uncovered in China," *Scientist*, 31 July 2017, https://www.the-scientist.com/the-nutshell/peer-review-fraud-scheme-uncovered-in-china-31152, accessed 4 July 2018.

33. https://ori.hhs.gov/about-ori, accessed 14 October 2018.

34. R. A. Millikan, "On the elementary electric charge and the Avogrado constant," *Physical Review* **2**, no. 2 (August 1913): 109–43.

35. W. Broad and N. Wade, *Betrayers of the Truth: Fraud and Deceit in the Halls of Science* (New York: Touchstone, 1982).

36. D. Goodstein, "In defense of Robert Andrews Millikan," *American Scientist* **89**, no. 1 (January-February 2001): 54–60.

37. R. G. Steen, A. Casadevall, and F. C. Fang, "Why has the number of scientific retractions increased?" *PLOS ONE* **8**, no. 7 (8 July 2013), http://journals.plos.org/plosone/article?id=10.1371/journal.pone.0068397, accessed 9 July 2018.

38. D. J. Hand, "Deception and dishonesty with data: Fraud in science," *Significance* **4**, no.1 (2007): 22–25; D. J. Hand, *Information Generation: How Data Rule Our World* (London: Oneworld Publications, 2007); H. F. Judson, *The Great Betrayal: Fraud in Science* (Orlando, FL: Harcourt, 2004).

39. D. J. Hand, "Who told you that?: Data provenance, false facts, and separating the liars from the truth-tellers," *Significance* (August 2018): 8–9.

40. LGTC (2015), https://assets.publishing.service.gov.uk/government/uploads/system/uploads/attachment_data/file/408386/150227_PUBLICATION_Final_LGTC_2015.pdf, accessed 17 April 2018.

41. Tameside, https://www.tameside.gov.uk/Legal/Transparency-in-Local-Government, accessed 17 April 2018.

## 第8章　处理暗数据：让光照进来

1. See, for example, D. Rubin, "Inference and missing data," *Biometrika*, **63**, no. 3 (December 1976): 581–92.

2. C. Marsh, *Exploring Data* (Cambridge: Cambridge University Press, 1988).

3. X.-L. Meng, "Statistical paradises and paradoxes in big data (I): Law of large populations, big data paradox, and the 2016 U.S. presidential election," *Annals of Applied Statistics* **12** (June 2018): 685–726.

4. R.J.A. Little, "A test of missing completely at random for multivariate data with missing values," *Journal of the American Statistical Association* **83**, no. 404 (December 1988): 1198–1202.

5. E. L. Kaplan and P. Meier, "Nonparametric estimation from incomplete observations," *Journal of the American Statistical Association* **53**, no. 282 (June 1958): 457–81.

6. G. Dvorsky, "What are the most cited research papers of all time?" 30 October 2014, https://io9.gizmodo.com/what-are-the-most-cited-research-papers-of-all-time-1652707091, accessed 22 April 2018.

7. F. J. Molnar, B. Hutton, and D. Fergusson, "Does analysis using 'last observation carried forward' introduce bias in dementia research?" *Canadian Medical Association Journal* **179** no. 8 (October 2008):751–53.

8. J. M. Lachin, "Fallacies of last observation carried forward," *Clinical Trials* **13**, no. 2 (April 2016): 161–68.

9. A. Karahalios, L. Baglietto, J. B. Carlin, D. R. English, and J. A. Simpson, "A review of the reporting and handling of missing data in cohort studies with repeated assessment of exposure measures," *BMC Medical Research Methodology* **12** (11 July 2012): 96, https://bmcmedresmethodol.biomedcentral.com/track/pdf/10.1186/1471-2288-12-96.

10. S.J.W. Shoop, "Should we ban the use of 'last observation carried forward' analysis in epidemiological studies?" *SM Journal of Public Health and Epidemiology* **1**, no. 1( June 2015): 1004.

11. S. J. Miller, ed., *Benford's Law: Theory and Applications* (Princeton, NJ: Princeton University Press, 2015).

## 第9章　从暗数据中获益：重构问题

1. S. Newcomb "Measures of the velocity of light made under the direction of the Secretary of the Navy during the years 1880–1882," *Astronomical Papers* **2** (1891): 107–230 (Washington, DC: U.S. Nautical Almanac Office).

2. ADRN, https://adrn.ac.uk/.

3. D. Barth-Jones D. "The 're-identification' of Governor William Weld's medical information: A critical re-examination of health data identification risks and privacy protections, then and now," 3 September 2015, https://papers.ssrn.com/sol3/papers.cfm?abstract_id=2076397, accessed 24 June 2018.

4. A. Narayanan and V. Shmatikov, "How to break the anonymity of the Netflix Prize dataset," 22 November 2007, https://arxiv.org/abs/cs/0610105, accessed 25 March 2018; A. Narayanan and V. Shmatikov V. (2008) Robust de-anonymization of large sparse datasets (how to break the anonymity of the Netflix Prize dataset), 5 February 2008, https://arxiv.org/pdf/cs/0610105.pdf, accessed 24 June 2018.

5. D. Hugh-Jones, "Honesty and beliefs about honesty in 15 countries," 29 October 2015, https://www.uea.ac.uk/documents/3154295/7054672/Honesty+paper/41fecf09-235e-45c1-afc2-b872ea0ac882, accessed 26 June 2018.

6. C. Gentry, "Computing arbitrary functions of encrypted data," *Communications of the ACM*, **53**, no. 3 (March 2010): 97–105.

### 第10章　暗数据分类：走出迷宫之路

1. https://www.behaviouralinsights.co.uk/wp-content/uploads/2016/08/16-07-12-Counting-Calories-Final.pdf, accessed 27 October 2018.

2. A. Cavallo, "Online and official price indexes: Measuring Argentina's inflation," *Journal of Monetary Economics* **60**, no. 2 (2013): 152–65.

3. A. Cavallo and R. Rigobon, "The billion prices project: Using online prices for measurement and research," *Journal of Economic Perspectives* **30**, no. 2 (Spring 2016): 151–78.

4. C. Szegedy et al., "Intriguing properties of neural networks," https://arxiv.org/pdf/1312.6199.pdf, 19 February 2014, accessed 23 August 2008.

5. M. Sharif, S. Bhagavatula, L. Bauer, and M. K. Reiter, "Accessorize to a crime: Real and stealthy attacks on state-of-the-art face recognition," October 2016, https://www.cs.cmu.edu/~sbhagava/papers/face-rec-ccs16.pdf, accessed 23 August 2018.

## 译者后记
## 发自暗处的光

《暗数据》首先是一本关于科学方法论的工具书，作者汉德教授运用统计学基本原理和基本方法，为我们揭示了一些披着数据外衣的误导性思维模式。这方面的内容，构成了"暗数据"概念的基本内涵。因为有数据科学的掩护，这些似是而非的暗数据，往往难以被人识破，甚至成为大数据时代被不法分子施行诈骗的惯用伎俩。汉德教授从中挑选出15种常见类型，逐一剖析讲解。

具体来看，每一种暗数据类型的揭示，都会基于某个具体应用场景给人以明确的启示。

第1种暗数据被称为"已知的缺失数据"。这类暗数据是最好理解的，比如，你写大篇幅的文章时，中间漏了个字。汉德教授分析了产生这类暗数据的一些常见机制。而且，他还用"检查工作的收益递减"规律，来解释此类暗数据的不可避免性。这是个很有趣的视角，适合职业码字人士推荐给自己的老板看。

第2种是"未知的缺失数据"。解释这个概念时，汉德教授引用了拉姆斯菲尔德那段著名演讲："既有已知的未知……也有未知的未知——那些我们不知道自己不知道的东西。"真正懂得这个概念的人，会对谦虚有更深层次的理解，他会明白，保持谦虚不仅是一种美德，同时也是一种明智。

第 3 种和第 4 种被称为"局部选择案例"和"自我选择"。对此，我们中国传统文化中也有类似的典故，比如"一叶障目，不见泰山""子非鱼"等。汉德教授从西方的认识论和知识论角度深挖这个问题，将话题提升到宇宙学"人择原理"的高度加以探讨。仔细想想，这的确是个非常烧脑的问题。

第 5 种是"关键因素缺失"。生活中，经常容易出现此类误导。汉德教授的例子是，当人们把冰激凌销量上升到峰值的原因归结为草木凋零时，其实他们发现的只是一种假的因果关系。因为中间漏掉了气温下降这个关键因素。两个因素之间的关系，是时间上的先后关系，还是逻辑上的因果关系？这是个容易被混淆的问题。

第 6 种是"或可存在的数据"。对此，中文语境中有一个很好的词——本来。当我们说"本来要……"的时候，指的就是这种暗数据。汉德教授的解说，抓住了这类数据的本质，即"反事实"，也就是说，这种数据本质上只是一种逻辑可能性，没有事实存在性。

第 7 种是"因时而变"。这个暗数据类型很好地说明了时间流逝对数据内涵的侵蚀。用我们中国智慧来看，最好的解释莫过于"刻舟求剑"。数据还是那个数据，但是随着时间的流逝，内在含义已然发生了变化。这说明，有些数据表面上是正常数据，但其实已经失去了效用，只剩下了一个虚壳。

第 8 种是"数据定义"。这是非常好理解的一种情况：定义不同，意味着统计口径的区别。据说，联合国相关组织对年轻人的定义，就比其他很多社会机构的定义宽泛得多。

第 9 种是"数据汇总"。平均数、中位数、方差等统计数据描述的是特定数据集的总体性特征。人们在采用这种数据的同时，其实牺牲了样本个体的具体性。这种情况也很容易理解。比如，知道中国人的平均身高，不代表知道某个具体的中国人的身高。

第10种是"测量误差与不确定性"。有句名言说，"世界上没有两片一模一样的树叶"，讲的就是这种情况。这里揭示了实体与测量尺度的函数关系。也就是说，只要测量尺度突破某个限度，实体就会呈现新的可测量特征，而在原来的尺度上，这些特征就是暗数据。

第11种是"反馈与博弈"。这类暗数据揭示了数据的动态变化机制。就像经济学家说的那样，股市具有反身性，人们看到股指上涨，便投入金钱，反之，金钱流入又会助推股指上涨。中间那股神秘力量，就是暗数据。

第12种是"信息不对称"。同样一个瓷瓶，买方以为是宋朝的，卖方知道是昨天刚出炉的。中间相差的悠悠岁月，就是暗数据。

第13种是"故意屏蔽的数据"。出现这类情况是因为有人故意隐瞒或造假，绝大多数的欺诈都是以这种方式实现的。

第14种是"编造与合成的数据"。此类数据之所以被归为暗数据，主要也是从"反事实"角度来说的。也就是说，这类数据本来是不存在的，或者说是尚未存在的，只是根据其数学可能性由人工或计算机生成的。大数据时代，以计算机模拟的方式生成数据，将成为驱动科学进步的新范式。

第15种是"推理僭越数据"。我们常说一句话："知之为知之，不知为不知。"这句话警示那些不掌握充分数据但又不懂装懂的人：结论不要超出证据的证明范围，否则就会混入暗数据。

汉德教授引用大量翔实的案例，对以上每一种暗数据机制进行阐述。这些案例来源于社会生活的方方面面，富含鲜活细节，包括人口普查、火箭发射、总统选举、飓风灾难、道路维修、地方治安、海难事件、历史考古、分数膨胀、学术造假、金融诈骗、财务管理等各专业领域里五花八门的故事。相信任何人都能感受到其中的趣味性。即便是数据科学的外行，也能从中获得明显的启示。如果让我针对这部分读者，给这本书改个名字，我想，完全可以把书名改成"提升洞察力的15个秘诀"。的确，这15种暗数据类型，实际上代表着15种数据骗人的诡计。只有穿过迷雾，我们才能在未来的数据丛林中看到更多、更深刻的真相。

正在迎面走来的大数据和人工智能时代，是一次打破历史连续性的跳跃式发展，这个崛起中的新世界，将会从存在性的根基上，赋予人类新的规则和属性。从这个意义上看，掌握暗数据的概念及其各种表现方式，不亚于发展一种面向新世界的基础生存技能。因此，每一个积极迎接未来的人，都应该尽快学习这本书的15条法则。

但除此之外，本书还隐藏了一层更具历史性的思想意义。如果说，大数据是比特文明的明面，是"有"这一面，某种意义上，暗数据就是比特文明的暗面，是"无"这一面。正是从数据时代的背面，汉德教授领着我们确认了一条决定性的路径，即如何利用暗数据创建新型自由机制的问题。从根本上来说，暗数据才是建构未来的关键。比如，本书介绍了一种利用暗数据保护隐私的机制——安全多方计算：

安全多方计算能从一个组中聚合信息，同时又不让其中任何一个成员知道任何其他成员的数据。这里有一个非常简单的例子。假设我想知道一群邻居的平均工资，但是，对于透露自己挣多少钱这件事，他们都很敏感。在这种情况下，我要求他们每人把自己的工资分成 $a$ 和 $b$ 两个数字，条件是 $a$ 与 $b$ 之和等于其工资。因此，收入为 2 万英镑的人，可能会将其分成 1.9 万英镑和 1 000 英镑，或者分成 10 351 英镑和 9 649 英镑，或者分成 2 英镑和 19 998 英镑，甚至分成 3 万英镑和 –1 万英镑。他们怎么拆分自己的工资都行，正数和负数都可以使用，只要这两部分加起来等于他们的工资就可以。然后，把所有的 $a$ 部分发送给一个人，这个人把它们加起来，给出 $a$ 的总和 $A$；把所有的 $b$ 部分发送给另一个人（切记，是另一个人），这个人同样把它们加起来，得到 $b$ 的总和 $B$。最后一步就是把 $A$ 和 $B$ 相加，用它们的和除以总人数，这样就得到了这群人的平均工资。注意，在整个过程中，没有人知道别人的工资。即使是做加法的人也不知道他们没看到的缺失部分（$a$ 或 $b$）。

从这些类似的暗数据机制中，我们看到的不仅仅是一种巧妙的计算方法，更是一种能够适应比特文明的创新性制度安排。大数据在最深的本质上属于一种存在性技术。人类发展和应用这项技术，必须以保全人性化存在为前提条件，也就是说，要确保以"自由"为核心的人类伦理属性不受侵蚀，不发生质变。否则，它就是一颗外表鲜艳的毒苹果、一条不归路、一曲诱人沉入海底的塞壬之歌。在这个意义上，暗化数据的制度技术和社会工程，才是照亮未来的希望之光。

无论如何，在工具性的表象之下，本书捕捉到了大数据社会能否成立的问题关键。就此来说，这个概念的思想贡献将是时代性的。本书讲的虽是数据的暗面，但其本身无异于一道亮光。事情可能正像我们梳理历史时所看到的那样，发自暗处的一缕微光，往往最后能成就大片光明。

陈　璞